Durchfall-erkrankungen

Klinik, Diagnostik, Therapie

Herausgegeben von A. Weizel,
mit einem Geleitwort von B. Kommerell

Mit Beiträgen von:
N. Beißel, O. E. Daiderich, G. E. Feurle, K. Gmelin,
I. Karapanagiotou-Schenkel, P. Lesch, W. Nützenadel, K.-D. Palitzsch,
R. Raedsch, B. Rieckhof, G. Rohr, H.-K. Seitz, U. A. Simanowski,
B. Stegemann, H. A. Stickl, L. Theilmann, K.-H. Usadel, S. Walker,
I. Walter-Sack, E. Weber, A. Weizel

peri med | fach buch

perimed Fachbuch-Verlagsgesellschaft mbH
D-8520 Erlangen

Anschrift des Herausgebers:

Prof. Dr. med. Achim Weizel
Chefarzt der Inneren Abt.
Heinrich-Lanz-Krankenhaus
Feldbergstraße 68–70
6800 Mannheim 1

CIP-Kurztitelaufnahme der Deutschen Bibliothek

Durchfallerkrankungen :
Klinik, Diagnostik, Therapie
hrsg. von A. Weizel.
Mit e. Geleitw. von B. Kommerell.
Mit Beitr. von: N. Beissel . . .
– Erlangen : perimed Fachbuch-Verlagsgesellschaft, 1986.
ISBN 3-88429-247-1

NE: Beissel, Norbert [Mitverf.]; Weizel, Achim [Hrsg.]

ISBN: 3-88429-247-1

Satz und Druck: SOV Graphische Betriebe, Bamberg

Inhalt

Geleitwort

Durchfälle sind in der Praxis ein häufiges Symptom. Über deren pathogenetische Vorgänge wurden in den letzten Jahren wesentliche neue Erkenntnisse erarbeitet. So wurden pathologische Sekretionsmechanismen aufgeklärt, die Bedeutung des Darmes als wichtiges Immunorgan und als Schutzbarriere vor dem Eindringen von pathogenen Antigenen erkannt und schließlich auch der Darm als eines der größten hormonproduzierenden Organe charakterisiert. Beiträge zu diesen Themen sollen den niedergelassenen Arzt und Kliniker über den neuesten Stand informieren, um dadurch die Vielseitigkeit von Durchfallerkrankungen besser verstehen zu können.

Der Hauptteil des Buches behandelt die Klinik der Durchfallerkrankungen, deren Ursache oft unklar bleibt, weil es sich um kurzdauernde, virale Infekte handelt, die diagnostisch schwer zu erfassen sind. Dagegen sind bakterielle Infektionen durch die heutigen Maßnahmen leichter zu diagnostizieren, wenn es sich nicht um seltenere Infektionen, vorwiegend tropische Infektionen, handelt. Bei vielen Bakterieninfektionen, z. B. mit Campylobacter, Yersinia, Clostridium und anderen, ist nicht nur der Dünndarm, sondern auch teilweise der Dickdarm mit befallen. Auch die antibiotikainduzierten Diarrhöen, die pseudomembranöse Kolitis, haben ihre Probleme, aber eine gezielte Anamnese und Bakteriendiagnostik erleichtern die Diagnose und führen zur richtigen Therapie. Ob nur das Toxin des Clostridium difficile für die Krankheit verantwortlich zu machen ist, muß noch geklärt werden. Bakterielle Durchfallerkrankungen verlaufen durch die heutige wirksame Antibiotikatherapie wesentlich leichter und lassen sich in der Regel gut beherrschen. In vielen Fällen ist aber eine antibiotische Therapie nicht nur unnötig, sondern führt unter Umständen zu einer Resistenz der Erreger.

Ein weiterer Schwerpunkt des Buches liegt in den primär nicht entzündlichen, chronischen Durchfallerkrankungen. Patienten mit Laktoseintoleranz oder einer Zöliakie werden häufig fehldiagnostiziert, und sie haben nicht selten einen langen Weg über viele Irrtümer bis zur richtigen Diagnose zu durchlaufen. Bei sorgfältiger Anamnese erlaubt eine entsprechende gezielte Diagnostik die richtige Diagnosestellung. Die ausführliche Darstellung dieser Krankheitsbilder soll dem Arzt helfen, leichter die richtige Diagnose zu stellen. Das Buch soll dazu beitragen, Durchfallerkrankungen rascher und besser zu analysieren und eine entsprechende Therapie einzuleiten. Die Autoren haben sich bemüht, das Buch praxisnah zu gestalten und dem praktizierenden Arzt eine Hilfe für die tägliche Arbeit zu geben.

Prof. Dr. med. B. Kommerell

Allgemeiner Teil

Diagnostik der Durchfallerkrankungen

G. Rohr, K.-H. Usadel

Das Symptom Durchfall umfaßt ein breites pathogenetisches und klinisches Spektrum. Eine für praktisch-klinische Zwecke benutzte Klassifizierung kann nur willkürlich sein. Unter Diarrhöe versteht man die gehäufte Entleerung konsistenzverminderter Stühle, die mindestens 3mal am Tag erfolgt; das Gesamtstuhlgewicht über 24 Stunden übersteigt 200 g. Eine vorteilhafte Einteilung unterscheidet die akute (Tage bis Wochen) sowie die chronische bzw. chronisch-rezidivierende Diarrhöe (mehr als 4 Wochen). Die Zeitspanne von 4 Wochen ist aufgrund klinischer Erfahrungen willkürlich gewählt.

Akute Diarrhöe

Für eine akute Durchfallerkrankung kommen infektiöse, toxische, medikamentöse, alimentäre sowie allergische Ursachen des gesamten Verdauungstraktes (Gastroenterokolitis) oder einzelner Regionen (Gastritis, Gastroenteritis, Enteritis) in Frage. Oft sind akute Diarrhöen banal und selbstlimitierend. Es stellt sich häufig die Frage, ob eine Abklärung durchzuführen ist oder ob sinnvollerweise in Unkenntnis der Ursachen eine symptomatische Behandlung indiziert ist und je nach Verlauf, vor allem bei Therapieresistenz, sekundär eine Abklärung erfolgt. Allgemeinsymptome sowie Ausmaß, Art und Dauer der Durchfälle sind dabei zu berücksichtigen. Eine primäre Abklärung der akuten Diarrhöe sollte bei schwerer Allgemeinsymptomatik, wie Apathie, Exsikkose, Status febrilis, blutigen Stühlen, literweisen Stuhlentleerungen, bei schwerem anderweitigen Grundmorbus, Tropenrückkehrern, Berufstätigen in der Nahrungsmittelbranche, kollektiven Durchfallerkrankungen, Säuglingen und Kleinkindern erfolgen.

Frühzeitig sollte eine mikrobiologische Diagnostik durchgeführt werden. Die Inspektion des Stuhls ergibt erste Hinweise auf sekretorische (wäßrig, dünnflüssig, wenig riechend) oder malassimilatorische (klebrig, fettig) Diarrhöe. Man bestimmt Stuhlgewicht und Stuhlfettausscheidung als 24-Stunden-Mittel einer 72-Stunden-Sammelperiode sowie die Natriumkonzentration einer akuten Stuhlprobe. Unter Berücksichtigung von Anamnese und Klinik weisen Stuhlgewichte von mehr als 200 g, eine Stuhlfettausscheidung von weniger als 7 g sowie Natriumkonzentrationen von mehr als 80 mmol/l auf sekretorische Durchfälle hin. Malassimilatorische Durchfälle sind gekennzeichnet von ebenfalls erhöhtem Stuhlgewicht über 200 g, erhöhter Stuhlfettausscheidung von mehr als 7 g sowie einer Natriumkonzentration von weniger als 40 mmol/l einer aktuellen Stuhlprobe. Weitere einfach durchzuführende Tests, wie der Pankreolauryltest, der PABA-Test, die Bestimmung von Chymotrypsin im Stuhl sowie Atemtests, wie der ^{14}C-Triolein-Atemtest, weisen bei pathologischem Ausfall auf malassimilatorische Durchfälle hin. Bei Berücksichtigung von Anamnese und Klinik weisen normale Stuhlgewichte von unter 200 g sowie eine normale Stuhlfettausscheidung von weniger als 7 g auf funktionelle Durchfälle hin.

Bei *blutigen Diarrhöen* sollte eine Sofortdiagnostik unter Einbeziehung endoskopischer Untersuchungen des oberen und unteren Gastrointestinaltraktes mit Auswertung histologischer Proben durchgeführt werden. Als Ursachenspektrum fakultativ oder obligat blutiger Durchfallerkrankungen kommen in Frage:

- Tumoröse Darmerkrankungen wie tiefsitzende, inkomplett stenosierende Karzinome oder Polypen im Kolon, Rektum und Anus
- Entzündliche Darmerkrankungen wie Colitis ulcerosa oder Morbus Crohn; Divertikulitis, aktinische Kolitis sowie chemische Kolitis.
- An spezifischen Infektionen findet man häufig Salmonellen, Yersinia enterocolitica bzw. pseudotuberculosis, Shigellen, Campylobacter fetus, Entamoeba histolytica, Gonokokken, Tuberkel. Bei pseudomembranösen Kolitiden während oder nach Antibiotikatherapie ist häufig Clostridium difficile nachzuweisen. Weitere Ursachen blutiger Diarrhöen sind: profuse obere und untere Intestinalblutungen, Mesenterialinfarkt, Volvulus, Sigma- oder Rektumendometriose sowie Fremdkörper im Rektum.

Sekretorische Diarrhöe

Typische Hinweise für eine sekretorische Diarrhöe ergeben sich aus der Anamnese: akuter Beginn, häufig Umgebungserkrankung bei infektionsverdächtiger Anamnese, wäßrige, wenig riechende, nicht klebende Stühle ohne erkennbare Beimengungen, persistierende Durchfälle nach 24stündigem Fasten. Bei toxininduzierten und unkomplizierten Durchfällen ist der Krankheitsverlauf oft selbstlimitierend. Bei chronisch sekretorischen Durchfällen zeigt sich auch nach längerem Krankheitsverlauf kein substantieller Gewichtsverlust bzw. Muskelschwund. Als Untersuchungsbefund lassen sich häufig eine Adynamie sowie ein verminderter Hautturgor bei isotoner bzw. hypotoner Dehydratation erheben. Labordiagnostisch zeigt sich typischerweise ein erhöhter Hämatokritwert bei erniedrigten Natrium-, Kalium-, Chlorid- und Bikarbonatwerten im Serum. Auf erhöhtes Feuchtstuhlgewicht ($>$ 200 g), normales Stuhlfettgewicht ($<$ 7 g) sowie erhöhte Natriumkonzentration im Nativstuhl wurde bereits oben hingewiesen.

Meist handelt es sich bei akuten sekretorischen Durchfällen um durch Erreger verursachte *diarrhöeische Enteritiden,* häufig fieberhaft, um toxininduzierte Diarrhöen („Reisediarrhöen“), um nichtinfektiöse, durch mikrobielle Toxine bedingte Lebensmittelvergiftungen oder um Durchfälle ohne jede Enteritis wie z. B. bei Malaria-tropica-Infektionen.

Erreger können invasiv in die Darmschleimhaut eindringen, sie schädigen und dadurch blutige Durchfälle und Fieber erzeugen (z. B. Salmonellen, Shigellen, Amöben). Weitaus häufiger werden Diarrhöen durch Bakterien ausgelöst, die Enterotoxine produzieren, die bereits mit der Nahrung aufgenommen werden (z. B. Staphylokokken) oder von Bakterien im Darm freigesetzt werden (z. B. enteropathogene Kolistämme). Das Toxin induziert eine sekretorische Diarrhöe.

Unter Reisediarrhöe versteht man im strengen Sinn Erkrankungen, bei denen sich kein Erreger feststellen läßt oder die durch nichtkonventionelle Erreger hervorgerufen werden. Jedoch werden in der Regel alle Durchfallerkrankungen, die während einer Reise auftreten, als Reisediarrhöe bezeichnet.

Als spezifische Erreger einer Diarrhöe kommen als Bakterien Salmonellen, Shigellen, Campylobacter und Edwardsiella in Frage; es handelt sich um akute Durchfälle mit kurzer Inkubationszeit von Stunden bis wenigen Tagen. Bei der typhösen Salmonellose sind im Blutbild eine Leukopenie mit Linksverschiebung und das Fehlen der Eosinophilen typisch. Bei Nachweis von neurologischophthalmologischen Symptomen muß unbedingt an Botulismus gedacht werden.

Virale Durchfallerreger sind insbesondere Rotaviren sowie Norwalk-Viren. An Darmprotozoen sind als Durchfallerreger Entamoeba histolytica, Giardia lamblia sowie Trichinella spiralis oder Balantidium coli bekannt. Amöben können nur im warmen Stuhl und deren Zysten in speziell fixierten, gefärbten Stuhlausstrichen nachgewiesen werden. Es empfiehlt sich, zu Stuhluntersuchungen möglichst frische bzw. warme Stuhlproben zur mikrobiologischen Untersuchung zu bringen. Lamblien können in der Duodenalmukosa und im warmen Duodenalsekret gefunden werden. Plasmodium falciparum, der Erreger der Malaria tropica, kann im Blutausstrich oder dicken Tropfen nachgewiesen werden. Auch Helminthen können Diarrhöen auslösen – Trichuriasis (Peitschenwurm), Ancylostomiasis (Hakenwurm), Strongyloidiasis (Zwergfadenwurm) sowie Schistosomiasis (Bilharziose).
Für praktisch alle Erreger, deren Antigene in die Blutbahn gelangen, gibt es serologische Nachweise. Da diese Reaktionen erst später positiv werden, sind sie nicht für eine Frühdiagnose geeignet. Die sog. Gruber-Widal-Reaktion auf Typhus und Paratyphus wird am Ende der ersten Woche positiv, diejenigen auf gastroenteritische Salmonellen, wenn überhaupt, erst nach 3 bis 4 Wochen. Serologische Reaktionen auf Amöben und auf Schistosomen werden erst nach einigen Wochen positiv. In der Rektumbiopsie können Amöben und Eier von Schistosomen jedoch direkt nachgewiesen werden.

Toxisch bedingte Durchfälle sind bei akuten Vergiftungen mit insbesondere Quecksilber- oder Arsenpräparaten sowie Pilzvergiftungen bekannt.
Auch viele Arzneimittel oder pharmakologisch wirksame Substanzen führen zu Durchfällen, teilweise auch durch Störung der Darmmotilität bedingt (Tab. 1). In seltenen Fällen können anaphylaktische Durchfälle, insbesondere bei Allergien auf bestimmte Nahrungsmittel, auftreten. Abruptes Einsetzen, kurze Dauer der Diarrhöe und gekoppeltes Auftreten mit Exposition auf bestimmte Nahrungsmittel (z. B. Erdbeeren, Eier, Meeresfrüchte) sind typisch. Zusätzlich können Manifestationen an anderen Organen (Erythem, Quincke-Ödem, Urtikaria) auftreten. Zur weiteren Diagnostik empfehlen sich neben typischer Anamnese Expositionsversuche und Eliminationsdiät sowie die Bestimmung des IgE (meist erhöht).

Antazida
Laxanzien
Zytostatika
Choleretika
Chenodesoxycholsäure
Diuretika
Ganglienblocker
Rauwolfia-Alkaloide
Antibiotika
Biguanide
Acarbose
L-Dopa
Indometacin
Chinidin
p-Aminosalizylsäure
Neomycin
Procainamid
Eisenpräparate
Colchizin
Koffein, Theophyllin
Süßstoffe wie Sorbitol, Mannitol
Chronischer Alkoholabusus

Tab. 1 Auswahl von Arzneimitteln und pharmakologisch aktiven Substanzen, bei denen Durchfälle induziert werden können.

Wenn nach 4 Tagen die Diarrhöen nicht sistieren oder eine eindeutige Diagnose gestellt ist, empfiehlt sich neben einer weiter fortgeführten, ausführlichen mikrobiologischen sowie labordiagnostischen Untersuchung eine Endoskopie des oberen und unteren Gastrointestinaltraktes (Koloskopie!), danach röntgenologisch eine fraktionierte Magen-Darm-Passage, eventuell mit Sellink-Einlauf sowie ein Schilling-Test.

Chronische Diarrhöe

Chronisch sekretorische Diarrhöen werden ausgelöst durch chronisch spezifische entzündliche Darmerkrankungen mit Bakterien, Viren, Parasiten; das Spektrum ist ähnlich wie bei den akuten infektiösen Diarrhöen. Zu chronischen Verlaufsformen neigen jedoch insbesondere Parasiten wie Entamoeba histolytica, Giardia lamblia, Trichuris trichiura, Trichinella spiralis, Schistosomen, Isospora belli, Strongyloides stercoralis und ähnliche. Da Diarrhöen auch als Symptom bei AIDS auftreten können, sollte bei entsprechender Anamnese eine Bestimmung des HTLV-III-Titers durchgeführt werden.
Chronisch unspezifische entzündliche Darmerkrankungen mit Diarrhöen sind Colitis ulcerosa, Morbus Crohn, Divertikulitis sowie in seltenen Fällen aktinische Enteropathie und ischämische Enteropathie. Die Diagnosestellung erfolgt aufgrund Anamnese und klinischer Symptomatik sowie röntgenologischen, endoskopischen und histologischen Untersuchungen. Ein Morbus Crohn des terminalen Ileums sowie eine Ileumresektion können zu einer chologenen Diarrhöe führen. Ein chronischer Laxanzienabusus sowie ein chronischer Gebrauch von den in Tabelle 1 angegebenen Arzneimitteln und pharmakologischen Substanzen können ebenfalls Ursache einer chronisch-sekretorischen Diarrhöe sein. An kongenitalen Diarrhöen ist u. a. die kongenitale Chloriddiarrhöe beschrieben. Nicht eindeutig klassifizierbare chronische Diarrhöen können durch tiefsitzende inkomplette Dickdarmstenosen bei Karzinomen, Polypen, Strikturen, villösen Adenomen und Fremdkörpern ausgelöst werden. Gelegentlich kann bei stenosierender Koteindickung in der Rektumampulle (Dyschezie) die Obstipation durch eine falsche oder paradoxe Diarrhöe unterbrochen werden. Es handelt sich um eine flüssige Entleerung nach tagelanger Stuhlverhaltung, der meist feste Stuhlpartikel beigemischt sind. Dieser Wechsel zwischen Durchfall und Verstopfung kommt zustande, wenn die trockenen, stagnierenden Fäzes durch Exsudate der gereizten Darmwand verflüssigt werden.
Weitere Ursachen von chronischen sekretorischen Diarrhöen sind *endokrin* bedingt: Tumorbedingte endokrine Diarrhöen werden durch überwiegend im Pankreas lokalisierte Tumoren, wie Gastrinom, VIPom, Somatostatinom, Glukagon und GIP oder PP sezernierende Tumoren, ausgelöst; Karzinoide sind überwiegend im Magen-Darm-Trakt lokalisiert. Außerhalb des Gastrointestinaltrakts lokalisierte Tumoren mit Diarrhöesymptomatik sind das medulläre Schilddrüsenkarzinom (C-Cell-Carcinom), neurogene Tumoren sowie Tumoren mit paraneoplastischer Hormonsekretion; ebenfalls kann die multiple endokrine Neoplasie Typ I (Pankreas-, Hypophysen-, Nebenschilddrüsentumoren und Karzinoid) sowie Typ II (medulläres Schilddrüsenkarzinom, Phäochromozytom, Nebenschilddrüsentumor, eventuell intestinale Ganglioneuromatose) Diarrhöen auslösen. Eine nicht tumorbedingte endokrine Diarrhöe (teils sekretorisch, teils motorisch, teils malassimilationsbedingt) tritt bei Diabetes mellitus, Hyperthyreose, Nebenniereninsuffizienz, Hypoparathyreoidismus sowie systemischer Mastozytose auf. Der Nachweis der hormonalen Ursache einer Diarrhöe wird neben den bisher besprochenen allgemeindiagnostischen Methoden gestellt durch mehrfache Hormonbestimmungen, basal sowie in Stimulationstests, spezifische Funktionstests wie Magensekretionsanalyse bei Gastrinom, Nachweis spezifischer hormonaler Aktivität, durch Bestimmung der 5-Hydroxyindolessigsäure (5-HIES) im Urin bei Verdacht auf Karzinoid, durch Nachweis multihormoneller Syndrome, durch Lokalisationsdia-

gnostik mittels Sonographie, Computertomographie, Endoskopie, Röntgen und Angiographie sowie Identifikation der endokrinen Tumorcharakteristik mittels Histologie und Immunhistochemie. Nicht tumorbedingte endokrine Diarrhöen sind aufgrund der Grunderkrankungen und Ausschluß anderweitiger Ursachen zu diagnostizieren.

Malassimilatorische Durchfälle

Aufgrund eines breiten Ursachenspektrums werden bei malassimilatorischen Durchfällen praktisch alle Nahrungsbestandteile im oberen Dünndarm unvollständig absorbiert. In den unteren Darmabschnitten werden diese malabsorbierten Stoffe durch ortsständige Bakterien gespalten, werden osmotisch wirksam und führen so zu Diarrhöen mit hoher Osmolarität und geringem Elektrolytgehalt. Zusätzlich werden in den distalen Darmabschnitten malabsorbierte Fette und Gallensäuren wirksam. Vom Verlauf her handelt es sich fast ausnahmslos um chronische Durchfälle.
Eine typische Anamnese ergibt voluminöse, übelriechende, helle, fettige, breiig klebrige Stühle, meist nicht blutig. Völlegefühl, Flatulenz, Blähungen, laute Darmgeräusche, keine besonderen Schmerzen, kein Fieber, Durstgefühl, deutlicher, kontinuierlicher Gewichtsverlust mit Leistungsminderung, Blässe und Müdigkeit sind typisch. Die Durchfallsymptomatik dauert meist länger als einen Monat. Besserung oder Sistieren der Durchfallsymptomatik tritt häufig nach 24stündigem Fasten ein. Oft sind ein reduzierter Ernährungszustand mit Muskelschwund, geblähtes Abdomen, periphere Polyneuropathie, Tetanieneigung, Blutungsneigung, Anämie, hypertone Dehydratation, Ödeme vom Eiweißmangeltyp zu erheben.
Labordiagnostisch zeigt sich eine Anämie vom Eisenmangel-, Vitamin-B_{12}-Mangel- oder Folsäuremangeltyp; Magnesium, Kalzium, Phosphat, Kalium, Albumin, Cholesterin im Serum sind meist erniedrigt; Natrium und Chlorid im Serum sind häufig erhöht. Der Quick-Wert ist meist erniedrigt, die Prothrombinzeit verlängert. Das Feuchtstuhlgewicht sowie das Stuhlfettgewicht sind erhöht (> 200 g, > 7 g), die Natriumkonzentration in einer Stuhlprobe beträgt weniger als 40 mmol/l.

Zur Diagnose einer exokrinen Pankreasinsuffizienz (chronische Pankreatitis, Mukoviszidose, gangstenosierender Tumor, ausgedehnte Pankreasresektion) werden Pankreasfunktionsuntersuchungen durchgeführt wie Bestimmung des Chymotrypsins im Stuhl, Pankreolauryltest, PABA-Test, Sekretin-Pankreozymintest. Eine ERCP kann bei der Diagnose einer chronischen Pankreatitis mit Gangveränderungen oder von Pankreastumoren Aufklärung bringen.
Eine Diarrhöe aufgrund einer *Maldigestion* kann bei normalem Ausfall der Pankreasfunktionsdiagnostik auch durch intraluminalen Gallensäuremangel verursacht werden, insbesondere bei intra- oder extrahepatischer Cholestase, bei Synthesestörungen aufgrund fortgeschrittener Lebererkrankungen sowie Gallensäureverlust bei externer Gallenableitung oder einem Morbus Crohn des terminalen Ileums. Eine bakterielle Überwucherung des oberen Dünndarms, Strikturen, blinde Schlingen, enterokolische Fisteln oder Divertikel verursachen ebenfalls Diarrhöen aufgrund einer Maldigestion. Zur Abgrenzung von *malabsorptiv bedingten Diarrhöen* sollte neben einer ausführlichen Röntgendiagnostik mit Magen-Darm-Passage, evtl. in Sellink-Technik, eine Oberbauchsonographie sowie Atemtests wie z. B. der ^{14}C-Triolein-Atemtest mit und ohne Pankreasenzymsubstitution durchgeführt werden. Endoskopisch (Gastroduodenoskopie, Koloskopie) können durch Schleimhautuntersuchungen (Lupenmikroskopie, Histologie) wichtige Hinweise auf Veränderungen des Schleimhautreliefs (z. B. Zottenatrophie) oder auf Ausdehnung entzündlicher Prozesse sowie Duode-

nalaspirat zum Nachweis von Parasiten, insbesondere Lamblien, gewonnen werden.
Weitere diagnostische Hinweise ergibt der Xylose-Belastungstest sowie der Laktose-Toleranztest. Der Laktasemangel ist die wichtigste Form eines Disaccharidasemangels und klinisch sehr häufig.
Eine perniziöse Anämie, kombiniert mit Zeichen von Eisenmangel (Malabsorption von Eisen, Folsäure und eventuell Vitamin B_{12}) tritt vorwiegend bei primärer Sprue auf.
Aufgrund dieser Untersuchungen lassen sich Diarrhöen bei Glutenenteropathie, tropische Sprue, Morbus Whipple (PAS-Färbung histologischer Schnitte), eosinophile Gastroenteritis, intestinales Lymphom, intestinale Mastozytose, intestinale Lymphangiektasie, intestinale Ischämie, intestinale Amyloidose, Hypogammaglobulinämie bei Immunmangelsyndrom, Abetalipoproteinämie, Dermatitis herpetiformis Duhring, aktinische Enteropathie sowie ein Morbus Crohn des oberen Dünndarms abklären.
Um ein enterales Eiweißverlustsyndrom nachweisen zu können, sind neben bioptischen Schleimhautbefunden Meßverfahren des Proteinverlustes notwendig. Dies geschieht mit Hilfe des Gordon-Testes, bei dem das Radioisotop 125 J Polyvinyl-Pyrrholidon nach i.v.-Applikation im Stuhl bestimmt wird. Die Mesenterikographie ergibt Aufschluß über das thrombosierte Areal, das eine ischämische Kolitis zur Folge hat.
Primäre oder sekundäre Amyloidosen, die den Intestinaltrakt befallen, lassen sich in der Regel durch polarisationsoptische Untersuchung der Rektumschleimhautpartikel nachweisen. Mit der Analsphinktermanometrie lassen sich Insuffizienzzustände auch ohne morphologische Veränderungen erfassen (z. B. rektale Flüssigkeitsinkontinenz, schlaffe Beckenbodenmuskulatur). Mittels einer genauen Medikamentenanamnese sollte eine arzneimittelinduzierte Ursache einer chronisch malassimilativen Diarrhöe überprüft werden. Da nicht selten Hyperthyreosen monosymptomatisch verlaufen, sollte bei auch nur geringem Verdacht auf eine Hyperthyreose eine eingehende Schilddrüsendiagnostik erfolgen. Ebenso können ein Morbus Addison wie ein medulläres Schilddrüsenkarzinom sowie Ganglioneurome oder paraneoplastische Syndrome eine malassimilatorische Diarrhöe auslösen. Invasive wie nichtinvasive Formen infektiöser Darmerkrankungen im oberen Dünndarm können ebenfalls zu malabsorptiven Diarrhöen führen, das Erregerspektrum wurde bereits oben angegeben; insbesondere können Ascaris lumbricoides oder Giardia lamblia (Tupfpräparat der Schleimhaut und Giemsafärbung, Untersuchung Dünndarmsekret) auslösender Erreger sein. Weitere Ursachen einer malassimilatorischen Diarrhöe können Kurzdarmsyndrom, Sklerodermie oder perniziöse Anämie sein.

Diarrhöe nach Magenoperation

Im Anschluß an eine Resektion, Vagotomie oder ein kombiniertes Operationsverfahren kann sich eine Diarrhöe entwickeln, die in ihrer schweren Verlaufsform – überwiegend nach trunkulärer Vagotomie – therapeutisch problematisch ist. Nach resezierenden Verfahren tritt die Diarrhöe zum größeren Teil als Symptom des Frühdumping auf und besteht im Absetzen mehrerer flüssiger Stühle nach Nahrungsaufnahme. Differentialdiagnostisch ist vor allem an einen nach Resektion manifest werdenden Laktasemangel und auch an eine Sprue zu denken. Schwere Verlaufsformen nach Vagotomien manifestieren sich vorwiegend episodisch, es kommt zu heftigen explosiven Durchfallattacken mit mangelnder Kontrolle über die Entleerung mit 5 bis 10 flüssigen Stühlen pro Tag über einen Zeitraum von mehreren Tagen. Die Stuhlfettexkretion der Vagotomierten ist gering erhöht und korreliert nicht mit dem Grad der bakteriellen Kontamination. Nur selten entwickelt sich ein ausgeprägter Gewichtsverlust. Klinisch resultiert langfristig eine mehr oder minder ausgeprägte Gewichtsreduktion, die ihre Ursache allenfalls nur zum Teil in der Steatorrhöe hat. Entscheidender erscheint eine qualitativ und quantitativ unzureichende Nahrungszufuhr.

Funktionelle Durchfälle

Die Diagnose „Funktionelle Durchfälle" wird aufgrund einer Ausschlußdiagnostik gestellt. Es existiert zur Zeit keine klinische Routinemethode, diese Diagnose positiv zu stellen. Bei Untersuchung des Stuhlfeuchtgewichtes sowie der Stuhlfettausscheidung ergeben sich Normalbefunde; es erscheint jedoch angeraten, in Zweifelsfällen bei jedem dieser Patienten eine Stuhluntersuchung auf okkultes Blut, Routinelaboruntersuchungen sowie in begründeten Fällen eine endoskopische oder röntgenologische Untersuchung des Intestinaltraktes vorzunehmen. Da die klinischen Bilder des Laktasemangels der Dünndarmschleimhaut sowie des Laxanzienabusus im Beschwerdebild und in der Befundkonstellation der funktionellen Diarrhöe am ähnlichsten sind, sind beide Störungen differentialdiagnostisch zu überprüfen, bevor die Diagnose „Funktionelle Diarrhöe" gestellt werden sollte.

Eine Funktionsstörung des Sphincter ani sollte durch eine Sphinkterdruckmessung ausgeschlossen werden. Situationsbedingter Stuhldrang bei emotionaler Belastung oder Durchfälle im Verlauf psychogener Krankheitszustände können ebenfalls Anlaß zu Durchfallepisoden sein, die durch klinische Routinediagnostik nicht positiv erfaßt werden können.

Infektiöse Durchfälle

S. Walker

Etwa 4 bis 5 Mio. Menschen, meist Kinder unter 5 Jahren, sterben jährlich weltweit an Durchfallerkrankungen. Ganz überwiegend handelt es sich dabei um infektiöse Durchfälle, die durch schlechte hygienische Verhältnisse und Unterernährung begünstigt werden. Erreger der Durchfallerkrankungen sind Viren, Bakterien und Protozoen, selten Pilze.

Der Ausgleich des mit dem Durchfall verbundenen Wasserverlustes ist die erste und entscheidende therapeutische Maßnahme. Die Flüssigkeit kann in den allermeisten Fällen oral in Form einer Glukose-Elektrolyt-Lösung gegeben werden. Die Entwicklung einer oralen Glukose-Elektrolyt-Lösung (Tab. 1) bedeutet einen großen Fortschritt in der Therapie der infektiösen Durchfälle. Medikamentöse Maßnahmen stehen erst an zweiter Stelle und sind nur in bestimmten Fällen wie Cholera (Tetracycline), Shigellenruhr und Typhus (Ampicillin, Trimethoprim-Sulfamethoxazol), Amöbiasis und Giardiasis (Metronidazol) indiziert.

Herstellung	[g/l]
NaCl	3,5
$NaHCO_3$	2,5
KCl	1,5
Glukose	20,0
Zusammensetzung	**[mmol/l]**
Na^+	90
K^+	20
Cl^-	80
HCO_3^-	30
Glukose	111

Tab. 1 Orale Glukose-Elektrolyt-Lösung der WHO.

Virusbedingte Durchfälle

Durchfälle können im Rahmen von zahlreichen Virusinfekten auftreten. Viren dürften die Ursache von vielen ätiologisch nicht abgeklärten, kurzdauernden, akuten Enteritiden sein. Epidemiologische Studien haben gezeigt, daß nicht die klassischen Enteroviren wie ECHO- und Coxsackie-Viren, sondern 2 andere Gruppen, die Rotaviren und die Norwalk-Viren, die häufigsten Erreger von Durchfallerkrankungen sind. Eine Behandlung ist nur selten nötig, eine spezifische Therapie nicht möglich.

Rotaviren

Rotaviren weisen eine radartige Struktur auf und sind am häufigsten bei virusbedingten Diarrhöen nachweisbar (elektronenoptisch, ELISA). Es handelt sich um 70 nm große RNS-Viren, und es lassen sich mindestens 4 Typen unterscheiden. Betroffen werden vor allem Kinder unter 2 Jahren. Mütterliche Antikörper schützen nur in den ersten Lebensmonaten.

Bei Kindern sind etwa 35% aller akuten Durchfälle weltweit durch Rotaviren verursacht. Eine Häufung tritt in den Wintermonaten auf. Die Übertragung erfolgt fäkal-oral, die Inkubationszeit beträgt 1 bis 3 Tage, dann treten wäßrige Durchfälle, Erbrechen und Fieber auf. Die Erkrankung dauert bei vorher gesunden Patienten meist nur wenige Tage.

Das Virus ist im Stuhl meist bis zu einer Woche nachweisbar. Es ist kälte-, hitze-, ätherstabil und säurestabil bis pH = 3. Serologisch ist ein Titeranstieg nachweisbar. Eine Impfung gegen Rotaviren wird entwikkelt, ist jedoch noch nicht eingeführt.

Norwalk-Viren

Das Norwalk-Virus, ein 27 nm großes Partikel, erstmals bei einer Epidemie in Norwalk, Ohio nachgewiesen, kann ebenfalls eine epidemische Gastroenteritis hervorrufen, häufiger bei älteren Kindern und Erwachsenen.
Es ist hitze-, säure- und ätherstabil, kann bisher nicht kultiviert werden, und es ist nicht bekannt, ob es DNS oder RNS enthält. Weitere ähnliche, nicht weiter klassifizierte Viren werden Norwalk-ähnliche Viren genannt und meist nach dem Ort ihrer ersten Isolierung benannt.
Die Übertragung erfolgt fäkal-oral über kontaminiertes Wasser oder Speisen. Die Inkubationszeit beträgt 1 bis 2 Tage, die Erkrankung verläuft mit akutem Beginn und dauert im Durchschnitt nur 1 bis 2 Tage. Eine Therapie ist meist nicht erforderlich. Das Norwalk-Virus kann immunelektronenmikroskopisch und mit Hilfe eines Radioimmunoassays im Stuhl nachgewiesen werden. Serumantikörper können ebenfalls mittels RIA bestimmt werden. Eine langfristige Immunität entsteht nach der Antikörperbildung nicht, Mehrfachinfektionen sind deshalb möglich. Eine Impfung ist derzeit nicht möglich und in naher Zukunft nicht zu erwarten.

Bakteriell bedingte Durchfälle

Die Durchfälle können durch Invasion der Bakterien in die Darmwand (Shigellen, Salmonellen, E. coli) und durch Toxine (E. coli, Vibrio cholerae, Clostridium perfringens, Staphylokokken) hervorgerufen werden. Die invasiven Bakterien führen meist zu blutigen, schleimigen Durchfällen, krampfartigen Bauchschmerzen und Fieber, während Enterotoxine meist wäßrige Durchfälle hervorrufen.

Bakterielle Ruhr (Shigellenruhr)

Shigellen sind aerobe und fakultativ anaerobe, gramnegative, unbegeißelte Stäbchenbakterien, die weltweit verbreitet sind. Shigellen dringen ganz bevorzugt in die Kolonschleimhaut ein, und es entstehen Ulzerationen. Shigella dysenteriae bildet zusätzlich Ektotoxin, führt zu besonders schweren Verläufen und trat bisher meist in Asien und Zentralamerika auf. In Europa und Nordamerika werden fast ausschließlich Shigella sonnei und flexneri gefunden, von denen nur einige Stämme Ektotoxin bilden. Eine Bakteriämie ist extrem selten. Infektionsquelle sind der Mensch und einige Affenarten. Die Shigellen werden fäkal-oral über verunreinigtes Wasser oder Speisen übertragen. Zur Infektion reichen 10 bis 100 virulente Shigellen aus.

Die bakterielle Ruhr tritt gehäuft im Sommer auf. Die Inkubationszeit beträgt 1 bis 2 Tage. Dann treten Fieber, abdominelle Krämpfe, Tenesmen, anfangs breiige, dann blutig-schleimig-eitrige Durchfälle (bis 20 bis 40 pro Tag) auf. Im Blutbild findet sich eine Leukozytose. Der Verlauf der Erkrankung ist sehr variabel: von sehr schwerem, hochtoxisch-letalem Verlauf über leichte Durchfallerkrankung ohne Blutbeimengung bis zur asymptomatischen Infektion. An Komplikationen können Kreislaufversagen, Kolonperforation und selten septische Metastasen auftreten. Ebenfalls selten werden Meningitis, Reitersyndrom, hämolytisch-urämisches Syndrom beobachtet. Bei einem Teil der Patienten tritt eine chronische Ruhr auf.

Neben Ausgleich des Wasser- und Elektrolytverlustes ist eine Antibiotikatherapie indiziert. Begonnen werden sollte mit Ampicillin oder Trimethoprim-Sulfamethoxazol und die Therapie eventuell nach Erhalt des Antibiogramms umgestellt werden. Spasmolytika sollten bei den durch invasive Bakterien hervorgerufenen Diarrhöen nicht gegeben werden. Im Rahmen des Infektes werden Serumantikörper und Koproantikörper (Antikörper, die im Stuhl ausgeschieden werden) gebildet. Es entsteht eine Immunität gegen den entsprechenden Stamm. Eine Schluckimpfung wurde entwickelt. Die entscheidende präventive Maßnahme ist jedoch die Verbesserung der hygienischen Verhältnisse.

Salmonellosen

Salmonellen führen zu verschiedenen Verlaufsformen:

- Typhöse Verlaufsform (Typhus und Paratyphus)
- Enteritische Verlaufsform
- Septikämische Verlaufsform.

Salmonellen sind begeißelte gramnegative Bakterien, die teilweise auch tierpathogen sind und fäkal-oral über verunreinigtes Wasser oder Nahrungsmittel übertragen werden. Die Salmonellen werden in 3 Species unterteilt: S. typhi, S. cholerae-suis und S. enteritidis, wobei die letztere noch in über 1700 Serotypen unterteilt wird.

Typhus abdominalis

Erreger des Typhus abdominalis ist Salmonella typhi. Er tritt nur beim Menschen auf. Als Erregerreservoir kommen nur Erkrankte oder Dauerausscheider von Salmonella typhi in Frage. Die Erkrankung tritt weltweit auf, gehäuft in unterentwickelten Ländern.

Die Infektion erfolgt fäkal-oral. Die Erreger gelangen in den Dünndarm, dringen in die Peyerschen Plaques ein und gelangen ins Blut (frühe Bakteriämie, 24 bis 72 Stunden nach Infektion). Die Bakterien werden dann von Phagozyten aufgenommen und die frühe symptomlose Bakteriämie beendet. Wenn es nun den Phagozyten nicht gelingt, die Bakterien abzutöten, vermehren sie sich intrazellulär, und es kommt zu einer erneuten anhaltenden Bakteriämie. In dieser Phase der Erkrankung treten erste Symptome auf. Die Inkubationszeit, die von der Infektionsdosis abhängt, variiert von 3 bis 60 Tagen. Etwa 10^7 Typhusbakterien sind zur Infektion nötig. Das erste Symptom ist häufig Kopfschmerz. Dann folgen Fieber, Appetitlosigkeit, Abgeschlagenheit. Gelegentlich tritt Schüttelfrost auf, das Fieber steigt stufenweise innerhalb von Tagen an. Typisch ist in dieser ersten Phase der Erkrankung die Obstipation! Bei 2 Drittel der Patienten tritt ein trockener Husten auf.

In der 2. Woche erreicht das Fieber ein Plateau, die sog. Continua; das Fieber bleibt unbehandelt für 2 bis 3 Wochen fast konstant um 39 bis 40° C. Eine relative Bradykardie ist typisch. Die Patienten sind matt, benommen.

Erst etwa in der 3. Woche der Erkrankung treten dann die typischen erbsbreiartigen Durchfälle auf. Meist in der 2. Woche sind einzelne Roseolen (2 bis 4 mm große blaßrosa Flecken) am Rumpf erkennbar. Die Flecken blassen bei Kompression mit dem Glasspatel ab und bleiben nur 2 bis 3 Tage bestehen. Eine Leukopenie um 3000 bis 4000 pro mm^3 ist charakteristisch. Eine normochrome Anämie sowie ein positiver Rheumafaktor treten häufig auf. Leber und Milz sind ab der 2. Woche der Erkrankung vergrößert. Abdominelle Schmerzen sind häufig. Auf die Komplikation der Dünndarmperforation und intestinalen Blutung muß geachtet werden. Selten treten Ikterus, akutes Nierenversagen und disseminierte intravasale Gerinnung auf. Nach 3 Wochen geht das Fieber langsam innerhalb von Tagen zurück. Gefürchtet sind septische Komplikationen. Da eine Bakteriämie über längere Zeit besteht, sind Abszesse in allen Geweben möglich.

Etwa 5 bis 10% der Patienten erleiden einen Rückfall nach etwa 2 Wochen Symptomfreiheit. Etwa 3% der Patienten gelingt es nicht, alle Salmonellen zu eliminieren. Der Herd sitzt meist in der Gallenblase. Die Salmonellen gelangen mit der Galle in den Darm, und die Patienten werden zu Dauerausscheidern.

Dauerausscheider ist ein Patient, der über mindestens 1 Jahr positive Stuhlkulturen aufweist. Dauerausscheider werden häufiger ältere Patienten und 3mal häufiger Frauen als Männer. Gallensteine werden bei den Patienten oft gefunden.

Die Diagnose wird mit Hilfe der Blutkultur gestellt, die in der 1. Woche in 70 bis 90% positiv ist, während die Stuhlkultur in der 1. Woche nur in 10 bis 15% positiv ist. Im Verlauf nimmt der Anteil der positiven Blutkulturen ab, die der positiven Stuhlkulturen zu. Urinkulturen sind ebenfalls häufig positiv. Die Gruber-Widal-Reaktion ist bei 4fachem Titeranstieg ebenfalls verwertbar.
Antibiotika der Wahl sind Trimethoprim-Sulfamethoxazol oder Chloramphenicol. Der Therapieerfolg ist nicht prompt, die Patienten entfiebern erst nach 2 bis 5 Tagen. Bei Therapieversagern sollte nach Antibiogramm weiterbehandelt werden. Bei lebensbedrohlichem toxischen Verlauf mit Hirnödemneigung können Steroide 2 bis 3 Tage gegeben werden. Laxanzien, Einläufe und Azetylsalizylsäure sollten wegen der Erhöhung der Blutungsgefahr nicht gegeben werden. Bei Dauerausscheidern mit Gallensteinen sollte eine Cholezystektomie unter Ampicillinschutz angestrebt werden. Ansonsten werden 6 g Ampicillin täglich über 6 Wochen empfohlen. Eine orale Impfung gibt einen vorübergehenden inkompletten Schutz. Dauerausscheidung von Salmonellen und bereits der Verdacht auf Typhus abdominalis ist meldepflichtig.

Paratyphus

Paratyphus verläuft zwar meist milder als Typhus, läßt sich jedoch klinisch nicht sicher vom Typhus unterscheiden. Chronische Ausscheidung von Salmonellen ist seltener als beim Typhus. Verschiedene Salmonellenarten (am häufigsten S. cholerae-suis, S. enteritidis, Serotyp Paratyphi A und B) können einen Paratyphus verursachen. Die Diagnose wird anhand von Blut- und Stuhlkulturen gestellt. Die Therapie des Paratyphus entspricht dem des Typhus.

Salmonellenenteritis

Die enteritische Verlaufsform, hervorgerufen durch zahlreiche Salmonellentypen, kann sporadisch oder in großen Epidemien, z. B. bei Infektionen in Großküchen, auftreten. Die Inkubationszeit beträgt 8 bis 48 Stunden. Der Beginn ist akut mit kolikartigen Schmerzen, wäßrigen Stühlen, selten mit Blut und häufig mit Erbrechen und Fieber bis 39° C. Meist ist die Krankheit nach 3 bis 5 Tagen überstanden, die Stuhlkulturen werden nach 1 bis 4 Wochen wieder negativ. Eine Bakteriämie gehört nicht zur Salmonellenenteritis.
Die Durchfälle werden durch Invasion der Salmonellen in die Darmwand und bei einzelnen Serotypen auch durch Toxine hervorgerufen. Kinder scheiden Salmonellen häufig länger im Stuhl aus. Die Mortalität liegt bei unter 1%. Betroffen sind fast ausschließlich Kleinkinder, alte Patienten und anderweitig geschwächte Personen. Die Therapie ist symptomatisch, am wichtigsten ist der Flüssigkeitsersatz. Eine antibiotische Therapie ist nicht erforderlich, sie verlängert sogar die Ausscheidung der Keime im Stuhl.

Septikämische Verlaufsform

Bei jeder Bakteriämie, die bei jeder Infektion mit Salmonellen möglich ist, besteht die Gefahr der Ausbildung von septischen Metastasen, die überall im Körper auftreten können. Es entwickelt sich ein uncharakteristisches Krankheitsbild mit intermittierenden Fieberschüben, das oft ohne lokalisierbare Beschwerden sich nur durch häufige Blutkulturen klären läßt. Es kann dann sehr schwer sein, den Sepsisherd zu finden. Die häufigsten Lokalisationen sind Gallenwege, Lunge, Peri- und Endokard, Harnwege, Meningen, Knochenmark und Gelenke.
Neben einer systemischen antibiotischen Therapie nach Antibiogramm muß eine lokale Sanierung angestrebt werden.

Cholera

Vibrio cholerae (= V. comma) und V. cholerae El Tor sind aerobe, gebogene, gramnegative, unipolar begeißelte Bakterien. Die Cholera ist endemisch in Teilen des indischen Subkontinents, wo große Epidemien und Pandemien ihren Ursprung hatten. Die Übertragung erfolgt über Trinkwasser und Speisen. Der einzige Wirt ist der Mensch.
Die Choleraerreger dringen nicht in das Darmepithel ein, sondern schädigen den Darm durch ihre Toxine. Das Choleratoxin, ein Protein mit einem Molekulargewicht von 84 000, stimuliert die Adenylzyklase der Darmepithelzellen. Der daraus resultierende Anstieg des intrazellulären zyklischen Adenosinmonophosphates führt zur isotonen Flüssigkeitssekretion des Dünndarms. Das Stuhlwasser enthält im Vergleich zum Plasma nur wenig niedrigere Konzentrationen von Natrium und Chlorid, etwa doppelt so hohe Bikarbonat- und 3- bis 5mal höhere Kaliumkonzentrationen. Bei Flüssigkeitsverlusten von bis zu 1 l/Stunde entwickelt sich eine schwere Exsikkose mit metabolischer Azidose sowie Hypokaliämie und führt über hypovolämischen Schock unbehandelt in hohem Prozentsatz zum Tode. Die Bakterien sind nicht invasiv, wurden in keinem Gewebe gefunden, und eine Toxinwirkung wurde ausschließlich auf das Dünndarmepithel nachgewiesen. Histologisch ist der Darm unauffällig.
Nach einer Inkubationszeit von 6 bis 48 Stunden tritt plötzlich schwerer wäßriger Durchfall ohne Schmerzen oder Fieber auf. Häufig ist auch wäßriges Erbrechen ohne größere Übelkeit. Es treten Exsikkose, Muskelkrämpfe, Tachykardie, Blutdruckabfall, Tachypnoe, Zyanose und akutes Nierenversagen auf. Bei allen Epidemien ist mit zahlreichen subklinischen Infektionen zu rechnen, bei denen der Wasserverlust nicht so groß ist und keine Krankenhausbehandlung erforderlich ist.
Kulturell lassen sich die Vibrionen auf Spezialnährböden nachweisen. Immunfluoreszenzoptisch ist ein schneller Nachweis möglich. Der Titeranstieg im Serum spielt für die Frühdiagnose keine Rolle. Für die Therapie entscheidend ist der Flüssigkeitsersatz. Bei schwerem Verlauf sollte eine intravenöse Flüssigkeitssubstitution mit Kochsalz, Bikarbonat und Kaliumchlorid bis zum Ausgleich der Hypovolämie, der Azidose und der Hypokaliämie angestrebt werden. Wenn das nicht möglich ist, oder bei leichtem Verlauf kann die orale Rehydratationslösung (Tab. 1) eingesetzt werden. Da das Choleratoxin den glukosegekoppelten Natriumtransport nicht stört, kann aus dieser Lösung Natrium zusammen mit Glukose resorbiert werden. Allerdings ist auch hier eine gute Überwachung des Patienten hinsichtlich Kreislauf, Urinausscheidung, Kalium und Säure-Basen-Haushalt erforderlich. Tetracycline kürzen den Verlauf ab. Die Mortalität der Cholera bei Intensivtherapie liegt nahe bei 0%, bei Epidemien in unterentwickelten Ländern bei bis zu 60%.

Prophylaktisch entscheidend ist die Hygiene. Die Impfung ergibt einen ca. 40%igen Schutz für 4 bis 6 Monate.

Vibrio-parahaemolyticus-Infektion

Vibrio parahaemolyticus ist ein gebogenes, aerobes, gramnegatives, nicht bewegliches Bakterium, das in vielen Küstengewässern gefunden wird. Die Infektion erfolgt durch Verzehr von nicht oder unzureichend gekochten Fischen und Krabben, vor allem in Japan. Es entsteht nach 6 bis 48 Stunden eine akute, meist nur 24 Stunden anhaltende Durchfallerkrankung, die keine spezifische Therapie erfordert.

Yersiniose

Yersinia enterocolitica und Yersinia pseudotuberculosis sind aerobe, fakultativ anaerobe, gramnegative, begeißelte, nicht sporenbildende Stäbchenbakterien, bei denen sich serologisch zahlreiche Typen unterscheiden lassen. Sie kommen weltweit auch bei warm- und kaltblütigen Tieren vor. Es erkranken überwiegend ältere Kinder und jüngere Erwachsene.
Die Infektion erfolgt oral. Es entsteht eine teils ulzeröse Entzündung, vorwiegend des terminalen Ileums und der Mesenteriallymphknoten. Eine Bakteriämie ist eher selten, schwere septische Verläufe sind jedoch möglich. Nach einer Inkubationszeit von 3 bis 10 Tagen kommt es zu einer akuten oder subakuten Enteritis oder Enterokolitis mit Durchfall oder Lymphadenitis mit Fieber, Leukozytose und Schmerzen im rechten Unterbauch, die das Bild einer akuten Appendizitis vortäuschen kann. Nicht blutiger Durchfall tritt nur bei 50 bis 70% der Patienten auf. In 55% tritt eine Polyarthritis, in etwa 20% ein Erythema nodosum auf. Der Verlauf ist gewöhnlich mild, die Erkrankung heilt spontan aus. Bei Patienten mit schwerer Grundkrankheit sind septische Verläufe mit Abszeßbildung in allen Organen möglich. Differentialdiagnostisch kommen vor allem Appendizitis, Morbus Crohn, rheumatisches Fieber sowie sämtliche akuten Durchfallerkrankungen in Frage.
Die Diagnose kann anfangs aus der Stuhlkultur gestellt werden, dann serologisch oder kulturell aus bei Operationen entnommenen Lymphknoten.
Eine antibiotische Therapie ist nur bei schwerem Verlauf erforderlich. Yersinien sind meist empfindlich gegen Tetracycline. Eine Therapie nach Antibiogramm sollte angestrebt werden.

Campylobacter-Enteritis

Campylobacter fetus (oder C. jejuni) ist ein gramnegatives, motiles Stäbchenbakterium mit einer Geißel.
Campylobacter ist bei Rindern, Schafen und Ziegen weltweit verbreitet und führt bei diesen zu Aborten. Die Erreger sind in der Außenwelt längere Zeit überlebensfähig. Die Übertragung erfolgt wohl durch direkten Kontakt mit den Tieren oder verunreinigtes Wasser oder Speisen. Im Dünndarm tritt eine teils nekrotisierende Entzündung auf. Bakteriämie und Sepsis sind häufig.
Fieber ist das einzige obligate Symptom. Ansonsten treten gelegentlich Thrombophlebitis, subakute bakterielle Endokarditis, septische Arthritis oder Osteomyelitis, Meningoenzephalitis und bei Schwangeren Aborte auf. Erst in den letzten Jahren wurde Campylobacter auch bei Enteritis, vor allem bei Kindern, nachgewiesen. Hier treten wäßriger, etwa in 50% der Fälle blutiger Durchfall, abdominelle Schmerzen und Erbrechen auf.
Campylobacter kann mit Hilfe von Spezialnährböden unter erhöhter CO_2-Spannung im Blut oder Stuhl nachgewiesen werden. Auch ein Titeranstieg ist nachweisbar.
Die Campylobacter-Enteritis zeigt eine gute Selbstheilungstendenz, eine antibiotische Therapie mit Tetracyclin oder Erythromycin ist deshalb nur bei schweren Verläufen indiziert.

Escherichia-coli-Enteritis

Escherichia coli, ein gramnegatives, nicht sporenbildendes Stäbchenbakterium, findet sich normalerweise im Kolon. Es können Hunderte von Serotypen unterschieden werden. Einzelne Serotypen, sog. Dyspepsiekoli, rufen häufig bei Säuglingen Brechdurchfälle hervor.
E. coli kann durch Invasion in die Darmschleimhaut Durchfälle erzeugen. Neuerdings wurde jedoch bei einzelnen E.-coli-Subtypen ein Toxin nachgewiesen, das dem Choleratoxin sehr ähnlich ist. Die Eigenschaft der Toxinbildung ist offenbar von Stamm zu Stamm übertragbar. Da Routinemethoden fehlen, um die toxinbildenden E. coli zu isolieren, und E. coli immer im Stuhl nachweisbar ist, ist es schwierig, die Bedeutung von E. coli bei Durchfallerkrankungen sicher einzuschätzen. Bei der Reisediarrhöe scheint E. coli eine große Rolle zu spielen. Typisch sind plötzlich beginnende wäßrige Durchfälle mit kolikartigen Bauchschmerzen ohne Fieber. Die Dauer der Erkrankung beträgt meistens nur 4 bis 5 Tage.

Säuglinge, bei denen Dyspepsiekoli nachgewiesen sind, sollten antibiotisch entsprechend dem Antibiogramm behandelt werden, während Erwachsene nur bei schwerem Verlauf oder schwerer Begleiterkrankung Antibiotika erhalten sollten. Da E. coli multiple Resistenzen gegen die gebräuchlichen Antibiotika aufweist und die Resistenzfaktoren von Stamm zu Stamm übertragen werden, sollte antibiotisch möglichst immer entsprechend der In-vitro-Testung behandelt werden.

Staphylokokken-Enterokolitis und -Lebensmittelvergiftung

Staphylokokken sind kugelige, grampositive Bakterien. Bei Durchfallerkrankungen hat Staphylococcus aureus die größte Bedeutung. Pathogenetisch müssen 2 Formen von durch Staphylococcus aureus ausgelösten Durchfällen unterschieden werden:

1. Die Staphylokokken-Enterokolitis, eine echte Infektion mit Staphylococcus aureus, das im Darm Toxine produziert und die Darmwand schädigt.
2. Lebensmittelvergiftung, die meist durch präformierte Staphylokokkentoxine hervorgerufen wird und keine Infektion darstellt.

Staphylokokken-Enterokolitis

Die Staphylokokken-Enterokolitis tritt praktisch nur nach vorausgegangener Antibiotikatherapie auf, die zur Unterdrückung der normalen Darmflora und Selektion der Staphylokokken geführt hat. Es kommt zu einer Überwucherung der normalen Flora mit Staphylococcus aureus und wenige Tage nach Beginn der Antibiotikatherapie zu wäßrigen Durchfällen und starkem Erbrechen, das durch das Staphylokokken-Enterotoxin zentral ausgelöst wird. Das Krankheitsbild kann bei kleinen Kindern unbehandelt durch den schweren Wasserverlust zum Tode führen.
Die Diagnose kann aus der Stuhlkultur (oft Reinkultur von Staphylokokken) gestellt werden.
Die bisherige antibiotische Therapie muß sofort abgebrochen werden und durch ein staphylokokkenwirksames Antibiotikum ersetzt werden. Eine Umstellung der Therapie muß bereits bei klinischem Verdacht vor Erhalt der Stuhlkultur erfolgen.

Lebensmittelvergiftung

Bei der Lebensmittelvergiftung durch Staphylococcus-aureus-Toxin wird präformiertes Toxin mit der Nahrung aufgenommen. Die Staphylokokken sind besonders in eiweißhaltigen, verarbeiteten Speisen (z. B. Mayonnaise, Kartoffelsalat) bei Temperaturen von 4 bis 46° C vermehrungsfähig und

produzieren innerhalb von wenigen Stunden große Toxinmengen. Das Staphylokokken-Enterotoxin ist wasserlöslich, geruchs- und geschmacklos und hitzestabil. Kontamination von Speisen mit Staphylococcus aureus, beispielsweise aus einer Hautpustel eines Beschäftigten in einer Großküche, kann ausreichen, um bei zahlreichen Menschen eine Lebensmittelvergiftung hervorzurufen.
Die Erkrankung beginnt plötzlich innerhalb von 1 bis 6 Stunden nach Nahrungsaufnahme mit schwerem wäßrigen Durchfall, therapieresistentem Erbrechen und dauert meist nur weniger als 12 Stunden.
Die Therapie ist symptomatisch, bei schweren Fällen ist eine parenterale Flüssigkeits- und Elektrolytzufuhr erforderlich. Antibiotika sind nicht indiziert.

„Bacillus-cereus-Intoxikation“

Bacillus cereus, ein grampositives, sporenbildendes Stäbchenbakterium, wird häufig bei Gesunden im Stuhl gefunden. Kontaminierte Speisen, vor allem Reis, sind häufig. Die Sporen werden durch Kochen nicht abgetötet, und wenn Speisen dann längere Zeit stehen, können sich die Bakterien vermehren. Akuter Brechdurchfall und akuter Durchfall werden von 2 verschiedenen Enterotoxinen hervorgerufen. Es handelt sich also nicht um eine Infektion im strengen Sinne, sondern um eine Intoxikation. Die Inkubationszeit liegt bei 2 bis 14 Stunden, und die Erkrankung sistiert innerhalb 24 Stunden spontan. Eine spezifische Therapie ist nicht erforderlich.

Pseudomembranöse Kolitis

Clostridium difficile, ein grampositives, sporenbildendes Stäbchenbakterium, kann sich bei Patienten unter oder nach Antibiotikatherapie, die zu einer Selektion dieses Erregers geführt hat, vermehren und Toxin bilden. Clostridium difficile wird bei 2 bis 3% der Gesunden im Stuhl gefunden. Eine pseudomembranöse Kolitis wurde im Zusammenhang mit praktisch allen Antibiotika außer Vancomycin nachgewiesen, orale oder parenterale Applikation spielt dabei keine Rolle.
Die Erkrankung beginnt während oder auch bis zu 3 Wochen nach antibiotischer Therapie mit Fieber, Durchfall, selten blutigem Durchfall, Bauchschmerzen, eventuell Erbrechen. Die Erkrankung kann infolge toxischen Megakolons und Kolonperforation zum Tode führen.
Die Diagnose kann endoskopisch gestellt werden. Bei der Rektosigmoidoskopie findet sich ein ausgeprägtes Schleimhautödem, erhöhte Vulnerabilität und gelblich-weißliche, 1 bis 5 mm große erhabene Plaques und reichlich dickflüssiger Schleim. Histologisch liegt dem ein Schleimhautödem mit Nekrosen zugrunde. Die Pseudomembranen bestehen aus Schleim, Fibrin, Blut und Leukozyteninfiltrationen und sind über Schleimhautulzerationen lokalisiert. Der Nachweis von Clostridium difficile oder des Toxins sollte geführt werden, da das endoskopische Bild nicht pathognomonisch für die Clostridien-bedingte pseudomembranöse Kolitis ist, sondern auch bei ischämischer Kolitis oder Staphylococcus-aureus-Enterokolitis gefunden werden kann.
Die bisherige Antibiotikatherapie muß sofort abgesetzt werden und durch Vancomycin 2 g/Tag per os ersetzt werden. Außerdem ist für parenteralen Flüssigkeits- und Elektrolytersatz zu sorgen. Colestyramin und Kortikosteroide sind umstritten.

Clostridium-perfringens-Enteritis und – Lebensmittelintoxikation

Clostridium perfringens, ein anaerobes, grampositives Stäbchenbakterium, ist normalerweise im Darm und häufig in Nahrungsmitteln nachweisbar. Die Sporen sind hitzestabil. Serologisch werden verschiedene Typen unterschieden, die unterschiedli-

che Toxine produzieren. Wie bei der durch Staphylococcus aureus hervorgerufenen Darmerkrankung müssen 2 pathogene Formen unterschieden werden:
1. Nekrotisierende Enteritis, eine echte Infektion mit Clostridium-perfringens-Typen
2. Lebensmittelintoxikation durch präformierte Toxine.

Nekrotisierende Enteritis

Die schwere hämorrhagisch nekrotisierende Enteritis wurde gehäuft nach dem 2. Weltkrieg in Norddeutschland beobachtet, tritt jedoch sporadisch weltweit auf. Die Erreger werden mit ungenügend gekochtem Fleisch aufgenommen, das mit Sporen von Clostridium perfringens kontaminiert ist. Bevorzugt werden Kinder befallen. Es treten schwere abdominelle Schmerzen, Appetitlosigkeit, Erbrechen, blutige Durchfälle auf. Unter dem Bild des akuten Abdomens müssen Patienten häufig operiert und der befallene Darmabschnitt reseziert werden. Es findet sich eine gangränöse Enteritis, meist im Jejunum. In allen Schichten der Darmwand und in den mesenterialen Lymphknoten ist Gas nachweisbar. Die Diagnose wird durch Nachweis des Erregers im Darminhalt bestätigt. Penicillin hoch dosiert und andere Antibiotika sind gegen Clostridium perfringens wirksam.

Lebensmittelintoxikation

Die Lebensmittelintoxikation mit dem präformierten Toxin ist häufig und verläuft im allgemeinen als leichter Durchfall. Eine Therapie ist meist nicht erforderlich.

Darmtuberkulose

Mycobacterium tuberculosis ist ein 2 bis 4 μm großes, säurefestes Stäbchenbakterium. Die Tuberkelbakterien gelangen entweder direkt oral (meist Mycobacterium bovis, Erreger der Rindertuberkulose) oder durch Verschlucken der Erreger bei offener Lungentuberkulose in den Darm. Meist wird die Ileozökalregion befallen. Es entstehen Ulzerationen und große entzündliche Konglomerattumoren durch Verbacken der befallenen Darmschlingen.
Nur bei 50% der Patienten treten gastrointestinale Symptome wie Durchfall, Obstipation und teils krampfartige Schmerzen auf. Oft bestehen nur Allgemeinsymptome wie Fieber, Nachtschweiß, Appetitlosigkeit und Gewichtsabnahme.
Der Hämokkulttest ist meist positiv. Tuberkelbakterien sind nur selten im Stuhl nachweisbar. Die Röntgenuntersuchung des Kolons und die Magen-Darm-Passage sind oft schwierig, da das Kontrastmittel schlecht an der befallenen Darmwand haftet. Der Röntgenbefund ist nicht beweisend für eine Tuberkulose. Differentialdiagnostisch kommen u. a. Morbus Crohn, Neoplasien und Amöbiasis in Frage. Laboruntersuchungen helfen ebenso wie der Tuberkulin-Tine-Test nicht weiter. Im Stuhl nachgewiesene Tuberkelbakterien können bei gleichzeitiger Lungentuberkulose sowohl aus der Lunge als auch aus dem Darm stammen. Bei Peritonealtuberkulose helfen Aszitespunktat und Laparoskopie weiter.
Die tuberkulostatische Therapie (Dreifachkombination wie bei der Lungentuberkulose) muß 2 Jahre durchgeführt werden. Eine Resektion ist heute nur noch bei Komplikationen wie Perforation oder Obstruktion erforderlich.

Pilzbedingte Durchfälle

Verschiedene Pilze werden normalerweise im Darmtrakt gefunden. Bei ansonsten Gesunden werden Durchfälle extrem selten durch Pilze hervorgerufen.

Candidiasis (Soor)

Die Candidiasis ist weltweit die häufigste opportunistische Mykose. Candida albicans (selten andere Candidaarten) kann sich bei immunsupprimierten Patienten, bei Diabetikern und bei mit Breitbandantibiotika behandelten Patienten im Darm vermehren (normal bis 10^3 Keime/g Stuhl) und zu Durchfällen führen. Therapeutisch wird Nystatin, Miconazol oder Ketoconazol oral eingesetzt. Antibiotika sollten möglichst abgesetzt werden.

Blastomykosen

Parakokzidioidomykose

Die Parakokzidioidomykose (südamerikanische Blastomykose) wird durch Paracoccidioides brasiliensis hervorgerufen und kommt nur in Mexiko, Mittel- und Südamerika vor. Die Pilze werden über den Respirationstrakt aufgenommen. Befallen werden vor allem die Lungen, aber es kann im Rahmen einer disseminierten Erkrankung oder als primäre intestinale Verlaufsform zu Darmulzerationen und Durchfall kommen.
Die Diagnose wird durch kulturellen Nachweis des Erregers gestellt. Therapeutisch werden Sulfonamide, Amphotericin B, Miconazol, Ketoconazol und Trimethoprim-Sulfamethoxazol eingesetzt.

Nordamerikanische Blastomykose

Bei der nordamerikanischen Blastomykose, hervorgerufen durch Blastomyces dermatitidis, die aber fast ausschließlich bei Erwachsenen, überwiegend bei Männern in den USA vorkommt, ist eine gastrointestinale Beteiligung sehr selten.

Histoplasmose

Histoplasma capsulatum ist weltweit verbreitet, tritt jedoch gehäuft im Süden der USA und in Zentralafrika auf. Die Pilze werden durch Inhalation aufgenommen und befallen bevorzugt die Lunge. Bei disseminierter und bei gastrointestinaler Verlaufsform treten Ulzerationen vorwiegend in der Ileozökalregion auf und führen zu Blutungen, Perforation, Obstruktion, Malabsorption und Durchfall. Milzverkalkungen sind häufig.
Die Diagnose wird durch direkten Nachweis oder Kultur des Erregers aus dem Stuhl gestellt, serologische Tests sind weniger hilfreich. Amphotericin B ist das Medikament der Wahl.

Parasitär bedingte Durchfälle

Parasiten, die Darmerkrankungen hervorrufen, sind Protozoen und Helminthen. Die Protozoen (Lamblien, Kokzidien, Amöben, Balantidien) verursachen ein der Shigellenruhr ähnliches Krankheitsbild mit blutigen Durchfällen. In der Gruppe der Helminthen kommt es vor allem bei der Trichinellose und Schistosomiasis zu Durchfall. Bei massivem Befall mit verschiedenen Würmern (z. B. Strongyloides stercoralis) kann es ebenfalls zu Durchfall kommen. In Mittelmeerländern können blutige Durchfälle durch Maden der Käsefliege (Piophila casei) nach Verzehr von madenhaltigem Käse auftreten.

Lambliasis (Giardiasis)

Lamblia intestinalis (Giardia lamblia) ist weltweit, jedoch vor allem in den Tropen und Subtropen verbreitet. Es handelt sich um einen birnenförmigen Parasiten mit 4 Paar Geißeln und Saugnäpfen, mit denen er

sich am Darmepithel festsetzt. Als Dauerform werden Zysten gebildet, die mit der Nahrung aufgenommen werden.
Der Lamblienbefall des Dünndarms kann symptomlos bleiben. Bei massiver Besetzung der Epithelzellen mit Lamblien kommt es jedoch zu Resorptionsstörungen und voluminösen, stechend riechenden, teils blutigen Durchfällen.
Die Diagnose wird durch den Nachweis der Zysten oder auch der vegetativen Form im Stuhl gestellt. Die Therapie der Wahl ist Metronidazol 2 g täglich für 2 Tage.

Kokzidiosen

Verschiedene Kokzidien (Isospora belli, Sarcocystis suihominis, Sarcocystis bovihominis) weisen einen Wechsel von geschlechtlichen und ungeschlechtlichen Generationen, teilweise mit Wirtswechsel auf.
Die Infektion erfolgt über kontaminierte Nahrung und insbesondere mit Sarcocystis-suihominis-Zysten infiziertem rohen Schweinefleisch. Es kommt zu teils lange anhaltenden Durchfällen, Leibschmerzen, teils Fieber und Gewichtsverlust. Im Blut tritt eine Eosinophilie auf.
Die Diagnose wird durch den Nachweis der Oozysten nach Anreicherung im Stuhl gestellt. Eine Therapie ist meist nicht erforderlich.

Amöbenruhr

Entamoeba histolytica führt vor allem in den Tropen und Subtropen häufig zu Durchfallerkrankungen, ist jedoch weltweit verbreitet. In den Tropen sind bis zu 80% der Bevölkerung mit Amöben durchseucht. Es handelt sich um einen Einzeller, der einen Entwicklungszyklus mit Zystenbildung im Darm durchmacht (Minutaform, Darmlumenform) und sich zur Magnaform (Gewebeform) weiterentwickeln kann, die ins Darmepithel eindringen und hämatogen in die Leber und andere Organe verschleppt werden kann (Abszesse in Leber, Lunge, Hirn, Auge u. a.). Die Amöbenzysten können durch Fliegen weiterverbreitet werden und werden dann durch verunreinigte Nahrung aufgenommen. Die meisten Infektionen bleiben latent. Es treten keine Krankheitserscheinungen auf, aber es werden Zysten im Stuhl ausgeschieden. Es ist nicht bekannt, welche Einflüsse die Entwicklung einer akuten Amöbenruhr oder die Darmwandinvasion begünstigen.
Die Amöbenruhr geht mit blutig-schleimigen Durchfällen, Bauchschmerzen und Tenesmen einher. Es werden jedoch auch leichtere oder intermittierende und chronische Verläufe beobachtet. Toxisches Megakolon, Kolonperforation und schwere Blutungen können auftreten. Selten entsteht im Kolon durch Granulombildung eine tumorähnliche Masse, ein Amöbom. Fieber, druckschmerzhafte Leber, Leukozytose sprechen für einen Leberabszeß. Eosinophilie fehlt.

Es entsteht eine Kolitis mit am Rand unterminierten Ulzerationen und Verlust der Haustrierung, die makroskopisch von der Colitis ulcerosa nicht zu unterscheiden sein kann. Die Differentialdiagnose ist jedoch entscheidend, weil Steroide den Verlauf einer Amöbenruhr dramatisch verschlechtern können. Der Befall bei der Amöbenruhr ist im Gegensatz zur Colitis ulcerosa meist diskontinuierlich, und das Zökum ist häufiger (in 90%) befallen als das Rektum, die Schleimhaut zwischen den Ulzerationen kann normal aussehen. Die Diagnose der Amöbenruhr wird durch Nachweis der vegetativen Form im Stuhl gestellt. Mindestens 3 Stuhlproben in mehrtägigen Abständen oder rektoskopisch entnommener Schleim müssen sofort untersucht werden. Es sind zahlreiche apathogene Amöben differentialdiagnostisch auszuschließen. Die Zysten bei latenter Amöbiasis sind in der Außenwelt resistent und können auch in nicht frischem Stuhl nachgewiesen werden.

Leberabszesse werden sonographisch oder computertomographisch lokalisiert, die Serologie gibt einen wertvollen Hinweis auf die Ätiologie. Serumtiter sind nur bei invasiver Amöbiasis nachweisbar. Leberabszesse können in alle umliegenden Organe perforieren und entsprechende Symptome verursachen. Die Perforation in die freie Bauchhöhle ist in 75% der Fälle letal.
Das Mittel der Wahl ist sowohl bei Amöbenruhr als auch bei Amöbenabszeß Metronidazol (3mal 750 mg täglich für 5 bis 10 Tage). Die perkutane Punktion eines Leberabszesses kann diagnostisch oder zur Verhütung einer Perforation durchgeführt werden. Amöben sind in dem dickflüssigen, schokoladefarbenen Abszeßinhalt jedoch meist nicht nachweisbar, sie sind in der Abszeßwand lokalisiert. Eine Gefahr der Punktion ist die sekundäre bakterielle Infektion. Eine chirurgische Therapie ist nur noch selten nötig.

Balantidienruhr

Balantidium coli ist ein häufig im Darm von Schweinen nachweisbarer Einzeller, der Zysten bildet, die auf den Menschen übertragen werden können und eine Durchfallerkrankung mit blutigen, schleimigen Stühlen hervorruft. Sie tritt vor allem in Osteuropa, Amerika und Asien auf. Wahrscheinlich ist zur Auslösung der Erkrankung eine zusätzliche bakterielle Darmwandschädigung erforderlich. Es entstehen Ulzera im Kolon. Eine extraintestinale Form ist nicht bekannt. Der Verlauf der Balantidienruhr ist oft chronisch und kann tödlich enden.
Die Diagnose wird durch direkten mikroskopischen Nachweis der Balantidien im Stuhl gestellt. Therapeutisch sind Metronidazol und Tetracyclin wirksam.

Trichinellose

Die Trichinellose wird durch den Genuß von mit eingekapselten Trichinenlarven infiziertem, nicht genügend gekochtem (Wild-) Schweinefleisch ausgelöst. Die Larven werden im Darm des Menschen frei und entwikkeln sich zu geschlechtsreifen Würmern, die Durchfälle, Bauchschmerzen, Übelkeit und Erbrechen verursachen. Nach 5 bis 25 Tagen entstehen neue Larven, die hämatogen und lymphogen in die Muskulatur gelangen, wo sie sich wieder einkapseln. Jetzt treten Muskelschmerzen, Fieber, Eosinophilie und allergische Reaktionen auf.
Die Diagnose wird durch Muskelbiopsie und serologisch gestellt. Mebendazol wird therapeutisch empfohlen.

Darmbilharziose (Darmschistosomiasis)

Schistosoma mansoni ist in den Tropen und Subtropen weit verbreitet. Der Erreger der Darmbilharziose, auch Pärchenegel genannt, macht eine komplizierte Entwicklung vom adulten Wurm über Ei, 3 Larvenstadien und Zwischenwirt Schnecke durch. Die Zerkarien, das dritte Larvenstadium, sind in der Lage, die Haut des Menschen zu durchwandern. Krankheitserscheinungen treten nur bei massivem Befall auf.
Eine Durchfallerkrankung wird durch die von den Würmern, die sich in den Mesenterialvenen aufhalten, in die Darmkapillaren gelegten Eier hervorgerufen. Es kommt zu Darmulzerationen und Polypenbildung, abdominellen Schmerzen, blutig-schleimigen Durchfällen und enteralem Eiweißverlust. Mechanischer Ileus und Rektumprolaps sind selten. Die Eier können jedoch auch in andere Organe gelangen (Leberfibrose mit präsinusoidaler portaler Hypertension, Lunge, ZNS). Hepatosplenomegalie mit Ösophagusvarizen und Eosinophilie sind häufig nachweisbar. Es kommt zu lokalen und generalisierten immunologischen Reaktionen mit Granulombildung und Fibrose.

Die Diagnose der Darmbilharziose wird durch den Nachweis der Eier im Stuhl oder in der Rektumbiopsie und serologisch gestellt. Die Therapie wird mit Praziquantel durchgeführt.

Malaria

Bei der Malaria tropica können durch Zirkulationsstörung in der Darmwand schwere blutig-schleimige Durchfälle auftreten.

Kala-Azar

Ein Wechsel von Durchfall und Obstipation, Erbrechen, Splenomegalie ist typisch für die von Leishmania donovani hervorgerufene Kala-Azar.

Tropische Sprue

Die tropische Sprue und die leichtere Form der tropischen Enteropathie sind ätiologisch nicht geklärte Darmerkrankungen, die bei Bewohnern und bei Reisenden in den Tropen auftreten. Möglicherweise spielen rezidivierende Darminfekte (verunreinigtes Wasser) und Ernährungsgewohnheiten eine Rolle. In der Dünndarmbiopsie wird eine unspezifische Entzündung und Verplumpung der Zotten gefunden. Chronische Durchfälle, Gewichtsverlust, Malabsorptionssyndrom, Anämie, Eisen-, Vitamin-B_{12}- und Folsäure-Mangel sind häufig.
Die Therapie umfaßt Vitamin B_{12}, kristalline Folsäure, Antibiotika (Sulfonamide, Tetracycline, Metronidazol). Wichtig ist die Verbesserung der Wasserqualität.

Literatur

1. *Blacklow, N. R., G. Cukor:* Viral gastroenteritis. New Engl. J. Med. 304 (1981), 397–406
2. *Brasitus, T. A., D. J. Cleri:* Unusual causes of infectious diarrhea. Surv. dig. Dis. 2 (1984), 121–129
3. *Kane, J. G., J. H. Chretien, V. F. Gavagusi:* Diarrhoe caused by candida. Lancet I (1976), 335
4. *Loosli, J.*, et al.: Etiology of acute infectious diarrhea in a highly industrialized area of Switzerland. Gastroenterology 88 (1985), 75–79
5. *Piekarski, G., H. M. Seitz:* Parasitäre Erkrankungen des Darmes. In: Klinische Gastroenterologie, Bd. I, S. 545–564. *Demling, L.* (Hrsg.). Thieme, Stuttgart 1984
6. *Restropo, A.*, et al.: The gamut of paracoccidioidomycosis. Am. J. Med. 61 (1976), 33
7. *Smith, J. W., J. P. Utz:* Progressive disseminated histoplasmosis. Ann. Intern. Med. 76 (1972), 557
8. *Werner, H., C. Krasemann:* Infektiöse Erkrankungen des Darmes. In: Klinische Gastroenterologie, Bd. I, S. 535–544. *Demling, L.* (Hrsg.). Thieme, Stuttgart 1984
9. Workshop on diarrhoea – current concepts, Sept. 23, 1983, Frankfurt. Hoechst Aktiengesellschaft, Frankfurt 1984.

Laktoseintoleranz

K. Gmelin, L. Theilmann

Patienten mit einer gestörten Kohlenhydratverdauung haben häufig Beschwerden wie Leibschmerzen und Durchfälle. Diese Beschwerden werden jedoch meist erst spät auf spezifische Störungen der Digestion und intestinalen Absorption von Kohlenhydraten zurückgeführt. Die Polysaccharide wie Stärke oder Glykogen und die mit der Nahrung aufgenommenen Disaccharide werden im Darmlumen bzw. in der Bürstensaumregion des Dünndarms in die Monosaccharide zerlegt und dann durch spezifische Transportmechanismen aufgenommen. Alle Störungen der Kohlenhydratverdauung führen zu den gleichen Folgen und Symptomen für den Patienten.

Physiologie der Kohlenhydratverdauung

Die in der Nahrung enthaltenen Kohlenhydrate bestehen aus den Polysacchariden Stärke und Glykogen (60%), der Saccharose (30%) und der Laktose (10%). Die Stärke kommt in einer verzweigten Form (Amylopektin) und geradkettigen Form (Amylose) vor.
Die Kohlenhydratverdauung erfolgt in 3 aufeinanderfolgenden Schritten: Der 1. Schritt ist die im Lumen des Verdauungstraktes ablaufende Hydrolyse der Polysaccharide, wie Stärke und Glykogen, zu Oligosacchariden, was von den α-Amylasen bewirkt wird. Hierbei entstehen Bruchstücke aus 2 bis 10 Glukoseeinheiten. Im 2. Schritt werden die Oligosaccharide und die bereits in der Nahrung enthaltenen Disaccharide wie Laktose und Saccharose in die Monosaccharide gespalten, so daß am Ende der intraluminalen Verdauung Glukose, Galaktose und Fruktose anfallen. Die Hydrolyse der Oligo- bzw. Disaccharide wird durch spezifische Enzyme bewerkstelligt, die in der Bürstensaumregion der Dünndarmzellen sitzen. Als 3. Schritt erfolgen die Aufnahme und der Transport der Monosaccharide durch die Dünndarmzellen hindurch. Hierbei werden aktive Transportmechanismen oder eine erleichterte Diffusion eingesetzt.

Intraluminale Verdauung der Stärke

Die Stärke wird ebenso wie das Glykogen durch die α-Amylase aus Speichel und Pankreas im Lumen des Duodenums und oberen Dünndarms in α-Dextrine gespalten. Die α-Amylase hat eine hohe Spezifität zu der α(1-4)-Bindung von Glukosemolekülen in den einzelnen Ästen des verzweigten Stärkemoleküls, wie es im Amylopektin und im Glykogen vorkommt; die α(1-6)-Bindungen an den Verzweigungsstellen und die dazu benachbarte α(1-4)-Bindung bleiben von der α-Amylase unberührt. Auch die äußersten Glukosereste in der Stärke werden nicht abgespalten. Unter der Einwirkung der α-Amylasen entstehen schließlich α-Dextrine (in 30%), die z. T. verzweigt sind und noch 5 bis 9 Glukosereste enthalten, sowie Maltose und Maltotriose in ca. 70%.

Intestinale membrangebundene Oligosaccharidasen

In der Membran der Bürstensaumregion sitzen die spezifischen Enzyme, welche die unter der Einwirkung der α-Amylase entstandenen Bruchstücke und die bereits in der Nahrung enthaltenen Disaccharide wie Laktose und Saccharose weiter spalten. Die α-Dextrine werden von einer Reihe von Oligosaccharidasen sequentiell hydrolysiert, zuerst die α(1-4)-gebundenen Glukosemoleküle und durch die Saccharase-α -Dextrinase die α(1-6)-Bindungen. Die verschiedenen Oligosaccharidasen wirken auf besondere Oligosaccharide spezifisch ein, so daß die Hydrolyse effizient und ohne vorherigen Transport der Spaltprodukte in das Innere der Zellen ablaufen kann.

Die Spaltung der Laktose in Galaktose und Glukose geschieht durch ein spezifisches Enzym, die Laktase. In der Darmwandzelle existieren verschiedene β-Galaktosidasen. Für die Hydrolyse der mit der Nahrung aufgenommenen Laktose ist vor allem die neutrale Laktase mit einem Molekulargewicht von 280 000 Dalton und einem pH-Optimum von 5,5 bis 6,0 notwendig. Daneben existiert eine zytoplasmatische Hetero-β-Galaktosidase und eine saure lysosomale β-Galaktosidase, deren Funktion noch nicht endgültig geklärt ist.

Das Disaccharid Saccharose wird durch eine Saccharase oder Glukoamylase in Fruktose und Glukose gespalten.

Die intestinalen zuckerspaltenden Enzyme verdauen verschiedene Saccharide. Sie sind große Glykoproteine mit einem pH-Optimum um 6,0. Die höchsten Konzentrationen sind in der Bürstensaumregion der Schleimhautzellen im oberen Jejunum bis hinab zum mittleren Ileum vertreten. Die Glukoamylase spaltet als ein Exoenzym nacheinander die einzelnen Glukosemoleküle ab, im Gegensatz zur pankreatischen α-Amylase.

Aufnahme und Transport der Monosaccharide

Die Zuckermoleküle können die hydrophobe Lipiddoppelmembran der Schleimhautzellen nur über spezifische Transportmechanismen passieren. Für Glukose und Galaktose wird ein gemeinsamer Weg durch die äußere Membran, über den intrazellulären Transport und die Ausschleusung an der basolateralen Zellwand postuliert. Mit jedem Glukosemolekül, das an den Mukosacarrier bindet, werden 2 Natriumionen in das Zellinnere aufgenommen. Unter Verbrauch von Energie, die aus der Spaltung von ATP gewonnen wird, wird ein aktiver Transport über die basolaterale Zellmembran der Dünndarmzellen katalysiert.

Die Fruktose, die aus der Saccharose stammt, wird wegen ihrer anderen chemischen Struktur über einen weiteren Rezeptor aufgenommen. Hierbei handelt es sich um eine erleichterte Diffusion. Obwohl die Aufnahme der Fruktose langsamer als für Glukose und Galaktose erfolgt, ist sie trotzdem vollständig und effizient.

Der geschwindigkeitsbestimmende Schritt bei der Aufnahme der verschiedenen Disaccharide und Oligosaccharide ist der Transport durch die Darmwandzelle, da durch die enzymatische Hydrolyse rasch Monosaccharide aus den Polysacchariden Stärke und Glykogen sowie Saccharose bereitgestellt werden können.

Im Gegensatz hierzu erfolgt die Hydrolyse der Laktose nur etwa mit der halben Geschwindigkeit, so daß die Transportmechanismen mit Glukose bzw. Galaktose, die aus dem Disaccharid Laktose stammen, nicht abgesättigt werden können. Es besteht bei der Laktose ein relativer Mangel an Reservekapazität für die Laktaseaktivität, so daß die Laktoseverdauung besonders anfällig ist.

Entwicklung und Regulation der Oligosaccharidasen

In der Darmwand des Feten entstehen ab der 11. Woche α-Glukosidasen. Saccharase und Maltasen erreichen etwa 70% der Aktivität von „reifen" Neugeborenen. Die Laktaseaktivität bleibt dagegen bis zur 28. Fe-

talwoche auf 30% der Aktivität des reifen Neugeborenen erniedrigt. Erst bei Geburt wird die maximale Aktivität für die Laktase erreicht, die dann über das ganze Leben erhalten bleibt. Im Gegensatz zum Menschen fällt die Laktaseaktivität bei Säugetieren von dem perinatalen Maximum in der späteren Entwicklung auf ein niedriges Niveau ab.
Der erhöhte Gehalt an Zucker in der Nahrung wie z. B. Saccharose oder Fruktose läßt die Saccharaseaktivität in der Dünndarmwand nach 2 bis 5 Tagen ansteigen. Der Laktosegehalt der Nahrung hat dagegen keinen Einfluß auf die Laktaseaktivität im Darm. Die Laktase kann durch zusätzliche Laktose weder induziert werden, noch führt eine laktosefreie Kost, wie sie in der Behandlung von Galaktosämie erforderlich ist, zu einer Reduktion der intestinalen Laktaseaktivität. Die Oligosaccharidasen in der Bürstensaumregion der Dünndarmschleimhaut sind große Glykoproteine mit einer oder mehreren Untereinheiten. Der Bestand an Oligosaccharidasen unterliegt einem schnellen Turnover, der mit 2 bis 6 Stunden wesentlich kürzer ist als der Umsatz der Dünndarmschleimhautzellen mit ca. 36 Stunden.

Die Oligosaccharidasen liegen an der äußersten Zelloberfläche und sind deshalb den vielfältigsten Einflüssen ausgesetzt. Für den Abbau der Enzyme kommen vor allem Proteasen und Elastasen pankreatischen Ursprungs in Frage. Oral gegebene Pankreasenzyme hatten aber keinen Einfluß auf den Blutzuckerverlauf, wenn ein Laktosetoleranztest durchgeführt wurde. Einige Bakterienspezies (Bacteroides spec.) sezernieren effizient eiweißspaltende Enzyme, welche die Oligosaccharidasen angreifen, was möglicherweise die Ursache für Durchfälle bei bakterieller Überwucherung des Dünndarms ist. Virusinfektionen führten zu einem raschen Schwund des Bürstensaumes einschließlich der darin enthaltenen Oligosaccharidasen.

Pathophysiologie der Kohlenhydratintoleranz

Die Störungen der Kohlenhydratabsorption gehen auf einen Mangel einer bestimmten Oligosaccharidase in der Bürstensaumregion oder auf einen Defekt im aktiven Transport von Glukose oder Galaktose durch die intestinale Membran zurück. Der geschwindigkeitsbestimmende Schritt in der Kohlenhydratverdauung liegt bei den Oligosacchariden in der Aufnahme der Monosaccharide: Die Hydrolyse von Stärke oder Glykogen erfolgt intraluminal durch die α-Amylase, die in großem Überschuß von 2 getrennten Organen (Pankreas und Speicheldrüse) sezerniert wird. Die Bereitstellung der hydrolysierten Oligo- und Disaccharide durch die Hydrolyse von Polysacchariden geschieht so rasch, daß genügend Monosaccharide bereitstehen, um die transzellulären Transportwege abzusättigen. Dies trifft auch auf die Verdauung und den Transport der meisten in der Nahrung enthaltenen Kohlenhydrate zu.
Eine Ausnahme ist die Verdauung der Laktose, die von der Laktase nur relativ langsam gespalten wird, so daß der limitierende Faktor in der Aktivität der Laktase und nicht in der Transportkapazität für Glukose oder Galaktose besteht. Dieser wichtige Unterschied in der Verdauung der Laktose gegenüber den anderen Nahrungszuckern erklärt, warum die Laktoseverdauung schon bei einer leichten Schädigung der Dünndarmschleimhaut beeinträchtigt wird, auch wenn die anderen Zucker in normaler Weise hydrolysiert und absorbiert werden können.

Klinik der Kohlenhydratintoleranz

Unabhängig von der Ursache der Störung der Kohlenhydratverdauung haben die Patienten unter ähnlichen Folgen zu leiden, so daß klinisch ein Laktasemangel oder eine

andere Form der Kohlenhydratintoleranz nicht unterschieden werden können. Die osmotische Wirkung der im Darmlumen verbleibenden Zucker hängt von der Molekülgröße ab, da kleinere Moleküle einen stärkeren osmotischen Effekt entwickeln, der zu einem Nettoeinfluß von Wasser und Elektrolyten in das Darmlumen führt. In der Folge wird die Darmwand gedehnt, und Krämpfe stellen sich ein. Die Dünndarmpassagezeit wird verkürzt.
Im Dickdarm entstehen unter dem Einfluß der Darmbakterien aus den Kohlenhydraten organische Säuren und Gase wie Wasserstoff, Kohlendioxyd und Methan. Die Darmgase vermehren die Beschwerden der Patienten. Die Stühle erhalten einen sauren pH-Wert. Zusätzlich wird die Rückresorption von Wasser und Elektrolyten, die normalerweise im Dickdarm abläuft, gestört. Die ausgeprägten wäßrigen Durchfälle der Patienten mit einer Kohlenhydratintoleranz entstehen durch den Wassereinstrom, die schnelle Passage im Dünndarm sowie die fehlende Rückresorption im Dickdarm. Die Beschwerden der Patienten können bereits 5 Minuten nach der Mahlzeit bis zu einer Verzögerung von mehreren Stunden eintreten. Die Schwere der Symptome ist unterschiedlich und hängt vor allem von der Menge des nicht tolerierten Zuckers ab, die bei etwa 10 g liegt. Kinder mit einem Laktasemangel klagen über abdominelle Schmerzen und Diarrhöen. Die Beschwerden verschwinden, wenn der pathogene Zucker aus der Nahrung weggelassen wird. Ein Drittel der Patienten mit einer Kohlenhydratmalabsorption hat zusätzlich eine Störung der Fettresorption.
Bei einer Zuckermalabsorption können ungespaltene Disaccharide durch die geschädigte Darmwand hindurchtreten. Die Urinausscheidung der Disaccharide kann von 50 mg/die auf über 300 mg/die ansteigen. Die Disaccharidurie ist jedoch nur ein unspezifisches Zeichen.

Saccharoseintoleranz
Trehaloseintoleranz
Glukose-Galaktose-Malabsorption
Laktoseintoleranz

Tab. 1 Formen der Kohlenhydratintoleranz.

Formen der Kohlenhydratintoleranz

Die Störung der Kohlenhydratverdauung kann auf angeborenen oder erworbenen Defekten eines Enzymsystems oder eines Transportweges beruhen. Die angeborenen Defekte werden z. T. vererbt. Sie können sich bereits bei Geburt (selten) oder erst nach mehreren Jahren bemerkbar machen, wie es bei der häufigsten Form der Laktoseintoleranz der Fall ist. Sekundäre Kohlenhydratintoleranzen entstehen bei Erkrankungen oder Operationen des Magen-Darm-Traktes.
Der Saccharase-Isomaltase-Mangel ist als angeborene Erkrankung selten, häufiger tritt dieser sekundär bei einer Erkrankung des Dünndarmes auf. Die (angeborene) Trehaloseintoleranz macht sich nach der Einnahme von Pilzmahlzeiten bemerkbar. Auch die seltene Glukose-Galaktose-Malabsorption tritt als kongenitaler, isolierter Defekt nur selten auf (Tab. 1).
Die häufigste Form der Kohlenhydratintoleranz betrifft die Aufnahme des Milchzuckers.

Laktasemangel

Weiße Personen europäischen Ursprungs behalten auch als Erwachsene hohe Laktaseaktivitäten im Dünndarm. Dagegen verlieren Säugetiere innerhalb von Monaten nach der Geburt die Laktase. Die Persistenz der Laktase führte man auf einen Selektionsvorteil zurück, da die Milch eine wichti-

Kongenitaler Laktasemangel bei Säuglingen
Passagerer Laktasemangel bei Frühgeborenen
Schwere Intoleranz bei Kleinkindern ohne Laktasemangel
Genetisch bedingter Laktasemangel mit verzögertem Beginn
Sekundärer Laktasemangel bei Darmerkrankungen
Sekundärer Laktasemangel bei ungenügender Kontaktzeit (Magenoperation, Kurzdarmsyndrom)

Tab. 2 Formen der Laktoseintoleranz.

ge Nahrungsquelle darstellt. Die intestinale Resorption von Kalzium wird gesteigert, wenn in der Nahrung Laktose enthalten ist. Damit waren Populationen, die nur eine ungenügende Ultraviolettbestrahlung oder eine mangelhafte Vitamin-D-Versorgung hatten, in einem gewissen Grad vor Rachitis oder Osteomalazie geschützt. Andererseits wurde ein hoher Laktasegehalt in Italien gehäuft bei Personen mit Katarakt gefunden.

In vielen Ländern ist es nicht möglich, zwischen einem angeborenen Laktasemangel und einer sekundären Form der Laktoseintoleranz zu unterscheiden (Tab. 2). Die sekundäre Laktoseintoleranz kann bei einer Darminfektion auftreten, die zu einem vorübergehenden oder permanent bestehenden Verlust der Laktase in der Bürstensaumregion des Dünndarmepithels geführt hat.

Kongenitale Form des Laktasemangels

Die Form des Laktasemangels, die sich bereits bei Geburt bemerkbar macht, ist selten. Einige Kinder mit von Geburt an bestehendem Laktasemangel entwickeln später noch eine normale Aktivität der Laktase. Bei Frühgeborenen besteht recht häufig eine Laktoseintoleranz, da im Gegensatz zu den anderen Oligosaccharidasen die Laktaseaktivität erst nach der 28. Fetalwoche auf das Niveau bei Geburt ansteigt. Die Laktase reift bei den Frühgeborenen rasch nach. Unter Säuglingen wurde eine Laktoseintoleranz beschrieben, ohne daß ein Laktasemangel in der Darmschleimhaut vorzufinden war. Solche Beschreibungen sind in den letzten Jahren zurückgegangen.

Die häufigste Form einer Laktoseintoleranz erscheint (genetisch bedingt) mit verspätetem Beginn. Dies trifft auf viele Bevölkerungsgruppen zu. Die weißen Erwachsenen in Nordeuropa oder Nordamerika haben die niedrigste Rate an Laktasemangel zwischen 3 und 20%, hierin ist die Bundesrepublik Deutschland eingeschlossen (Tab. 3). Die südeuropäische Bevölkerung weist ebenso wie die meisten anderen ethnischen Gruppen hohe Raten an Laktasemangel auf. Der Laktasemangel macht sich zwischen dem 3. und 13. Lebensjahr bemerkbar, so daß viele Erwachsene mit Laktasemangel als Kinder sehr wohl Milch ohne Probleme trinken konnten.

Der Beginn einer Laktoseintoleranz kann aufgrund der Beschwerden der Patienten nur ungenau bestimmt werden, da die Patienten unbewußt die Milch aus der Nahrung ausschließen. Die Beschwerden der Patienten mit einer Laktoseintoleranz sind oft unspezifisch und sehr variabel. In einer Studie unter afrikanischen Kindern mit nachgewiesenem Laktasemangel hatten nur 18% klinische Symptome, nachdem sie eine Probemahlzeit mit 2 g Laktose/kg KG zu sich genommen hatten. Je nach der Menge der getrunkenen Milch und der Abgabegeschwindigkeit aus dem Magen können laktasedefiziente Personen durchaus noch Milch trinken.

Land	Laktase-mangel [%]	Land	Laktase-mangel [%]
Europa:		Nordamerika	
Dänemark	3	Weiße	5–20
Finnland	10	Schwarze	70
Deutschland	14	Afrik. Neger	78–91
Italien	51–71	Thailand	97

Tab. 3 Geographische Verteilung des Laktasemangels.

Sekundärer Laktasemangel

Ein sekundärer Laktasemangel kann sich bei Schädigungen des Dünndarmes einstellen. Die Laktoseintoleranz tritt wegen der limitierten Laktasekapazität früher ein als ein Mangel an den anderen Oligosaccharidasen, und der Laktasespiegel kehrt erst als letzter wieder zur Norm zurück, wenn die Dünndarmerkrankung beseitigt ist. Auch nach einer unspezifischen Darmerkrankung wie tropische Sprue, Kwashiorkor oder Wurmerkrankungen blieb der Laktasemangel permanent bestehen. Häufig mit einem Saccharase- oder Maltasemangel verknüpft, trat ein Laktasemangel bei Cholera, akuter Gastroenteritis im Erwachsenen- oder Säuglingsalter bzw. nach Magenoperationen auf. Auch ein Teil der Patienten mit dem Syndrom eines „Colon irritable" hatte einen Laktasemangel. Chronischer Alkoholkonsum erniedrigt die Laktaseaktivität, so daß damit ein Teil der Diarrhöe unter Alkoholismus erklärt werden kann. Bei vielen anderen Erkrankungen wurde eine Laktoseintoleranz beobachtet. Da aber ein Laktasemangel weit verbreitet ist, ist ein Zusammenhang mit anderen Darmerkrankungen fraglich.

Laktasedefiziente Patienten erkennen häufig selbst den Zusammenhang zwischen der Einnahme von Milch oder Milchprodukten und ihren Beschwerden, besonders wenn die Symptome wie Leibschmerzen, Krämpfe und wäßrige Durchfälle nur wenige Minuten später einsetzen. Ein Großteil der Patienten mit Laktoseintoleranz hat dagegen diesen Zusammenhang nicht erkannt.

Diagnostik bei Laktoseintoleranz

Die wichtigste diagnostische Maßnahme ist ein Belastungstest mit Laktose.

Laktosebelastungstests

1. Bei dem konventionellen Laktosebelastungstest trinkt der Proband 50 g Laktose, die in Tee aufgelöst ist. Optimal wäre eine Belastung mit 1 bis 2 g Laktose/kg KG. Bei diesem Test wird Kontrollen des Blutzuckers entsprechend ein oraler Glukosetoleranztest durchgeführt. Im Plasma soll der Blutzuckeranstieg mindestens 20 mg/dl über dem Ausgangswert liegen. Ein Anstieg unter 10 mg/dl wird als pathologisch angesehen. Wichtig ist es, den Patienten nach diesem Test auf klinische Symptome einer Laktoseunverträglichkeit wie Blähungen, Krämpfe oder Durchfall während oder in der Zeit nach dem Test zu befragen.

2. In einer Modifikation werden in einem Atemtest ^{14}C-markierte Laktose (5 μCi) zusammen mit einer Belastungsdosis von 50 g Laktose verabreicht. In der Atemluft kann bei einem pathologischen Ausfall ^{14}C gemessen werden.

Milch und Milchprodukte

Verboten sind jede Form von Milch, einschließlich Trockenmilch, Sahne, Joghurt, Quark und alle Käsesorten.
Möglich: nach einer Karenz von 3 bis 4 Wochen etwas Hartkäse.

Fleisch und Fleischwaren

Keine Einschränkung besteht bei Frischfleisch.
Bei tiefgefrorenen Gerichten, Fleischsalaten, Konserven von Fleisch und Wurst sind Angaben des Herstellers nötig („Milcheiweiß").

Fisch

Jede Art von Frischfisch ist möglich; bei Konserven Angaben des Herstellers beachten, z. B. Sahnesoße etc.

Fette und Öle

Verboten sind Butter und Margarinesorten, die unter Verwendung von Milch oder Magermilch hergestellt wurden.

Süßwaren

Verboten sind milchhaltige Schokolade, Sahnebonbons, Speiseeissorten; bei Fruchteis sind Angaben des Herstellers nötig.

Backwaren

Vermeiden von Brotsorten, die Milch, Buttermilch, Milchpulver oder Milchzucker enthalten oder die mit Milch bepinselt wurden; Vermeiden von Gebäck, das Milch, Butter, Sahne oder Margarine mit Milch enthält.

Nährmittel

Angaben des Herstellers erforderlich; Instant-Erzeugnisse enthalten oft Milchzucker.

Obst und Gemüse

Bei frischen Sorten bestehen keine Einschränkungen; bei tiefgefrorener Kost sind Herstellerangaben zu beachten.

Außerdem vermeiden

Industriell hergestellte Produkte und Fertiggerichte, z. B. Soßen, Desserts, Süßwaren, Suppen, wenn nicht ausdrücklich vom Hersteller keine Laktose verwendet wurde.

Medikamente

Angaben des Herstellers wegen Laktosezusatz beachten.

Anmerkung:
Von den großen Lebensmittelherstellern sind Verzeichnisse der Erzeugnisse zu erhalten, die frei von Milchprodukten sind. Die Produktionsverfahren sind jedoch Änderungen unterworfen!

Tab. 4 Bei Laktoseintoleranz verbotene Lebensmittel.

		g Laktose pro 100 g oder 100 ml
Milch		
Frauenmilch		7
Kuh-(Trink-)milch	1,5 und 3,5% Fett	4,6
Buttermilch		4
Kondensmilch	7,5% Fett	9
Kondensmilch	10,0% Fett	12
Sahne	10% Fett	4
Sahne	30% Fett	3
Magermilchpulver		52
Sauermilchprodukte		
Yoghurt	3% Fett	4,8
Speisequark	40% Fett i.T.	3,7
Speisequark	20% Fett i.T.	6,0
Schichtkäse	40% Fett i.T.	2,2
Schichtkäse	20% Fett i.T.	4,3
Schichtkäse	10% Fett i.T.	5,3
Butter		< 1
Käse i.d.R. nicht über		3
(Der Milchzucker wird bei der Käsereifung zum überwiegenden Teil abgebaut)		
Milchschokolade		9
Nougat		25
Eiscreme (Milcheis)		7

Tab. 5 Laktosegehalt der Milch und einiger Milchprodukte.

3. Bei dem H_2-Atemtest wird der H_2-Gehalt in der Atemluft nach der Belastungsmahlzeit gemessen. Als pathologisch wird ein Anstieg von unter 3 ppm auf über 50 ppm in der Atemluft angesehen. Der H_2-Atemtest ist auch bei anderen Kohlenhydratintoleranzen zu verwenden.

Die Aktivität der Laktase kann in Biopsien der Dünndarmschleimhaut gemessen werden. Dies ist jedoch umständlich und nur in Speziallabors durchzuführen.
Bei einigen Patienten treten Beschwerden auch nach der Zufuhr von 50 oder 100 g Laktose nicht auf, während andere Patienten bereits bei weniger als 10 g Laktose Symptome der Laktoseintoleranz bekommen. Dies kann damit zusammenhängen, daß die Magenentleerung und die Passage des Dünndarms unterschiedlich schnell erfolgen.

Weitere Diagnostik

Die Laktoseintoleranz ist in einigen Bevölkerungsgruppen weit verbreitet. Die klinischen Symptome der Laktoseintoleranz können deshalb durchaus von anderen Erkrankungen des Magen-Darm-Traktes herrühren. Zusätzliche Untersuchungen, wie z. B. Magen-Darm-Passage, Koloskopie, Dünndarmbiopsie, bakteriologische Untersuchungen, müssen deshalb zusätzlich vorgenommen werden.

Behandlung der Laktoseintoleranz

Die Behandlung eines Patienten mit Laktoseintoleranz oder einer anderen Form der Kohlenhydratintoleranz kann nur darin bestehen, die Laktose aus der Nahrung wegzulassen (Tab. 4). Außerdem sollen andere mögliche Ursachen einer Darmerkrankung ausgeschlossen werden. Bei der Zusammenstellung einer Diät ist zu beachten, daß jeder Patient nur eine individuelle Restmenge an Laktose in der Nahrung toleriert. Diese Menge an Laktose ist z. B. in 100 bis 200 ml Milch enthalten. Andere Patienten können dagegen größere Mengen Milch ohne klinische Symptome zu sich nehmen. Bei der Zusammenstellung der Diät ist zu beachten, daß Milch, Milchzucker und Milcheiweiß außer in Milch und in direkten Milchprodukten auch in vielen anderen Nahrungsmitteln enthalten sind (Tab. 5). Dies betrifft z. B. viele industriell hergestellte Nahrungsmittel wie verschiedene Wurstsorten, Süßigkeiten, Kuchen oder Konserven.

Literatur

1. *Burgio, G. R.*, et al: Prevalence of primary adult lactase malabsorption and awareness of milk intolerance in Italy. Am. I. clin. Nutr. 39 (1984), 100–104
2. *Cochet, B.*, et al: Effects of lactose on intestinal calcium absorption in normal and lactase deficient subjects. Gastroenterology 84 (1983), 935–940
3. *Donaldson, R. M.*: Carbohydrate intolerance. In: Gastrointestinal disease, pp. 1181–1190. *Sleisenger, M. H., J. S. Fordtran* (eds.). WB Saunders Comp., Philadelphia 1978
4. *Fickler, G., C. Leitzmann:* Laktose-Intoleranz und ihre Bedeutung für Entwicklungsländer. Ernährungs-Umschau 27 (1980), 394–398
5. *Flatz, G.*, et al.: Distribution of physiological adult lactase phenotypes, lactose absorber and malabsorber, in Germany. Human Genet. 62 (1982), 152–157
6. *Gray, G. M.*: Intestinal disaccharidase deficiencies and glucose-galactose malabsorption. In: The metabolic basis of inherited disease, 5th ed., pp. 1729–1742. *Stanbury, J. B.*, et al. (eds.). Mc Graw-Hill, Inc., New York 1983
7. *Gudmand-Høyer, E.*: Disaccharidase deficiencies. Chemical and nutritional significance and dietary consequences. In: Aktuelle Probleme der klinischen Diätetik. *Kasper, H.* (Hrsg.). Thieme, Stuttgart 1978
8. *Liebenthal, E.*: Lactose intolerance. In: Digestive diseases in children, pp. 367–388. *Liebenthal, E.* (ed.). Grune and Stratton, New York - San Francisco-London 1978
9. *Newcomer, A. D., D. B. McGill:* Clinical importance of lactase deficiency (editorial). New Engl. J. Med. 310 (1984), 42–43
10. *Souci, S. W., W. Fachmann, H. Kraut:* Die Zusammensetzung der Lebensmittel. Nährwert-Tabellen. Wissenschaftliche Verlagsgesellschaft MBH, Stuttgart 1977
11. *Welsh, J. D.*: Diet therapy in adult lactose malabsorption: present practices. Am. J. clin. Nutr. 31 (1978), 592–596
12. *Ziegler, E. E., S. J. Fomon:* Lactose enhances mineral absorption in infancy. J. Pediatr. Gastroenterol. Nutr. 2 (1983), 288–294

Die Sprue und der Morbus Whipple

R. Raedsch

Die Sprue

Bei der Abklärung eines Malabsorptionssyndromes muß differentialdiagnostisch auch das nicht seltene Krankheitsbild der Sprue berücksichtigt werden. Die Sprue ist definiert als persistierende Intoleranz gegen Gluten. Es finden sich als Charakteristika typische Veränderungen der Schleimhaut im oberen Dünndarm mit Malabsorptionssyndrom, eine klinische und histologische Besserung unter glutenfreier Diät und ein klinisches und histologisches Rezidiv bei Gluten-Reexposition. In den mitteleuropäischen Ländern ist mit einer Inzidenz der Sprue von etwa 1:1000 Einwohner zu rechnen. Das heißt, in der Bundesrepublik Deutschland befinden sich etwa 60 000 Spruekranke. Die Dunkelziffer ist jedoch wegen der oft uncharakteristischen Symptomatik des Krankheitsbildes im Erwachsenenalter hoch. Unter Verwandten ersten Grades von Spruepatienten findet sich die Sprue gehäuft mit einer Inzidenz von 1:10.

Die Sprue hat einen dominanten Erbgang, wobei mindestens 2 Gene für die Vererbung verantwortlich sind. Zum einen findet sich unter Spruepatienten eine auffällige Häufung von HLA-B8 und HLA-DW3, welche bei 88% der Spruepatienten gegenüber nur 20% in einer Normalbevölkerung vorkommen. Zum anderen findet sich bei 90% der Spruepatienten ein B-Lymphozyten-Oberflächenantigen, welches bei Normalpersonen bisher nicht nachgewiesen werden konnte. Zur Manifestierung der Sprueerkrankung ist sowohl die entsprechende HLA-Konstellation als auch das Vorhandensein des Oberflächenantigens erforderlich.

Ätiologie und Pathogenese

Auf dem Boden dieser genetischen Konstellation besteht bei Spruepatienten eine Intoleranz gegen Gluten, welches in Weizen, Gerste, Roggen und Hafer enthalten ist. In diesen Getreidesorten macht Gluten 10 bis 15% des Proteinanteiles aus. Bei der Pathogenese der Sprue sind immunologische Faktoren ausschlaggebend beteiligt. Aufgrund der bestehenden genetischen Dispositionen bilden Spruepatienten Oberflächenproteine, die an der Dünndarmmukosa als Rezeptoren für Gluten fungieren. Als Ergebnis dieser Rezeptorbindung wird Gluten immunogen und verursacht die Produktion von Antikörpern gegen Gluten, sensibilisierten Lymphozyten und Lymphokinen. Die glutenbeladene Dünndarmzelle wird zum Ziel der immunologischen Abwehr.

Diese immunologischen Faktoren führen zu charakteristischen Läsionen der Dünndarmschleimhaut. In unkomplizierten Fällen beschränken sich die Veränderungen auf die Mukosa. Submukosa, Muskularis und Serosa sind in diesen Fällen nicht betroffen. Die Schleimhautveränderungen sind typischerweise im proximalen Dünndarm ausgeprägter als im distalen Dünndarm. Das Ausmaß der Darmläsionen ist bei den einzelnen Patienten unterschiedlich ausgeprägt, woraus sich die ebenfalls variable klinische Symptomatik ableitet. Charakteristischerweise sind bei der unbehandelten Sprue die Dünndarmzotten vollständig verschwunden, und die Kryptenmündungen werden sichtbar.

Histologisch finden sich eine total abgeflachte Dünndarmmukosa mit kuboid umgeformtem Oberflächenepithel, eine Elongation der Krypten und eine Infiltration der

Anämie
Hypoproteinämie
Störungen des Knochenstoffwechsels
Dermatitis herpetiformis

Tab. 1 Extraintestinale Symptome bei Sprue.

Lamina propria mit Plasmazellen und Lymphozyten. Elektronenmikroskopisch lassen sich zusätzlich eine Verkürzung und Verplumpung der Mikrovilli und Veränderungen des endoplasmatischen Retikulums nachweisen. Die Gesamtstärke der Mukosa ist nicht reduziert, da der Zottenschwund durch eine Elongation der Krypten in der Regel ausgeglichen wird.

Die Folge dieser morphologischen Veränderungen ist eine extreme Abnahme der resorbierenden Oberfläche und eine Herabsetzung der Enzymaktivitäten im Bereich des Bürstensaumes, insbesondere der Disaccharidasen, Peptidasen, alkalischen Phosphatase und ATPase. Die Einschränkung der Dünndarmfunktion wird von der Reduktion der Resorptionsfläche, der Abnahme der Enzymaktivität in der Mukosa und der vorliegenden Permeabilitätsstörung bestimmt. Bei einer völlig zottenlosen, flachen Schleimhaut ist die Resorptionsfläche auf 12% der Norm vermindert. Distale Dünndarmabschnitte, die von den Sprueveränderungen häufig ausgespart bleiben, können kompensatorisch die Stoffaufnahme steigern.

Klinik

In etwa 2 Drittel der Krankheitsfälle wird die Sprue bereits im Säuglingsalter diagnostiziert, wenn der Übergang von einer reinen Milchernährung zu glutenhaltigen Nahrungsmitteln (Griesbrei etc.) erfolgt. In dieser Lebensphase ist das dann auftretende klinische Bild in der Regel spruetypisch. Mit Umstellung auf Breikost gedeihen die Kinder nicht mehr, sie erbrechen und setzen auffällig voluminöse, fade riechende Stühle ab. Die Kinder werden antriebsarm und verlieren auch bereits erlernte Fähigkeiten. Der große, aufgeblähte Leib steht in Kontrast zu der Abmagerung des übrigen Körpers.

Die Sprue des Erwachsenen wird in der Regel im 3. und 4. Lebensjahrzehnt diagnostiziert. Etwa 30% dieser Patienten geben anamnestisch an, bereits in der frühen Kindheit unter gehäuften Durchfällen gelitten zu haben. Die Erstmanifestation der Sprue hat also bei etwa 1 Drittel der erwachsenen Spruepatienten in der frühen Kindheit stattgefunden, wobei es auch unbehandelt zur klinischen Remission mit anschließendem Rezidiv nach der Pubertät kommt.

Die Symptome der Sprueerkrankung im Erwachsenenalter sind vielfältig. Es können gastrointestinale Beschwerden im Vordergrund stehen, nicht selten bestimmen jedoch extraintestinale Manifestationen der bestehenden Malabsorption das klinische Bild (Tab. 1). 90% der Patienten klagen über Diarrhöen, wobei typischerweise voluminöse, breiige, faulig riechende Stühle abgesetzt werden. Fettbeimengungen können sich auf der Stuhlflüssigkeit ansammeln. Das Stuhlgewicht liegt bei Spruepatienten über 200 g/24 Stunden. Etwa 50% der Spruepatienten weisen Gewichtsverluste als Zeichen der bestehenden Malabsorption auf. Völlegefühl, Bauchschmerzen und Erbrechen sind weitere häufige Beschwerden. An extraintestinalen Symptomen findet sich bei Spruepatienten häufig eine Anämie infolge eines Eisen- und Folsäuremangels. In 10 bis 30% der Fälle besteht eine vermehrte Blutungsneigung als Folge eines Vitamin-K-Mangels. Bei bis zu 50% der Patienten mit unbehandelter Sprue treten Ödeme infolge einer Hypoproteinämie auf. Als Folge des gestörten Kalziumstoffwechsels treten Störungen des Knochenstoffwechsels mit Knochenschmerzen auf.

Tropische Sprue
Kuhmilchintoleranz
Sojabohnenintoleranz
Kwashiorkor
Malignes Lymphom

Tab. 2 Erkrankungen mit sprueähnlicher Dünndarmmorphologie.

Die Befunde von Anämie, Ödemen und Knochenschmerzen sind nicht selten Leitsymptome der Sprue beim Erwachsenen.

Diagnostik

Indirekte Hinweise auf das Vorliegen einer Sprue ergeben sich aus der biochemischen Blutanalyse, Resorptionstests, Stuhluntersuchungen und der Röntgenuntersuchung des Dünndarms. Im Xylosetest läßt sich eine verminderte Xyloseresorption nachweisen. Bis zu 50% der Patienten mit florider Sprue weisen sekundär einen Laktasemangel auf, so daß in diesen Fällen auch der Laktosetoleranztest pathologisch ausfällt. Der Röntgenbefund der Magen-Darm-Passage zeigt die allgemeinen Zeichen der Malabsorption, insbesondere im proximalen Dünndarm.

Entscheidende diagnostische Bedeutung beim Nachweis einer Sprue besitzt jedoch die Entnahme einer Dünndarmbiopsie aus dem proximalen Jejunum. Die Biopsieentnahme erfolgt heute in der Regel mit der Saugbiopsiekapsel, welche unter Durchleuchtungskontrolle im proximalen Jejunum plaziert wird. Der histologische Nachweis einer zottenlosen oder zottenarmen Mukosa mit elongierten Krypten und Normalisierung bzw. Besserung des morphologischen Bildes unter glutenfreier Diät sind pathognomonisch für die Sprue. Die Entnahme der Dünndarmbiopsie muß vor der Verordnung einer glutenfreien Diät erfolgen. Eine einmalige Biopsieentnahme aus dem Dünndarm vor der Therapie reicht zur sicheren Diagnosestellung einer Sprue jedoch nicht aus, da auch andere Erkrankungen wie die tropische Sprue, die Kuhmilchintoleranz, Spruesyndrom, Sojabohnenintoleranz, Kwashiorkor und maligne Lymphome ähnliche morphologische Veränderungen der Dünndarmschleimhaut verursachen können (Tab. 2).

Zur Sicherung der Diagnose einer Sprue muß etwa 6 Monate nach Einleitung einer glutenfreien Diät eine zweite Dünndarmbiopsie zum Nachweis einer Erholung der Dünndarmschleimhaut durchgeführt werden. Während dieser Zeit hat sich die Zottenstruktur bei etwa 50% der Patienten völlig normalisiert, bei den übrigen Patienten findet sich noch eine partielle Zottenatrophie. Ein Gluten-Reexpositionsversuch sollte nicht durchgeführt werden, da manche Patienten mit stärksten Durchfällen bis zum sog. Gliadinschock durch Dehydratation reagieren. Erfolgt unter Einhaltung einer glutenfreien Diät innerhalb von 6 Monaten keine Erholung der Dünndarmmukosa, liegt keine Sprueerkrankung vor, oder der Patient hat die glutenfreie Diät nicht strikt eingehalten.

Therapie

Die Behandlung der Sprue besteht in der konsequenten und lebenslangen Ausschaltung des toxischen Glutens aus der Nahrung. Das bedeutet für den Spruepatienten, lebenslang Produkte aus Weizen, Gerste, Roggen und Hafer meiden zu müssen. Als Ersatz dienen Kartoffel, Reis, Mais- und Sojaprodukte. Bei der Durchführung einer strikten glutenfreien Diät muß berücksichtigt werden, daß zahlreiche kommerzielle Nahrungsmittel wie Konservengerichte, Fertigsoßen, Beutelsuppen, Puddingpulver, Eiscreme, Ketchup, Salatsoßen, Senf und Bier glutenhaltig sind und somit für den Spruepatienten verboten bleiben müssen. Die lebenslange Einhaltung einer strikten

glutenfreien Diät bedarf der intensiven diätetischen Beratung und Motivation des Patienten. Sie wird dem Patienten heute erleichtert, da glutenfreie Mehle und eine reichliche Auswahl glutenfreier Backwaren in Deutschland kommerziell erhältlich sind. Umfassende Informationen für den Spruepatienten über die einzuhaltende Diät, Rezepte und Lieferanten glutenfreier Backwaren sind im „Handbuch der Zoeliakie“ enthalten, welches von der Deutschen Zoeliakiegesellschaft*) herausgegeben wird.
Unter Einhaltung einer glutenfreien Diät bessert sich das klinische Befinden des Spruepatienten innerhalb von Tagen bis Wochen, und die Zeichen der Malabsorption verschwinden. Da etwa 50% der Spruepatienten an einem sekundären Laktasemangel leiden, empfiehlt es sich, in den ersten Monaten nach Diäteinleitung auch Milchprodukte zu meiden.
Bei akuten Mangelzuständen müssen die entsprechenden Vitamine, Eisen, Folsäure und Elektrolyte substituiert werden. In sehr schweren Fällen kann der Einsatz von Steroiden erforderlich werden.

Prognose

Bei Einhaltung der glutenfreien Diät ist die Prognose der Sprue sehr gut. Die Lebenserwartung von Spruepatienten ist bei Einhaltung der Diät nicht vermindert. Nach Auslassen der glutenfreien Ernährung liegt jedoch die Rezidivhäufigkeit bei fast 100%, wenngleich der Zeitpunkt des Auftretens eines klinischen Rezidivs nicht sicher vorhersehbar ist.

Der Morbus Whipple

Der Morbus Whipple ist eine weitere Erkrankung, die mit einem Malabsorptionssyndrom einhergeht. Es handelt sich um eine seltene Erkrankung, die vorwiegend den Dünndarm befällt. Es kann jedoch auch jedes andere Organsystem betroffen sein. In der Literatur sind insgesamt bisher etwa 400 Fälle beschrieben worden. Das männliche Geschlecht ist mit 88% der bekanntgewordenen Morbus-Whipple-Fälle bevorzugt betroffen. Der Häufigkeitsgipfel der Erkrankung liegt im 4. Lebensjahrzehnt. Eine Übertragung der Erkrankung von Patient zu Patient konnte bisher nicht nachgewiesen werden.

Gastrointestinaltrakt
Zentralnervensystem
Lymphknoten
Herz
Lunge
Leber
Pankreas
Milz
Nebennieren
Knochenmark
Gefäßwände
Peritoneum

Tab. 3 Befallene Organe bei Morbus Whipple.

Ätiologie und Pathogenese

Die Ätiologie des Morbus Whipple ist ungesichert. Man geht jedoch davon aus, daß es sich um eine bakterielle Infektion handelt. Dafür sprechen einmal die Wirksamkeit einer Antibiotikatherapie und zum anderen der Nachweis von stäbchenförmigen Bakterien in den befallenen Organen, welche unter antibiotischer Therapie verschwinden und bei Rezidiverkrankung wieder auftreten.

*) Deutsche Zoeliakiegesellschaft, Ganzenstr. 13, 7000 Stuttgart 80

Der Morbus Whipple manifestiert sich am häufigsten am Dünndarm. Es kann jedoch der gesamte Gastrointestinaltrakt vom Ösophagus bis zum Rektum befallen sein. Weitere häufige Organmanifestationen betreffen das Zentralnervensystem und die Lymphknoten (Tab. 3).
Bei Dünndarmbefall finden sich in der Dünndarmbiopsie verbreiterte und verplumpte Zotten, die Epithelien sind im Gegensatz zur Zöliakie jedoch normal. In der Lamina propria findet sich eine Infiltration mit Makrophagen, welche PAS-positive Glykogengranula enthalten. Die Lymphgefäße sind dilatiert und fettgefüllt. Elektronenmikroskopisch lassen sich in Makrophagen stäbchenförmige Bazillen mit zentralem Nukleid nachweisen.
Bei Lymphknotenbefall findet man bakterienhaltige Makrophagen auch in der Lymphknotenbiopsie bzw. bei ZNS-Befall im lumbalen Liquor.

Klinik

Die klinische Symptomatik des Morbus Whipple ist geprägt von den Zeichen der Malabsorption mit Gewichtsverlust, Diarrhöe und Steatorrhöe. In 70% der Fälle treten Arthralgien und Arthritiden auf, 50% der Patienten haben Fieber. In etwa 10% der Fälle wird eine zerebrale Beteiligung mit Parästhesien, Nystagmus und Hyperpathie beschrieben. Des weiteren können Anämie, Hautpigmentationen, Lymphadenopathie, Pleuritiden, Perikarditiden und Endokarditiden vorkommen. Die Konstellation Malabsorption, Fieber, Gelenkbeschwerden evtl. mit neurologischer Symptomatik bei einem 40- bis 50jährigen Mann sollte an einen Morbus Whipple denken lassen.

Diagnostik

An Untersuchungsbefunden ergeben sich bei Patienten mit Morbus Whipple eine erhöhte Stuhlfettausscheidung, Leukozytose und pathologische Absorptionstests. Im Serum können Cholesterin, Kalium, Kalzium, Magnesium, Albumin, Hämoglobin und β-Karotin vermindert sein.
Bei der Röntgenuntersuchung mit Magen-Darm-Passage finden sich auch beim Morbus Whipple die unspezifischen Zeichen einer Malabsorption. Beweisend für den Morbus Whipple ist die histologische Untersuchung der Dünndarmbiopsie mit Makrophageninfiltration, Glykogengranula und dilatierten, fettgefüllten Lymphgefäßen. Elektronenmikroskopisch lassen sich die charakteristischen Bakterien in der Darmwand oder aber auch in den übrigen befallenen Organen nachweisen.

Therapie

Während in früheren Jahren der Morbus Whipple in etwa 5 Jahren unweigerlich zum Tode führte, kann seit den 60er Jahren sehr erfolgreich eine Antibiotikatherapie durchgeführt werden. Bei extrazerebralem Befall werden Tetracycline oder Ampicillin, bei zerebraler Beteiligung Chloramphenicol und Trimethoprim-Sulfamethoxazol eingesetzt. Bereits wenige Tage nach Einleitung der Therapie kommt es zu dramatischer klinischer Besserung. Die antibiotische Therapie muß für den Zeitraum von 6 Monaten fortgeführt werden. Die Beendigung der Therapie muß vom Verschwinden der Bakterien im Biopsiematerial abhängig gemacht werden. Ein Rezidiv kündigt sich durch das Wiederauftauchen von Bakterien an. Deshalb sollten für etwa 5 Jahre jährliche Kontrollbiopsien durchgeführt werden.

Literatur

1. *Bayless, T. M.:* Whipple's disease: Newer concepts of therapy. Adv. internal Med. 16 (1970), 171
2. *Booth, C. C., R. H. Dowling:* Coeliac disease. Proceedings of an international conference held at the Royal Postgraduate Medical School, London

1969. Churchill Livingstone, Edinburgh – London 1970
3. *Chears, W. C., C. T. Ashworth:* Electron microscopic study of the intestinal mucosa in Whipple's disease. Gastroenterology 41 (1961), 129
4. *Ciclitira, P. J.:* Coeliac disease: Current state of the art. Int. Med. 2 (1982), 6–9
5. *Dicke, W. K.:* Coeliac disease. Investigation of the harmful effects of certain types of cereal on patients with coeliac disease. Habilitationsschrift, Reichsuniversität Utrecht 1950
6. *Dobbins, W. O.:* Current concepts of Whipple's disease. J. clin. Gastroenterol. 4 (1982), 205
7. *Falchuk, Z. M., G. N. Rogentine, W. Strober:* Predominance of histocompatibility antigen HLA 8 in patients with gluten-sensitive enteropathy. J. clin. Invest. 51 (1972), 160
8. *Feurle, G. E.:* Morbus Whipple. In: Dünndarm. Handbuch der Inneren Medizin, Bd. 3, Teil 3 B, S. 85–105. *Caspary, W. F.* (Hrsg.). Springer, Berlin – Heidelberg – New York 1983
9. *de Groodt-Lasseel, M., J. J. Martin:* Electron microscope study of CNS lesions in Whipple's disease. Pathol. Biol. 17 (1969), 121
10. *Kurtz, S. M., T. D. Davis, J. M. Ruffin:* Light and electron microscopic studies of Whipple's disease. Lab. Invest. 11 (1962), 653
11. *MacDonald, W. C.*, et al.: Studies of coeliac sprue. IV. The response of the whole length of the small bowel to a gluten-free diet. Gastroenterology 47 (1964), 573
12. *Mann, D. L.*, et al.: Specific B-cell antigens associated with gluten-sensitive enteropathy and dermatitis herpetiformis. Lancet i (1976), 110
13. *Melvin, K. E., G. W. Hepner, P. Bordier:* Calcium metabolism and bone pathology in adult coeliac disease. Quart. J. Med. 39 (1970), 83
14. *Mischke, L. W.*, et al.: Whipple's disease: Etiopathogenesis, treatment, diagnosis and clinical course. Case report and review of the world literature. Acta hepatogastroenterol. 21 (1974), 307
15. *Pena, A. S.*, et al.: Genetic basis of gluten-sensitive enteropathy. Gastroenterology 75 (1978), 230
16. *Peters, T. J.*, et al.: Analytical subcellular fractionation of jejunal biopsy specimens from control subjects and patients with coeliac disease. In: Perspectives in coeliac disease, pp. 423. *McNicholl, B., C. F. McCarthy, P. F. Fottrell* (eds.). MTP-Press Ltd., Northgate – Blackburn – Lancaster 1978
17. *Sieracki, J. C., G. Fine:* Whipple's disease-observations on systemic involvement. II. Gross and histologic observation. Arch. Pathol. 67 (1959), 81
18. *Stokes, P. L.*, et al.: Histocompatibility antigens associated with adult coeliac disease. Lancet ii (1972), 162–164
19. *Whipple, G. H.:* A hitherto undescribed disease characterized anatomically by deposits of fat and fatty acids in the intestinal and mesenteric lymphatic tissues. Bull. Johns Hopkins Hosp. 18 (1907), 32

Hormonelle Diarrhöe

G. E. Feurle

Hormonelle Ursachen des Durchfalls sind selten. Mit der alleinigen Hormonbestimmung ist es deshalb bei der Diagnosestellung kaum getan.

VIPom

Bei nur 1 bis 2 von 100 Patienten mit ungeklärter Diarrhöe und Verdacht auf VIPom wird tatsächlich ein VIP-produzierender Tumor gefunden. Meist handelt es sich um ein irritables Kolonsyndrom oder um Laxanzienabusus.

Nichtsdestoweniger existiert das Krankheitsbild des VIPoms tatsächlich (8,9). Synonyma sind „Verner-Morrison-Syndrom", „WDHA-Syndrom" (wäßrige Diarrhöe, Hypokaliämie, Achlorhydrie) und „pankreatische Cholera". Diese Bezeichnungen spiegeln treffend das Kankheitsbild wider: Der Patient leidet an wäßriger, elektrolytreicher Diarrhöe von mehr als 1 kg/Tag, häufig verbunden mit Hypokaliämie, Exikkose und Abdominalkoliken. Oft findet man bei diesen Patienten eine Achlorhydrie oder Hypochlorhydrie. Klinisch imponiert ein erheblicher Gewichtsverlust. Bei manchen Patienten treten anfallsweise Hautrötungen auf.

Es gibt heute kaum noch Zweifel daran, daß eine Übersekretion des gastrointestinalen Hormons VIP (vasoaktives, intestinales Polypeptid) zu der oft lebensbedrohenden Diarrhöe führt. VIP, ein Peptid, welches normalerweise in neuronalen Strukturen des zentralen und peripheren Nervensystems vorkommt, wird beim WDHA-Syndrom meist von einem endokrin aktiven, malignen Pankreastumor, selten von einem Ganglioneuroblastom produziert. Seine biologischen Effekte sind in Tabelle 1 aufgeführt.

Stimulation der enteralen Sekretion
Hemmung der intestinalen und kolonischen Wasserabsorption
Stimulation der Wasser- und Bikarbonatsekretion des Pankreas
Hemmung der Säuresekretion des Magens
Vasodilatation
Relaxation der glatten Muskulatur

Tab. 1 Biologische Effekte des VIP im Gastrointestinaltrakt.

Die sekretorischen Wirkungen werden über eine Aktivierung der Adenylzyklase vermittelt. Eine Infusion von VIP beim Versuchstier und Menschen führt zu Diarrhöen. Die Diagnose des VIPoms stellt man durch den Nachweis eines Pankreastumors oder (bei Kindern) eines neurogenen Tumors zusammen mit stark erhöhten VIP-Plasmaspiegeln (2).

Die Pankreastumoren sind meist solitär, bei 40% der Patienten aber findet man Lymphknoten- und/oder Lebermetastasen. Der normale VIP-Plasmaspiegel liegt unterhalb 20 pmol/l, beim VIPom findet er sich meist über 40 pmol/l.

VIPome produzieren aber oft noch andere Hormone wie Peptid-Histidin-Isoleucin (PHI) (1) und pankreatisches Polypeptid (PP) sowie Prostaglandine, die in ungeklärtem Ausmaß zu den Symptomen beitragen.

Bei der Diagnose und beim Ausschluß eines VIPoms ist bedeutsam, daß man manchmal stark erhöhte VIP-Spiegel beim Patienten mit und ohne Diarrhöe findet, bei denen trotz aller Bemühungen während mehrjähriger Beobachtung kein endokriner Tumor nachzuweisen ist. Bei so nicht völlig geklärter Sensitivität und Spezifität der VIP-Messung und bei der niedrigen Inzidenz des VIPoms ist also die VIP-Bestimmung bei jeder chronischen Diarrhöe wenig sinnvoll. Man sollte zuvor die Differentialdiagnose der Diarrhöe, wie sie in dieser Broschüre dargestellt wird, möglichst einengen. Blutplasma zur VIP-Bestimmung (mit Heparin und Aprotinin) muß tiefgefroren versandt werden. Die Lokalisationsdiagnostik geschieht bei größeren Tumoren mittels Sonographie und Computertomographie, bei den seltenen kleinen Tumoren muß man die selektive Pankreasvenen-Katheterisierung mit Hormonbestimmung zu Hilfe nehmen.
Die Therapie ist, wenn möglich, chirurgisch; die Erfahrung mit Zytostatika, Streptozotocin allein oder in Kombination mit Fluorouracil ist gering. Neuerdings verwendet man symptomatisch sehr erfolgreich das allerdings noch nicht im Handel befindliche, aber von der Firma Sandoz erhältliche Somatostatin-Analogon SMS 201–995 (14).

Gastrinom

Bei 20% der Patienten mit Zollinger-Ellison-Syndrom äußert sich der gastrinproduzierende Tumor in schweren wäßrigen Durchfällen. Bei manchen Patienten fehlen sogar die sonst obligaten Ulzera, obwohl eine starke Hyperchlorhydrie besteht. Bei der Genese der Durchfälle nimmt man an, daß die Hyperchlorhydrie eine Inaktivierung der Pankreasfermente und eine Schleimhautveränderung des Dünndarmepithels bewirkt. Absaugen oder Hemmung der Magensäure durch H_2-Blocker führt prompt zum Sistieren der Diarrhöe.

Bei etwa 80% der Patienten mit Zollinger-Ellison-Sydrom findet sich das Gastrinom im Pankreas, die restlichen Gastrinome sind im Duodenum lokalisiert. Die Tumoren sind fast immer maligne. Wenngleich sie nur sehr langsam wachsen, bestehen etwa bei der Hälfte der Fälle bei Diagnosestellung bereits Metastasen. Diagnostisch von Bedeutung sind Gastrin- und Säuremessung. Da es eine Reihe unterschiedlicher Zustände mit Hypergastrinämie gibt, sind Stimulationstests mit Sekretin und Kalzium in der Differentialdiagnose der Hypergastrinämie unerläßlich.
Bei der Lokalisation versagen die konventionellen Methoden wie Sonographie, Computertomographie und Arteriographie oft, auch bei der explorativen Laparotomie vermag der Chirurg nur in etwa 50% der Fälle den Tumor aufzufinden. Essentiell ist deshalb hier die transhepatische Pankreasvenenkanülierung mit Blutentnahme zur Gastrinbestimmung. Die Therapie sollte, wenn möglich, in der Exstirpation des Tumors oder der Tumoren bestehen; bei der multiplen endokrinen Adenomatose sind die Ergebnisse dabei unbefriedigend.
Ist es nicht möglich, den Tumor zu entfernen, muß man – wie übrigens bereits prä- und perioperativ – die Wirkung des Gastrins auf die Belegzellen des Magens mittels H_2-Rezeptorantagonisten unterbinden. Eine Erfolgskontrolle, d. h. gelegentliche Säurebestimmung, während der Behandlung mit H_2-Rezeptorantagonisten ist unerläßlich. Die Chemo- und Radiotherapie beim Gastrinom sind wenig wirksam (weitere Einzelheiten und Literatur bei [5]).

Karzinoide

Bei etwa 80% der Patienten mit Karzinoidsyndrom finden sich anfallsweise Durchfälle bis zu 20mal pro Tag, die mit lauten Darmgeräuschen und Abdominalkoliken einhergehen.

Ein Karzinoidsyndrom, gekennzeichnet durch anfallsweise Gesichtsrötung (Flush), akrale Zyanose, Diarrhöe, Bronchokonstriktion und Endokardfibrose, tritt aber nur bei Karzinoiden auf, die Anschluß an den großen Kreislauf gefunden haben. So bei Lebermetastasen des üblichen Ileumkarzinoids oder bei den sehr seltenen Bronchus- oder teratogenen Gonadenkarzinoiden. Die Durchfälle werden durch Serotonin vermittelt, welches eine Nettoflüssigkeitssekretion in den Dünndarm bewirkt und die Motilität des Darmes anregt. Allerdings werden vom Karzinoid auch Prostaglandine und Substanz P produziert, die beide eine Diarrhöe verursachen können.
Die Diagnose stellt man durch den Tumornachweis, meist in Form der Lebermetastasen und mittels erhöhter Ausscheidung der 5-Hydroxyindolessigsäure im Urin (über 25 mg/Tag). Neuerdings läßt sich auch Serotonin im Vollblut oder Plasma messen.
Therapeutisch stehen auch hier chirurgische Maßnahmen im Vordergrund. Der Primärtumor ist einschließlich der regionären Lymphknoten möglichst radikal zu entfernen. Bestehen aber bereits Lebermetastasen, die nicht reseziert werden können, ist eine Entfernung des Primärtumors nur angezeigt, wenn dieser selbst Komplikationen wie Obstruktion oder Blutung verursacht. Eine Tumormassenreduktion, z. B. durch Hemihepatektomie, kann die Symptome des Karzinoidsyndroms für lange Zeit mindern, da der Tumor sehr langsam wächst. Chemo- und Radiotherapie sind auch bei diesem Tumor wenig wirksam. Auch hier liegen positive Erfahrungsberichte mit dem neuen Somatostatin-Analogon vor (14) (weitere Einzelheiten und Literatur bei [4]).

Somatostatinom

Nur bei einigen der bislang weniger als 20 publizierten Fälle von Somatostatinomen sind Durchfälle beobachtet worden. Das Somatostatinom kann im Pankreas, aber auch im Dünndarm liegen. Es ist meist maligne, wächst aber sehr langsam. Eine Steatorrhöe, vermutlich Folge der Hemmung der Pankreassekretion, wurde häufiger beobachtet als eine wäßrige Diarrhöe, deren Pathogenese unklar ist.
Bei der Diagnose steht meist die Entdekkung des Tumors am Anfang. Der spezifische Nachweis erfolgt durch die Messung der erhöhten Somatostatin-Plasmaspiegel. Bei den übrigen Erscheinungen des Somatostatinoms, wie Subazidität, Diabetes mellitus, Cholelithiasis, ist es zweifelhaft, ob diese Veränderungen durch das produzierte Hormon bedingt sind. Trotz Metastasierung kann die Überlebenszeit Jahrzehnte betragen (Einzelheiten und Literatur bei [11, 16]).

Neurotensinom

Auch von diesem Tumor sind nicht mehr als 20 Fälle beschrieben. Die Majorität hat ihren Ursprung im Pankreas, einige im Bronchus. An Symptomen wurden beobachtet: wäßrige Diarrhöe im Sinne einer pankreatischen Cholera, starker enteroösophagealer Reflux bei Patienten mit Gastrektomie. Die Beurteilung der Symptome ist schwierig, da es sich meist um multihormonale Tumoren handelt. Bevorzugt entdeckt man die neurotensinhaltigen N-Zellen in Gastrinomen. In einem Falle eines reinen Neurotensinoms bestand eine schwere wäßrige Diarrhöe, Erbrechen, vermehrte Tränen- und Speichelsekretion, Flush, Beinödeme und Pruritus. Bei einem anderen gemischten Neurotensinom/Gastrinom bestand eine schwere wäßrige Diarrhöe, ohne Ulzera. Hierbei ist interessant, daß Neurotensin die Magensäure hemmt.
Diese und die übrigen biologischen Effekte des Neurotensins sind in Tabelle 2 dargestellt. Pathogenetisch ist bemerkenswert, daß Neurotensin den Nettoflüssigkeitsgehalt des Dünndarms steigert und die Kolonmotilität anregt. Neurotensininfusion beim

Kontraktion des Ileums
Relaxation des Duodenums
Verminderung der Magenmotilität
Verminderung des interdigestiven myoelektrischen Komplexes
Verminderung des Drucks im unteren Ösophagussphinkter
Vasodilatation
Vermehrung der Gefäßpermeabilität
Vermehrter Blutfluß im Ileum
Vermehrter Blutfluß im Pankreas
Hemmung der Säure- und Pepsinsekretion des Magens
Stimulation der Pankreassekretion und Vermehrung der enteralen Flüssigkeit

Tab. 2 Biologische Wirkungen des Neurotensins im Gastrointestinaltrakt.

Menschen erzeugt Diarrhöe und Drang zur Defäkation.
Die Diagnose läßt sich durch die Bestimmung des Peptids Neurotensin im Plasma sichern. Neurotensin-Plasmaspiegel lassen sich durch Sekretin und Kalziumprovokationstest stimulieren (weitere Einzelheiten und Literatur bei [3, 6, 12]).

Medulläres Schilddrüsenkarzinom

Bei etwa einem Drittel der Patienten mit medullärem Schilddrüsenkarzinom tritt eine therapierefraktäre Diarrhöe auf. Dieses seltene, durch Amyloidablagerung und Kalzitoninproduktion ausgezeichnete Schilddrüsenkarzinom geht von den C-Zellen der Thyreoidea aus. Man beobachtet unilaterale Tumoren sporadisch im höheren Lebensalter und autosomal dominant vererbte, bilaterale Tumoren im Rahmen der multiplen endokrinen Adenomatose oder Neoplasie (MEA oder MEN) II a und II b.
Bei MEA II a sind sie vergesellschaftet mit Phäochromozytomen und gelegentlich mit Hyperparathyreoidismus; bei MEA II b finden sich zusätzlich multiple Neurome, z. B. an Zunge, Lippen und Lidern, eine charakteristische hagere Fazies und manchmal eine Ganglioneuromatose des Dickdarms mit Megakolon.
Die Genese der Durchfälle ist nach wie vor unklar. Kalzitonininfusion kann zwar eine Flüssigkeitsansammlung und Diarrhöe verursachen, die chronische Hyperkalzitoninämie hat aber anscheinend keine derartigen Effekte. Man hat viele Patienten mit extrem erhöhten Plasmakalzitoninspiegeln, jedoch ohne Durchfälle, beobachtet. Neben Prostaglandinen werden weitere Substanzen vom medullären Schilddrüsenkarzinom produziert, die möglicherweise für die Durchfälle verantwortlich sind: calcitonin-gene-related polypeptide (CGRP) oder Prostaglandine.
Das medulläre Schilddrüsenkarzinom, besonders im Rahmen der multiplen endokrinen Adenomatose, bildet oft lokale, aber auch Fernmetastasen. Diagnostisch von Bedeutung ist neben der Palpation, dem Sonogramm und dem negativen Schilddrüsenszintigramm die Feinnadelpunktion und vor allem die Bestimmung des Kalzitonins und CEA (karzinoembryonales Antigen) im Plasma. Besonders bei familiären Fällen erweist sich die Stimulation des Kalzitonins durch Pentagastrin als eine Methode, den Tumor oder das Rezidiv frühzeitig zu erkennen. Zur Lokalisation ist die Anwendung des regionalen Venenkatheters mit Kalzitoninbestimmung sehr nützlich.
Die einzig aussichtsreiche Therapie ist chirurgisch. Bei den Tumoren im Rahmen der multiplen endokrinen Adenomatose ist dies die totale Thyreoidektomie, meist mit Halslymphknoten- und manchmal Mediastinalausräumung beim Nachweis von Metastasen im Halsvenenkatheter. Oft sind auch Rezidiveingriffe erforderlich (weitere Literatur siehe [7, 17]).

Hyperthyreose

Viele Patienten mit Hyperthyreose bemerken einen weichen Stuhlgang mit etwas erhöhter Frequenz. Ausgeprägte Diarrhöe ist selten. Man vermutet, daß diese auf ein Ödem und eine Rundzellinfiltration der Dünndarmmukosa zurückzuführen ist; dementsprechend haben diese Patienten oft neben der Diarrhöe auch eine Steatorrhöe (13, 15). Manchmal beobachtet man eine Hypermotilität des Dünndarms. All diese Symptome verschwinden nach erfolgreicher Behandlung der Schilddrüsenüberfunktion. Es soll noch einmal hervorgehoben werden, daß die Diarrhöe fast nie das hervorstechende Symptom der Hyperthyreose darstellt.

Morbus Addison

Sehr selten kann das Leitsymptom einer Nebenniereninsuffizienz eine periodische schwere Diarrhöe oder Steatorrhöe sein (10, 15). Über den Pathomechanismus ist wenig bekannt.

Literatur

1. *Bloom, S. R., N. D. Christofides, J. Delamarter, G. Buell, E. Kawashima, J. M. Polak:* Diarrhoea in vipoma patients associated with cosecretion of a second active peptide (peptide histidine isoleucine) by single coding gene. Lancet ii (1983), 1163–1165
2. *Capella, C., J. M. Polak, R. Buffa, F. J. Tapia, P. Heitz, L. Usellini, S. R. Bloom, E. Solcia:* Morphologic patterns and diagnostic criteria of VIP-producing endocrine tumors. Cancer 52 (1983), 1860–1874
3. *Feurle, G. E.:* Physiological and pathological aspects of a neuroendocrinological principle: Neurotensin. Front. Horm. Res. 12 (1984), 157–167
4. *Feurle, G. E., V. Helmstädter:* Endokrine Tumoren des Dünndarms. Handbuch der Inneren Medizin III/3 b, Dünndarm, S. 252–276. Springer, Berlin-Heidelberg 1983
5. *Feurle, G. E., V. Helmstädter, J. Hoevels, D. Wenzel-Herzer, I. Klempa:* Wandel von Diagnose und Therapie beim Zollinger-Ellison-Syndrom. Dt. med. Wschr. 107 (1982), 697–704
6. *Feurle, G. E., V. Helmstädter, K. Tischbirek, R. Carraway, D. Grube, W. G. Forssmann:* A new endocrine tumor entity – a multihormonal neurotensinoma. Regul. Pept. Suppl. 1 (1980), 35
7. *Graze, K., I. J. Spiler, A. H. Tashjian, K. E. W. Melvin, S. Cervi-Skinner, R. F. Gagel, H. H. Miller, H. J. Wolfe, R. A. De Lellis, L. Leape, Z. T. Feldmann, S. Reichlin:* Natural history of familial medullary thyreoid carcinoma. Effect of a program for early diagnosis. New. Engl. J. Med. 299 (1978), 980–985
8. *Klöppel, G.:* Endokrines Pankreas und Diabetes mellitus. In: Pathologie der endokrinen Organe, spezielle pathologische Anatomie, Bd. 14, S. 523–728. *Doerr, W.* (Hrsg.). Springer, Berlin-Heidelberg-New York 1981
9. *Long, R. B., M. G. Bryant, S. J. Mitchel, T. E. Adrian, J. M. Polak, S. R. Bloom:* Clinicopathological study of pancreatic and ganglioneuroblastoma tumors secreting vasoactive intestinal polypeptide (VIPomas). Br. med. J. 282 (1981), 1767–1771
10. *McBrien, D. J., R. V. Jones, B. Creamer:* Steatorrhoea in Addisons's disease. Lancet i (1963), 25–26
11. *Schusdziarra, V. D., D. Grube, H. Seifert, J. Galle, H. Etzrodt, W. Beischer, O. Haferkamp, E. F. Pfeifer:* Somatostatinoma syndrome. Clinical, morphological and metabolic features and therapeutic aspects. Klin. Wschr. 61 (1983), 681–689
12. *Theodorsson-Norheim E., K. Öberg, S. Rosell, B. Boström:* Neurotensin-like immunoreactivitiy in plasma from patients with endocrine tumors of the pancreas and gut. Ann. N. Y. Acad. Sci. 400 (1982), 387–388
13. *Thomas, F. B., J. H. Goldwell, N. J. Greenberger:* Steatorrhoea in thyreotoxicosis. Relation to hypermotility and excessive dietary fat. Ann. intern. Med. 78 (1973), 669–675
14. *Weil, C.:* Gastroenteropankreatische endokrine Tumoren. Klin. Wschr. 63 (1985), 433–459
15. *Welbourn, R. B.:* Endocrine causes of diarrhoea. Proc. R. Soc. Med. 56 (1963), 1080–1084
16. *Wood, S. M., J. M. Polak, S. R. Bloom:* Gut hormone secreting tumors. Scand. J. Gastroent. 82 (Suppl.) (1983), 165–179
17. *Ziegler, R.:* Klinik des medullären Schilddrüsencarcinoms. Therapiewoche 27 (1977), 34–37

Reisediarrhöe

A. Weizel, H. A. Stickl

Die mit Abstand häufigsten gesundheitlichen Komplikationen, insbesondere bei Reisen in tropische Gebiete, sind die Reisedurchfälle – „traveller's diarrhea“. Man nimmt an, daß in tropischen Ländern jeder zweite Reisende an diesem Leiden erkrankt. Von einem Reisedurchfall spricht man, wenn in 24 Stunden mehr als 7 wäßrige Stühle abgesetzt werden oder mindestens 1 Stuhlentleerung, mit Krämpfen und Fieber verbunden, auftritt.
Die Ursachen der Reisediarrhöe waren viele Jahre unbekannt. Die Art des Auftretens legte jedoch schon immer den Verdacht nahe, daß es sich um mikrobielle Erreger handeln müßte. Die klassischen Untersuchungen von *Rowe* et al. erbrachten erstmals sichere Hinweise dafür, daß Infektionen mit pathogenen E. coli zumindest in vielen Fällen an der Auslösung der Erkrankung beteiligt sein mußten. In Stuhlkulturen ließen sich bis dahin unbekannte Escherichia-coli-Stämme vom Serotyp O 148 nachweisen. Bei einer Gruppe von Soldaten, die in Aden an einem akuten Durchfall erkrankten, ließ sich dieser enterotoxin- und/oder hämolysinbildende Kolistamm nachweisen, die „Kontrollgruppe“ – Soldaten, die ebenfalls in der Region waren, jedoch keine Durchfallsymptomatik zeigten – war frei von diesem Erreger. Ähnliche Beobachtungen konnten in Amerika gemacht werden.

Der auslösende Mechanismus für den Durchfall bei der Infektion mit Escherichia coli ist die Bildung von Enterotoxinen. Diese Enterotoxine werden von den Bakterien abgegeben und sind verantwortlich für die gesteigerte Sekretion der Darmschleimhaut. Hierbei handelt es sich um einen ähnlichen Mechanismus, der auch für die vermehrte Sekretion bei Cholera verantwortlich ist.

Neben den enterotoxinbildenden Stämmen gibt es auch Infektionen mit enteroinvasiven Stämmen. Hierbei ähnelt der Krankheitsverlauf der Shigelleninfektion.
Neben den Kolibakterien kommen weitere Erreger in Frage. Dazu zählen z. B. Infektionen mit Campylobacter. Campylobacter-Erreger sind in tropischen Gebieten sehr häufig anzutreffen; die Campylobacter-Enteritis beginnt nach einer Inkubationszeit von meist 3 bis 5 Tagen.

Über die Rolle der Viren bei der Auslösung von Reisedurchfällen herrscht noch keine vollständige Klarheit. Rotaviren werden am häufigsten (vor allem bei Säuglingen und Kleinkindern) mit der Krankheit in Zusammenhang gebracht.
Bei den „klassischen“ Durchfallerregern muß in jedem Fall an eine Infektion mit Shigellen oder Salmonellen gedacht werden, wobei die Infektionen mit gastroenteritischen Salmonellen sehr viel häufiger sind als die eigentlichen Typhus- und Paratyphuserkrankungen.
Yersinia und Staphylokokken sind keineswegs seltene Erreger. Yersinia-Infektionen können zu akuten Reisediarrhöen führen bzw. für Durchfälle verantwortlich sein, die auch nach Beendigung der Reise noch persistieren. Staphylokokkenbedingte Durchfallattacken zeichnen sich durch extrem kurze Inkubationszeiten von 3 bis 5 Stunden aus.

Klinisches Bild

Durchfälle treten in der Regel während der ersten 14 Tage des Aufenthaltes auf. Die Entleerung beim „normalen" Durchfall ist wäßrig; Blutbeimengungen fehlen. Die Stuhlfrequenz kann von 1 bis 2 Entleerungen pro Stunde bis zu 15 bis 20 Entleerungen pro Stunde variieren. Sehr häufig sind die Stuhlentleerungen schmerzhaft. Bei Infektionen mit Shigellen und Amöben kommt es zum Auftreten von blutigen Stühlen.
Die Durchfälle führen zu einem massiven Verlust von Flüssigkeit und Elektrolyten. Als Folge dieser Dehydratation kommt es zu einer Verminderung des zirkulierenden Blutvolumens, dadurch sehr häufig zu einem Absinken des arteriellen Blutdrucks, in ausgeprägten Fällen zum Kreislaufkollaps. Bei älteren Patienten oder Patienten mit ernsthaften Vorerkrankungen kann durch die Minderperfusion der Nieren ein Nierenversagen eingeleitet werden.

Allgemeine Prophylaxe

Die Prophylaxe ist der sicherste Weg, Infektionen zu vermeiden. Deshalb sollte in Ländern, in denen die Gefahr einer Infektion droht, kein Wasser getrunken werden, das nicht vorher abgekocht wurde. Dies gilt auch für die Zubereitung von Tee oder Kaffee. Trinkwasser kann mit entsprechenden Tabletten vor dem Genuß behandelt werden. Wasser aus der Wasserleitung sollte nicht zum Zähneputzen verwendet werden. Das Eis in Getränken ist ebenfalls potentiell infektiös. Wein, Bier und alkoholfreie Getränke aus Flaschen und Dosen bergen weniger Infektionsgefahr in sich. Was die Speisen anbetrifft, so sollten rohe oder ungenügend gekochte Speisen vermieden werden (Fleisch, Fisch, Schalentiere). Der Genuß von Salat und rohem Gemüse ist ebenfalls gefährlich. Obst kann gegessen werden, wenn es vorher geschält wurde.
Gefahr droht auch beim Baden in unbekannten Flüssen oder Süßwasserseen, während das Baden am Meer oder in der offenen See hinsichtlich des Infektionsrisikos in der Regel ungefährlich ist. Wenn am Meer gebadet wird, soll der Strand mindestens 5 bis 7 km von der Einmündung eines Flusses bzw. der Abwasserkanalisation einer Stadt entfernt sein.

Medikamentöse Prophylaxe

Da die bakteriellen Erreger der Reisediarrhöe durch eine antibiotische Therapie angehbar sind, liegt der Gedanke nahe, eine medikamentöse Prophylaxe zu betreiben. In der Tat lassen sich durch die vorherige Einnahme von Trimethoprim-Sulfamethoxazol sowie durch Tetracycline (z. B. Doxycyclin) die meisten Durchfälle verhindern. Gegen diese prophylaktische Einnahme von Antibiotika gibt es jedoch schwerwiegende Einwände. Durch den unkontrollierten Einsatz dieser Präparate wird die Selektion von antibiotikaresistenten Keimen gefördert. Es entsteht eine resistente Flora, die eine evtl. bei schweren Erkrankungen notwendig werdende antibakterielle Therapie erschwert oder unwirksam macht. Hinzu kommen mögliche Nebenwirkungen dieser Präparate, z. B. in Form von Allergien, sowie Lichtsensibilisierungen bei Tetracyclinen und Sulfonamiden. Aus diesem Grunde sollte die Antibiotikaprophylaxe auf diejenigen Personen beschränkt werden, bei denen zu erwarten ist, daß eine schwere Durchfallerkrankung zu ernsthaften oder bedrohlichen Gesundheitsproblemen führen könnte.

Therapie

Bei der Therapie der Durchfallerkrankungen muß zwischen symptomatischen und kausalen Therapiemaßnahmen unterschieden werden. Bei der symptomatischen Therapie steht der Ersatz von Flüssigkeit und

Elektrolyten im Vordergrund. Aufgrund der Häufigkeit der Durchfälle in tropischen Ländern wurden von verschiedenen Seiten standardisierte Lösungen zum Flüssigkeits- und Elektrolytersatz vorgeschlagen. Die von der WHO empfohlenen Lösungen enthalten neben Natrium und Kalium noch Glukose als Energieträger.
Am häufigsten wird folgende Lösung empfohlen:

Glukose	20 g/l
$NaHCO_3$	2,5 g/l
NaCl	3,5 g/l
KCl	1,5 g/l.

Die wichtigsten Bestandteile dieser Lösungen können aber auch von den Betroffenen in der Regel am Urlaubsort aus den vorhandenen „Rohstoffen" zusammengestellt werden. So kann z. B. einem Liter Tee oder Saft ein Teelöffel Salz zugefügt werden. Diese Lösung deckt den Flüssigkeitsbedarf sowie einen Großteil der Elektrolytverluste. Eine Alternative ist die Flüssigkeitszufuhr in Form von Colagetränken mit der zusätzlichen Gabe von Salzstangen, wobei ebenfalls der Elektrolyt- und Flüssigkeitsbedarf gedeckt wird.
Seit einiger Zeit werden von der Industrie fertige Glukose-Elektrolyt-Kombinationen angeboten. Der Inhalt eines Beutels bzw. 1 bis 2 Tabletten werden mit einem Liter Wasser aufgefüllt; diese Lösung enthält damit die notwendigen Ersatzstoffe und Flüssigkeit.
Unter der Therapie mit Flüssigkeit und Elektrolyten kommt es in den meisten Fällen zu einer raschen Besserung des Zustandes des Patienten, so daß sich eine weitere Therapie erübrigt. Halten die Durchfälle jedoch über mehrere Tage an und sind sie vor allem von Fieber begleitet, so sollte eine zusätzliche medikamentöse Therapie betrieben werden. Unspezifisch wirkt hier die Gabe von Kohlepräparaten, durch die in leichteren Fällen durchaus ein Sistieren der Durchfälle erreicht werden kann.
Bei stärkeren Durchfällen werden heute weltweit Präparate vom Typ des Loperamid oder Diphenoxylat eingesetzt. Diese Präparate sind gut wirksam und können bei den üblichen Reisedurchfällen kurzfristig unbedenklich angewandt werden. Nachteil ist jedoch, daß es hier zu einer Toxinretention kommen kann.
Halten die Durchfälle über längere Zeit (mehr als eine Woche) an, sollte eine antibiotische Therapie durchgeführt werden. Dazu bieten sich Tetracycline (z. B. Doxycyclin) oder Trimethoprim-Sulfamethoxazol an, da 70 bis 80% der üblichen Erreger auf diese Medikamente empfindlich sind.

In der Regel werden 80 bis 90% der Reisedurchfälle unter dieser Therapie abheilen. Bei 10 bis 20% der Krankheitsfälle sind Erreger für die Durchfälle verantwortlich, die auch auf die oben genannte medikamentöse Therapie nicht reagieren. Dazu zählen Rotaviren, Amöben, Lamblien, Campylobacter und Yersinia-Stämme. Diese Erreger müssen durch eine virologische bzw. bakteriologische Untersuchung des Stuhles identifiziert werden. Eine Behandlung erfolgt dann entsprechend der Empfindlichkeit der Erreger. Die letztgenannten Erkrankungen zeigen oft ein sehr schwerwiegendes klinisches Krankheitsbild, so daß eine Hospitalisierung notwendig wird. In Ländern mit niedrigerem Hygienestandard empfiehlt sich der Rückflug in ärztlicher Begleitung.
Der Reisedurchfall stellt also in der Regel eine unangenehme, in den meisten Fällen jedoch nicht bedrohliche Komplikation der Fernreisen dar. Ein Großteil der Erkrankungen kann durch bewußte Prophylaxe vermieden werden, eine Antibiotikaprophylaxe wird nicht empfohlen; der klinische Verlauf der Diarrhöe kann in der Regel durch Flüssigkeits-/Elektrolytersatz und kurzzeitige medikamentöse Therapie günstig beeinflußt werden. Nur in wenigen Fällen ist eine Krankenhausaufnahme mit gezielter antibiotischer Therapie notwendig.

Arzneimittelinduzierte Durchfälle

H.-K. Seitz, U. A. Simanowski, I. Walter-Sack, I. Karapanagiotou-Schenkel, E. Weber

Diarrhöen sind häufige Nebenwirkungen von Arzneimitteln. Als Begleitsymptome können dabei vorkommen: Übelkeit, Meteorismus, Flatulenz, krampfartige oder ziehende Beschwerden sowie dyspeptische Erscheinungen. Tabelle 1 listet die wichtigsten Medikamente auf, für die als eine der möglichen Nebenwirkungen Diarrhöen beschrieben wurden. Dabei kann der Durchfall pathophysiologisch durch eine beschleunigte Darmpassage, eine verminderte Flüssigkeitsresorption, eine gesteigerte Flüssigkeitssekretion oder durch eine Kombination aller 3 Mechanismen zustande kommen. Die Ursachen einiger durch Medikamente induzierten Diarrhöen sind in Tabelle 2 nach *Wanitschke* zusammengefaßt (14).

Meist führen Medikamente zu funktionellen intestinalen Störungen, ohne dabei schwere morphologische Veränderungen hervorzurufen. Vereinzelt kann es aber auch zu massiven morphologischen Alterationen der Mukosa bis hin zur Nekrose und Hämorrhagie kommen. Aus differentialdiagnostischen Erwägungen ist es daher sinnvoll, zwischen blutigen und nichtblutigen Stühlen zu unterscheiden. Blutig-schleimige Stühle als Hinweis für eine Kolitis finden sich während und nach Antibiotikagabe (1), aber auch unter Ergotamin, Silber-, Gold- und Quecksilberpräparaten wurde ein solches Krankheitsbild beobachtet (6), desgleichen ganz selten unter einer H_2-Rezeptorenblocker-Medikation und unter der Therapie mit Salazosulfapyridin (15).

Praktische Bedeutung hinsichtlich ihrer Diarrhöe-verursachenden Wirkung haben jedoch nur wenige Arzneimittelgruppen. Zu ihnen zählt eine Reihe von Antibiotika, Zytostatika, magnesiumhaltige Antazida, einige kardiovaskulär wirksame Substanzen wie Chinidin, Procainamid und Digitalis sowie naturgemäß die Laxanzien. Auch die orale Verabreichung von Chenodeoxycholsäure zur Litholyse von cholesterinhaltigen Gallenblasenkonkrementen ist gelegentlich von Durchfällen begleitet.

Einen Überblick über die Häufigkeit, mit der Diarrhöen nach Anwendung von Arzneimitteln zu erwarten sind, gibt Tabelle 3 für den Bereich stationär behandelter Patienten einer medizinischen Universitätsklinik. Im Vordergrund stehen auch hier Antibiotika, Zytostatika, kardiovaskulär wirksame und am Gastrointestinaltrakt angreifende Substanzen sowie konfektionierte Trinknahrung. Es finden sich weder eindeutige Tendenzen in der Verteilung der Diarrhöen auf bestimmte Altersgruppen noch auf Männer und Frauen. Ein blutiger Durchfall lag nur in 1 von 377 der registrierten Fälle vor; auch die Kombination von Erbrechen mit Diarrhöe trat nur selten auf (4 von 377).

Im folgenden soll nun kurz auf die Wirkungsweise der am häufigsten auftretenden medikamenteninduzierten Durchfälle eingegangen werden, wobei besonders die oben genannten Arzneimittelgruppen Erwähnung finden sollen. Im Mittelpunkt der Übersicht soll aber aufgrund der Schwere der Erkrankung die Klinik, Diagnose und Therapie der durch Antibiotika hervorgerufenen pseudomembranösen Enterokolitis stehen.

Medikament	Zusätzliche gastrointestinale Nebenwirkungen
p-Aminosalicylsäure (PAS)	
Aminocapronsäure	
Antibiotika (siehe Tab. 4)	
Biguanide	Inappetenz, Nausea, Erbrechen, Metallgeschmack
Chenodeoxycholsäure	Transaminasenerhöhung
Chinidin	Erbrechen
Chinolinol	Magenbeschwerden, Erbrechen
Chloroquin	Übelkeit, Erbrechen, epigastrische Schmerzen
Choleretika	
Colchizin	Stomatitis, entzündliche Schleimhautschwellung
Digitalis	Appetitlosigkeit, Übelkeit, Erbrechen, Farbsehen
Dihydralazin	Nausea, ulzerogen
Eisenpräparate	Obstipation
Elementardiäten (mittelkettige Fettsäuren, Xylose, Fruktose)	
Etacrynsäure	Appetitlosigkeit, Erbrechen, Magenblutung
Fermentpräparate	
Goldpräparate	Cholestase, Blutbildveränderungen
Indomethacin	Ulzerogen
Laxanzien	Pseudomelanosis, Cathartic colon
Levodopa	
Levothyroxin	Hyperthyreose
Lithium	Obstipation, Übelkeit, Erbrechen
Magnesium	
Mefenaminsäure	Abdominalschmerzen, Übelkeit
Methotrexat	Mundtrockenheit, Leberzirrhose
Methysergid	Schleimhautschwellung
Paraffinöl	Fremdkörpergranulome, Analsphinkterinkontinenz, karzinogen
Procainamid	Erbrechen (bei $>$ 4 g/Tag)
Proguanil	Abdominalschmerzen, Erbrechen
Propranolol	
Reserpin	
Tranexamsäure	
Zytostatika	Übelkeit, Erbrechen

Tab. 1 Mögliche zur Diarrhöe führende Arzneimittel mit zusätzlichen gastrointestinalen Nebenwirkungen.

Stoffgruppe	Mechanismus
Antazida	Osmotisch durch limitiert absorbierbare Anionen (z. B. Sulfat) und Kationen (z. B. Magnesium)
Antibiotika	Nicht gesichert (allergisch? Pilzbesiedlung?); bei pseudomembranöser Enterokolitis Clostridium difficile
Biguanide, Akarbose	Reversible Malabsorption von Kohlenhydraten
Digitalis-Glykoside, Diuretika (Etacrynsäure)	Hemmung der intestinalen Natriumabsorption
Zytostatika	Hemmung der Zellregeneration
Chenodeoxycholsäure, Choleretika, Cholekinetika, Fermentpräparate	Chologene Diarrhöe
Ganglienblocker (Guanethidin), Rauwolfia-Alkaloide (Reserpin), Levodopa, Thyroxin	Beschleunigte Darmpassage
Indomethacin	Bakterielle Dünndarmbesiedlung
Mittel zur Gewichtsreduktion	Enthalten meist Laxanzien

Tab. 2 Arzneimittelbedingte Durchfälle und ihre pathophysiologischen Ursachen (14).

Laxanzien

Verständlich ist das Auftreten von Diarrhöen nach Einnahme von Laxanzien in hoher Dosierung. Besonders die kräftig wirkenden Purgativa, sogenannte Drastika (Jalapin, Colocynthin, Podophyllin) führen zu Durchfällen und sind in der Therapie der Obstipation obsolet.

Die Wirkungsweise der heute gebräuchlichen Laxanzien ist unterschiedlich. Die meisten Substanzen wirken über eine Nettowasser- und -elektrolytsekretion im Dünndarm, wobei dieser Effekt durch zyklisches AMP vermittelt, durch Osmose hervorgerufen sein kann oder ihm andere Mechanismen zugrunde liegen (hydragoge Kontaktlaxanzien) (3). Daneben gibt es stuhlaufweichende Laxanzien wie das Docusat-Natrium, Füll- und Quellmittel mit Steigerung der Peristaltik sowie die Laktulose (10).

Bei einigen Abführmitteln, wie z. B. bei den Anthrachinonderivaten, kann es zu einer reversiblen melanotischen Pigmentierung der Rektumschleimhaut kommen, mit deren Auftreten nach 4 bis 13 Monaten gerechnet werden muß (12). Neben diesen eigentlich harmlosen Veränderungen im Sinne einer Pseudomelanosis coli et recti können sich röntgenologisch oft über lange Strecken Engstellungen des Darmes mit Verlust der normalen Haustrierung zeigen, die ohne Kenntnis der Laxanzienanamnese häufig als Kolitis fehlgedeutet werden.

Röntgenologisch besteht der als „Cathartic colon" bezeichnete Befund in einer Aufhebung der Haustrierung bei gleichzeitiger Schrumpfung einzelner Darmabschnitte.

Wie bei allen lang andauernden Diarrhöen kann es auch unter Laxanzien zu einer Hypokaliämie kommen, die sekundär durch

	n	[%]		n	[%]
A Durchfälle (einschließlich der blutigen und/oder mit Erbrechen kombiniert)	377	4,9			
B Medikamente, die Diarrhöen hervorrufen					
Antibakteriell wirksame Medikamente:		Q	Zytostatika:		Q
Amoxicillin	5	1,1	Fluorouracil	13	0,8
Ampillicin	11	3,3	Methotrexat	11	0,7
Cefaclor	8	0,8	Vindesinsulfat	11	*
Cefamandol	8	1,2	Antiarrhythmika:		
Cefotaxim	23	1,7	Chinidinhydrogensulfat (Chinidin-Duriles®)	41	5,1
Cefoxitin	7	*	Chinidinhydrogensulfat (Optochinidin®)	9	*
Flucloxacillin	10	*	Am Gastrointestinaltrakt angreifende Medikamente:		
Mezlocillin	23	3,8	Aluminiumhydroxyd/ Magnesiumhydroxyd	20	0,3
Piperacillin	11	*	Lactulose	49	1,0
Tobramycinsulfat	30	2,0			
Trimethoprim	9	0,3			
Zytostatika:					
Cisplatin	15	3,3			
Doxorubicin	8	0,8			
C Sonden/Trinknahrung					
Nutrodrip	12	12,8			
Survimed	12	*			

A: Gesamtzahl der als unerwünschte Arzneimittelwirkungen (UAW) gemeldeten Durchfälle und ihr Anteil an den insgesamt erfaßten UAW.
B: Die Prozentzahlen geben UAW-Quoten für Diarrhöen nach Gabe der aufgeführten Arzneimittel an. Der Berechnung der Quoten liegt die Anzahl der Krankenhausaufenthalte zugrunde, bei denen mindestens einmal das betreffende Arzneimittel verordnet wurde. Der Anteil der Krankenhausaufenthalte, bei denen die Behandlung mit dem betreffenden Arzneimittel von einer Diarrhöe begleitet war, wird als UAW-Quote in Prozent angegeben
C: Die Berechnung der Prozentzahlen erfolgt wie unter B angegeben

n: Anzahl der unerwünschten arzneimittelinduzierten Durchfälle im Beobachtungszeitraum
%: Prozentualer Anteil an den im jeweiligen Beobachtungszeitraum erfaßten UAW (1980-1983: 7767)
Q: UAW-Quote
*: Die UAW-Quote konnte nicht ermittelt werden, da keine oder zu niedrige Verordnungszahlen vorliegen

Tab. 3 Iatrogene Durchfälle. Die am häufigsten wegen Durchfall angeschuldigten Medikamente und ihre Nebenwirkungsquoten.
Übersicht über die in den Jahren 1980 bis 1983 dokumentierten Meldungen über Diarrhöen (einschließlich der blutigen sowie mit Erbrechen kombinierten Durchfälle) unter einer Arzneimitteltherapie in der Medizinischen Universitätsklinik Heidelberg. Unter A ist die Gesamtzahl der Fälle angegeben. Die verschiedenen Arzneimittelgruppen sind unter B, die Trinknahrungen unter C aufgeführt.
Die Meldungen der unerwünschten Arzneiwirkungen erfolgte auf Befragen von Ärzten und Pflegepersonal regelmäßig 2mal pro Woche durch Ärzte im Rahmen eines systematischen Erfassungsprogrammes für unerwünschte Arzneiwirkungen (weitere Einzelheiten siehe [7]).

einen Hyperaldosteronismus beantwortet wird, der wiederum zur Darmträgheit führt und einen Circulus vitiosus einleitet.
Auch Gallensäuren wirken in erster Linie laxierend, wenn sie nicht komplett im terminalen Ileum resorbiert werden (Ileitis, Darmresektion, hohe Dosierung bei Litholysetherapie von Cholesterin-Gallenblasenkonkrementen). Der Mechanismus der gallensäureinduzierten Diarrhöe ist noch strittig, wobei unlängst eine Steigerung der Adenylzyklase durch chronische Gallensäuregabe im Tierversuch nachgewiesen werden konnte (11). Außerdem schädigen Gallensäuren die Zellmembran der Mukosazelle im Kolon und führen zu Regenerationsveränderungen im Dickdarm (4).

Kardiovaskulär wirksame Substanzen

Die zweithäufigste unerwünschte Nebenwirkung von Herzglykosiden sind Appetitlosigkeit, Übelkeit, Erbrechen und Durchfälle, zum Teil hervorgerufen über eine verminderte Natriumresorption bei hoher Dosierung oder ungenügender Elimination des Glykosids aus dem Darm (8). Eine enterale Minderdurchblutung bis zur sogenannten ischämischen Kolitis ist ebenfalls unter Digitalisglykosiden beschrieben worden (8).
Ein ähnlicher Mechanismus hinsichtlich des diarrhöeinduzierenden Effektes ist für Diuretika vom Typ der Etacrynsäure beschrieben worden. Auch hier findet sich eine verminderte intestinale Natriumresorption, die gleichzeitig auch mit einer verminderten Wasserresorption verbunden ist.
Fraglich ist nach wie vor, ob Ganglienblokker, Rauwolfia-Alkaloide und L-Dopa über eine intestinale Motilitätsstörung zum Durchfall führen.
Häufiger berichten Patienten vor allem nach Einnahme von Chinidin zur medikamentösen Konversion von Vorhofflimmern über Übelkeit, Erbrechen und Durchfälle, so daß dieses Medikament abgesetzt werden muß.
Ähnliches gilt für oral verabfolgtes Procainamid, wobei der Wirkungsmechanismus noch nicht sicher geklärt ist.

Zytostatika

Colchizin und Zytostatika hemmen die Zellregeneration des Dünndarmepithels und führen daher zu einer verminderten Reifung der Dünndarmmukosazellen mit verminderter Aktivität der Disaccharidasen im Bürstensaum der Dünndarmzotten. Zusätzlich nimmt die Resorptionsoberfläche des Dünndarms ab. Die Folgen eines solchen Disaccharidasemangels sind dann Gärungsdyspepsien mit Flatulenz und Durchfällen.

Antibiotika

Nahezu alle Antibiotika können Durchfälle verursachen. Das klinische Erscheinungsbild kann zwischen leichten wäßrigen Diarrhöen und schwerem Krankheitsverlauf mit blutigen Stühlen als Ausdruck einer pseudomembranösen Enterokolitis variieren (1).
Das Krankheitsbild der pseudomembranösen Enterokolitis wurde erstmalig im 19. Jahrhundert beschrieben und in zunehmendem Maß seither als ernste, gelegentlich letale gastrointestinale Erkrankung diagnostiziert. Es handelt sich dabei um das Auftreten von pseudomembranös-exsudativen Plaques an der Mukosaoberfläche. Ursache hierfür sind mit hoher Wahrscheinlichkeit Toxine des Anaerobiers Clostridium difficile. Eine vorausgegangene Antibiotikatherapie kann das Auftreten dieser Bakterien zur Folge haben, wobei neuere Publikationen vor allem die Bedeutung von Clindamycin und Lincomycin in dieser Hinsicht unterstreichen (1). Die Inzidenzrate für Clindamycin-induzierte Diarrhöen liegt in prospektiven Untersuchungen zwischen 7 und 26% und für Ampicillin bei 5 bis 10% (1). Eine Clindamycin-induzierte pseudomembranöse Enterokolitis tritt in einer Häufig-

Antibiotikum	Patientenzahl	Einzelsubstanz
Ampicillin oder Amoxicillin	109	82
Clindamycin	87	56
Cephalosporine	94	55
Übrige Penicilline	49	19
Erythromycin	25	10
Sulfamethoxazol,Trimethoprim	16	8
Andere Antibiotika	38	13

Tab. 4 Antibiotikatherapie als Ursache von Clostridium-difficile-induzierter Diarrhöe oder Kolitis. Die Ergebnisse beziehen sich auf 329 Patienten mit Antibiotika-assoziiertem Durchfall oder Kolitis und positivem Toxin-Test, einschließlich 136 Patienten mit nachgewiesener pseudomembranöser Kolitis (1).

keit zwischen 0,01 und immerhin 10% auf (9). Weitere Antibiotika, die zu einer pseudomembranösen Enterokolitis führen können, sind in Tabelle 4 aufgeführt.
Auch Cephalosporine sind als Ursache zu berücksichtigen, wobei die Inzidenz der cephalosporininduzierten Enterokolitis im Hinblick auf deren weit verbreitete Anwendung geringer ist. Penicilline, mit Ausnahme des Ampicillins, sind weniger an der Ausbildung des Krankheitsbildes beteiligt, und auffallend geringe Hinweise finden sich in der neueren Literatur für Tetracycline, Chloramphenicol und Neomycin. *Bartlett* weist darauf hin, daß weder Aminoglykoside, Vancomycin noch Tuberkulostatika oder Antimykotika mit dem Auftreten einer Kolitis in Zusammenhang gebracht werden könnten (1).

Hauptsymptom der Patienten mit pseudomembranöser Enterokolitis sind wäßrig-schleimige Durchfälle, gelegentlich mit Blutbeimengungen. Die Hälfte bis 2 Drittel aller Patienten zeigen dieses Symptom noch während der Antibiotikatherapie, während der Rest der Patienten 4 bis 6 Wochen nach Absetzen des Medikamentes symptomatisch wird. Zusätzlich kann es zu Abdominalschmerzen, Fieber und einer Leukozytose kommen. Die Schwere der Durchfälle variiert stark, und in ausgeprägten Fällen können bis zu 30 Stühle pro Tag abgesetzt werden. Als Komplikationen sind Elektrolytentgleisungen, Hypalbuminämie, die Entwicklung eines toxischen Megakolons sowie das Auftreten einer Darmperforation zu erwähnen. Extraintestinale Symptome sind äußerst selten. Eine Polyarthritis wurde bei 2 Patienten mit zirkulierenden Antikörpern gegen Clostridium difficile beschrieben (5).

Diagnose

Die Diagnose der pseudomembranösen Enterokolitis wird in Verbindung mit der entsprechenden Anamnese einer Antibiotikaeinnahme durch Endoskopie gestellt. Da als Ursache Clostridium difficile angenommen werden muß, kann sowohl der Nachweis dieses Bakteriums im Stuhl als auch seines Toxins in Zellkulturen zur Diagnosesicherung herangezogen werden. Bei 184 Patienten mit antibiotikainduzierten Durchfällen oder Kolitiden und einem positiven Toxinnachweis fand sich in 95% eine positive Stuhlkultur auf Clostridium difficile (1). Die gesunde Kontrollbevölkerung weist nur in 2 bis 3% eine positive Stuhlkultur auf (13).
Interessant erscheint in diesem Zusammenhang, daß auch im Tierversuch die Gabe einer Reihe von Antibiotika zur Entzündung des Zökums führt und daß zell- und bakterienfreie Stuhlextrakte dieser Tiere

nach Injektion bei anderen Tieren dieselbe Erkrankung auslösen, was als Hinweis auf eine Übertragung des Toxins gewertet werden muß (2).

Therapie

Die Therapie der pseudomembranösen Enterokolitis besteht einerseits in symptomatischen Maßnahmen wie Flüssigkeits- und Elektrolytkorrektur und Beseitigung der Hypalbuminämie, wobei gelegentlich eine parenterale Ernährung durchgeführt werden muß. Peristaltikhemmende Substanzen sollten vermieden werden. Andererseits existiert eine kausale Therapie mit Vancomycin, einem Antibiotikum, das nahezu komplett im Darm verbleibt und nicht resorbiert wird. Die empfohlene Dosis beträgt 0,5 bis 2,0 g pro Tag über 7 bis 14 Tage. Dabei findet sich eine Ansprechrate von 95 bis 100% und eine Rückfallquote von 15 bis 20%, die eine erneute Vancomycintherapie notwendig macht (1).

Auch Colestyramin wurde zur Behandlung der Clostridium-difficile-Infektion eingesetzt, wobei der Anionenaustauscher das Toxin adsorbiert und zur Ausscheidung bringt. Colestyramin in einer Dosis von 12 g pro Tag über 5 Tage hat mit ca. 50 bis 80% eine deutlich geringere Ansprechrate als Vancomycin. Spricht ein Patient jedoch darauf an, so ist ein Rückfall kaum zu befürchten (1). Deshalb sollten leichtere Fälle einer pseudomembranösen Enterokolitis zunächst mit Colestyramin und erst bei Versagen mit Vancomycin behandelt werden (1). In den wenigen Fällen, die eine orale Vancomycintherapie nicht erlauben, wie bei bestehendem Ileus oder toxischem Megakolon, kann auf einen chirurgischen Eingriff mit Kolektomie oder Ileostomie nicht verzichtet werden.

Die Prognose der Erkrankung ist dank der geklärten Ätiologie, der zunehmenden Kenntnis der Erkrankung sowie der Spezifität von Diagnose und Therapie in den letzten Jahren zunehmend verbessert worden.

Literatur

1. *Bartlett, J. G.:* The pseudomembranous enterocolitis. In: Gastrointestinal disease: Pathophysiology, diagnosis, management, pp. 1168–1184. *Sleisenger, M. H., J. S. Fordtran* (eds.). W. B. Saunders Co., Philadelphia – London – Toronto 1983
2. *Bartlett, J. G., A. B. Onderdonk, A. B. Cisneros, D. L. Kasper:* Clindamycin associated colitis due to toxin producing species in the anus. J. infect. Dis. 136 (1977), 701
3. *Binder, H. J.:* Absorption and secretion of water and electrolytes by small and large intestine. In: Gastrointestinal disease: Pathophysiology, diagnosis, management, pp. 811–829. *Sleisenger, M. H., J. S. Fordtran* (eds.). W. B. Saunders Co., Philadelphia–London–Toronto 1983
4. *Deschner, E. E., B. I. Cohen, R. F. Raicht:* Acute and chronic effect of dietary cholic acid on colonic epithelial cell proliferation. Digestion 21 (1981), 290–296
5. *Fairweather, S. D., R. H. George, M. R. R. Keighley, P. Youngs, D.W. Burdon:* Arthritis in pseudomembranous colitis associated with an antibody to Clostridium difficile toxin. J. R. Soc. Med. 73 (1980) 524–527
6. *Höchter, W., W. Kühner, R. Ottenjann:* Rare forms of colitis. Hepato-gastroenterol. 30 (1983), 211–221
7. *Jacubeit, T.,* et al.: Medikamenteninduzierte Durchfälle. Beobachtungen aus einer Medizinischen Universitätsklinik und bei niedergelassenen Ärzten. (Im Druck)
8. *Rahn, H.:* Erkrankungen durch Arzneimittel, S. 344, 3. Aufl. Thieme, Stuttgart–New York 1984
9. *Ramirez-Ronda, G. H.:* Incidence of clindamycin associated colitis. Ann. intern. Med. 81 (1974), 860–865
10. *Seitz, H. K.:* Laxantien. Klin. Forum 1 (1980), 26–33
11. *Seitz, H. K., P. Czygan, B. Simon, S. Veith:* Different effects of dietary chenodeoxycholic acid and ursodeoxycholic acid on colonic adenylate cyclase in the rat. Res. exp. Med. 185 (1985), 57–61
12. *Speare, G. S.:* Melanosis coli. Experimental observation on its production and elimination in 23 cases. Am. J. Surg. 82 (1951), 631–635
13. *Viscindi, R., S. Willey, J. G. Bartlett:* Isolation rates and toxigenic potential of Clostridium difficile isolates from various patient populations. Gastroenterology 81 (1981), 5–10
14. *Wanitschke, R.:* Leitsymptom Diarrhöe. Dt. Ärztebl. 82 (1985), 563–573
15. *Werlin, S. L., J. Grand:* Bloody diarrhea – a new complication of sulfasalazine. J. Pediat. 92 (1978), 450–453

Antibiotikainduzierte Diarrhöen

P. Lesch

Mit Beginn der oralen Antibiotikatherapie sind auch die iatrogenen Durchfallerkrankungen bekannt geworden. Obwohl es zu diesem Thema eine Fülle von Veröffentlichungen gibt, ist die Unkenntnis der Pathogenese auffallend. Der Wandel in der Anwendung oraler und parenteral verabfolgter Antibiotika ist darüber hinaus auch von einem Wechsel klinischer Symptome begleitet. In den letzten Jahren sind wichtige Daten gesammelt worden, nicht zuletzt durch Anwendung neuer Untersuchungsmethoden. Es lohnt daher, den Problemen der iatrogenen Darmkrankheiten als Antibiotikafolge auch aus therapeutischen Gründen nachzugehen.

Der Einfluß der Antibiotika auf die intestinale Flora

Die medizinische Literatur ist voller Berichte über den Effekt der verschiedenen Antibiotika auf die intestinale Mikroflora, insbesondere bei typischen infektiösen Darmerkrankungen. Neben diesen steht im Rahmen der Therapie von Lebererkrankungen oder zur „Darmsterilisation" vor Operationen der Einsatz der schwer resorbierbaren Aminoglykoside Neomycin und Paromomycin im Vordergrund. Die Änderung der Mikroflora zeichnet sich meist durch eine Zunahme der Stuhlfrequenz oder das Auftreten von Diarrhöen ab.
Ähnlich muß der Einsatz von diversen Chemotherapeutika bei Colitis ulcerosa und bei Morbus Crohn bewertet werden, jedoch mit dem erwünschten Effekt der Reduktion der Stuhlfrequenz.
Der orale und parenterale Einsatz von Antibiotika im Rahmen der Therapie von Infektionskrankheiten führt zu zahlreichen quantitativen und qualitativen Veränderungen der Darmflora, die meist unbemerkt ablaufen und folgenlos überwunden werden. Zu den in den letzten Jahren genauer untersuchten Antibiotika zählt das Clindamycin (Lincomycin-Derivat), welches wegen seiner guten Knochengängigkeit besonders zur Therapie von Osteomyelitiden eingesetzt wird.
Intravenös appliziertes Clindamycin wird zum größeren Teil fäkal ausgeschieden, wobei man Stuhlkonzentrationen zwischen 100 und 200 μg/g Fäzes nachweisen konnte (23). Die gleichzeitige Florauntersuchung ergab keine Konzentrationsänderungen der Enterobacter, wohl aber eine Reduktion der Anaerobier innerhalb von 3 Tagen nach Therapiebeginn. Ähnliche Variationen der fäkalen Mikroflora lassen sich nach dem Einsatz von Erythromycin konstatieren (21).
Metronidazol, Sulfasalazin, Penicillin und Tetracyclin (Doxycyclin) hatten einen überraschend geringen Einfluß auf die fäkale Mikroflora (7, 26).

An dieser Stelle muß einmal betont werden, daß die traditionellen Methoden der Stuhluntersuchung zum Nachweis mikrobieller Veränderungen als Folge der Antibiotikaapplikation sehr kostenaufwendig sind und die Kapazitäten eines Labors schnell überfordern. Man versucht daher mit Recht, indirekte, weniger aufwendige Methoden mit vergleichbaren Ergebnissen zu entwickeln, z. B. die Messung der Fettsäureveränderungen im Stuhl (21) oder Atemtests mit ^{14}C-Glykocholsäure.

Pathogenese der antibiotikainduzierten Diarrhöe

Als Ursache der antibiotikaassoziierten Diarrhöe (AAD) muß zwischen den Jahren 1950 und etwa 1965 eine Superinfektion angenommen werden, die durch antibiotikaresistente, enterotoxinbildende Staphylokokken der Phagengruppe III verursacht wurden. Entsprechende Berichte deuten an, daß diese Superinfektion fast ausschließlich durch langdauernde präoperative Darmsterilisation mit oralen Tetracyclinen entstanden ist (12). Änderungen des Antibiotikaeinsatzes und neue Antibiotika haben die Staphylokokken-Enterokolitis weitgehend verschwinden lassen.

Zu den in den letzten Jahren am meisten beschriebenen pathogenetischen Faktoren gehört das Clostridium difficile (Cl. diff.), nachdem es 1977 als solches zum ersten Mal genannt wurde. An Hamstern konnte nach Antibiotikaapplikation erstmals nachgewiesen werden, daß die Toxizität von Cl. diff. durch ein Zytotoxin verursacht wird (3).

Zahlreiche Untersuchungen zur Pathogenese und Klinik der AAD lassen vermuten, daß dieses Enterotoxin heute überwiegend oder ausschließlich Ursache der antibiotikabedingten Durchfälle und Kolitiden ist. Anzunehmen ist, daß man die Bedeutung von Cl. diff. erst in den letzten Jahren zu erkennen begann und daß dessen Nachweis bei der schwierigen Methodik in der sehr komplexen Stuhlflora des Menschen früher nicht möglich war, der eigentliche Erreger der AAD also übersehen worden ist.

Clostridium difficile kommt in geringer Zahl im Stuhl von Gesunden vor (24). Die Eubiose von 400 Darmkeimen, insbesondere die anaeroben Laktobakterien und die Enterokokken (D-Streptokokken) (36) verhindert das Wachstum dieser pathogenen Keime. Der Einsatz von Breitspektrumantibiotika bedingt eine Keimverschiebung der Darmflora zugunsten des Cl. diff. mit der sich anschließenden AAD und pseudomembranösen Kolitis (25, 36). Die Vermehrung des Cl. diff. im Stuhl sowie dessen Toxinnachweis konnten nach Einsatz von Penicillin, Ampicillin, Amoxicillin, Cephalosporinen, Erythromycin, Clindamycin, Chloramphenicol, Cloxacillin, Cotrimoxazol, Neomycin, Lincomycin und diversen Tetracyclinen bewiesen werden.

An Hamstern wurde eine fatale Enterokolitis nach Lincomycin-Therapie 1968 beschrieben (38). Diese als fatale Enterokolitis eingestufte Erkrankung bestand aus einer hämorrhagischen Typhlitis, die der menschlichen pseudomembranösen Kolitis sehr ähnlich war (6). Intrazökale Injektionen von Überständen des Dickdarminhaltes kranker Tiere und des zellfreien Überstandes von Cl.-diff.-Kulturen verursachten wiederum eine Typhlitis, die der Lincomycin-induzierten Form entsprach. Die prophylaktische Gabe eines neutralisierenden Antitoxins von Clostridium sordellii konnte die Entstehung der Typhlitis verhindern, was später im gleichen Modell auch durch Applikation von Saccharomyces Boulardii nachgewiesen werden konnte (33).

Die durch Breitbandantibiotika induzierten Reaktionen des Darmes reichen von der milden, sich selbst limitierenden Diarrhöe über schwere und länger anhaltende Durchfälle bis zur fulminanten Form der Enterokolitis. Letztere u. U. letal ausgehende Verläufe gehören durchweg zur pseudomembranösen Kolitis oder zu der als Sonderform einzustufenden hämorrhagischen Kolitis.

Antibiotikaassoziierte Diarrhöe (AAD)

Die Ursachen der AAD sind unbekannt, die Erklärungen zur Ätiologie sind spekulativ.

In einer Analogie zu Untersuchungen an Ratten und Mäusen wird vermutet, daß die antibiotikabedingte Reduktion der luminalen Keimzahl mit einem verminderten bakteriellen Abbau der Mukopolysaccharide und Proteine aus abgeschilferten Epithelien, Enzymen und Schleimresten einhergeht (31) und zu einer Vergrößerung der kolloidosmotischen Wasserbindung im Darmlumen beiträgt (17). Die Mukosa des Kolons bleibt dabei intakt und zeigt histologisch keine Entzündungszeichen. Die Flüssigkeits-, Natrium-, Kalium- und Chloridverluste stellen also einen rein physikalischen Vorgang dar und können entsprechend ausgeglichen werden (30). Andere Hypothesen wie die Veränderungen der Zusammensetzung von Gallensäuren nach diversen Antibiotika (22) oder eine intestinale Laktaseinsuffizienz nach Neomycin (35) sind ebenso spekulativ, aber weniger bestechend.

Das Cl. diff. und dessen Toxin wurden bei Patienten mit AAD in sehr unterschiedlichen Konzentrationen gefunden, in 17 bis 36% (2, 10), 21% (15) und 7,5% (29). Das gleiche Toxin konnte bei Patienten mit Colitis ulcerosa, Morbus Crohn, unspezifischen Kolitiden und gesunden Kontrollpersonen nie (29) oder in nur sehr geringer Zahl (32, 41) nachgewiesen werden. Ob es eine prognostische Bedeutung besitzt, mag dahingestellt bleiben, denn eine signifikante Beziehung von Stuhlfrequenz und Dauer der AAD zwischen Cl. diff. und toxinpositiven und -negativen Kindern konnte nicht nachgewiesen werden (13).

Offensichtlich gibt es erhebliche geographische, lokale und zeitlich bedingte Schwankungen der AAD, die nicht alle durch die unterschiedlichen Untersuchungsmethoden und Diagnosekriterien zu erklären sind. Sogenannte Risikogruppen scheinen ausgeschlossen zu sein. An der Spitze der verursachenden Antibiotika stehen Clindamycin und Lincomycin, gefolgt von Ampicillin, Penicillin, Tetracyclinen und Chloramphenicol. Eindeutige Zusammenhänge zwischen der Menge, Applikationsart und antibiotischer Therapiedauer lassen sich aus den Berichten jedoch nicht herauslesen.

Pseudomembranöse Kolitis (PMC)

Im Gegensatz zur AAD scheint die Ätiologie der PMC durch das antibiotikabedingte, überschießend wachsende Cl. diff. bewiesen zu sein. Je nach Art der Untersuchungsmethode lassen sich große Mengen Cl. diff. und dessen Toxin im Stuhl nachweisen. Die Angaben über die Häufigkeit der Nachweise schwanken zwischen 19% und 95% (4, 5, 15, 16, 29). Es besteht jedoch kein Zweifel daran, daß man Cl. diff. auch klinisch zunehmende Bedeutung beimißt. Ein jetzt mit gereinigtem Cl.-diff.-Toxin entwickelter ELISA-Test ergab die Möglichkeit der Antikörperbestimmung bei erkrankten Personen. Antikörper der IgG-Klasse gegen das Toxin B fand man zu 51% (31/61) im Serum von Patienten mit PMC und in 7% (6/88) von Kontrollen (1). Antikörper der IgA- und IgM-Klasse haben offensichtlich keine Bedeutung. Ein ELISA-Antikörper-Mangel scheint mit einer schweren Kolitis zu korrelieren.

Obwohl das Toxin für die PMC nicht spezifisch zu sein scheint (9), muß das gehäufte Vorkommen doch als mehr oder weniger pathognomonisch eingestuft werden. Ob dem Nachweis und damit letztlich der Höhe des Titers eine prognostische Bedeutung zukommt, mag dahingestellt bleiben. Wie lange Antikörper nach durchgemachter Krankheit nachweisbar bleiben, ist unbekannt und nicht zuletzt eine methodische Frage. Wahrscheinlich rekrutiert sich ein Teil der als Kontrollen eingestuften gesunden Carrier aus früheren Antibiotikatherapien oder -kontakten (42).

Der pathogenetische Vorgang der Membranbildung ist nicht geklärt. Der histologische Nachweis von Fibrinthromben in den Kapillaren von 5 untersuchten Fällen (8) ist bisher nicht bestätigt worden.

Hämorrhagische Kolitis

Es ist auch möglich, daß die Kapillarthrombose im Sinne einer ischämischen Läsion zu werten ist (9), somit also jene seltenen Fälle betrifft, bei denen die Schwere der Erkrankung durch blutige Diarrhöen gekennzeichnet ist.
Interessant ist, daß die beiden in den letzten Jahren erschienenen Berichte über hämorrhagische Kolitiden durch Penicillin- oder Ampicillin-Derivate verursacht wurden. Aus beiden Berichten geht hervor, daß sich diese Form von der PMC durch das Fehlen von Membranen auszeichnet und im Sinne einer ischämisch-allergischen Reaktion (20, 30, 40) mit massiven Hämorrhagien einhergeht.

Klinik

Die Diagnose basiert im wesentlichen auf der Anamnese und dem endoskopischen (evtl. auch röntgenologischen) Untersuchungsbefund. Der Nachweis von Cl. diff. und dessen Toxin ist kompliziert und teuer und kann sich daher nur auf wenige medizinische Zentren beschränken. Sollte sich nach den o. g. Angaben (1) ein ELISA-Test als Screening-Methode etablieren, wäre dies eine sinnvolle Erweiterung des diagnostischen Equipments.

Antibiotikaassoziierte Diarrhöe

Die AAD im engeren Sinne ist gekennzeichnet durch milde bis protrahiert verlaufende Durchfälle, die häufig bereits unter bzw. trotz Fortsetzung der induzierenden Antibiotikatherapie, in jedem Falle nach deren Beendigung sistieren. Erkrankungen mit einem komplizierten klinischen Verlauf sind unbekannt. Begleitendes Fieber, Dehydratation, Elektrolytverschiebungen und Leukozytose sind selten, häufig auch noch der vorbestehenden Grundkrankheit zuzuordnen. Die endoskopische Abklärung, meist überflüssig, zeigt in der Regel eine leichte diffuse Rötung der Dickdarmschleimhaut, die spätestens nach 1 Woche verschwunden ist.

Pseudomembranöse Kolitis

Die PMC ist seltener als die AAD und verläuft dafür meist schwerer. Aber auch hier sind milde Verlaufsformen bekannt. Am 4. bis 10. Tag nach Beginn der Antibiotikatherapie setzen Durchfälle und Fieber ein; in Einzelfällen kann sich der Durchfall auch erst nach 3 Wochen einstellen. Die wäßrigen Stühle mit bis zu 20 Entleerungen pro Tag können lange anhalten und bis zu 2 Wochen nach Ende der Antibiotikatherapie mit fallender Frequenz andauern. Die Stühle enthalten Schleim, Membranreste, Eiterspuren. Abdominelle Schmerzen, manchmal kolikartigen Charakters, gespanntes Abdomen, massiver Meteorismus, Übelkeit, Brechreiz und schweres Krankheitsgefühl sind die häufigsten Symptome. Hier ist die Unterbrechung der Antibiotikatherapie die erste Maßnahme. Die Folgen des Flüssigkeitsverlustes sind Tachykardie, Hypotonie, enterale Proteinverluste und Schocksymptome, wenn nicht entsprechend substituiert wird. Das toxische Megakolon ist eine der schweren Komplikationen und muß ebenso ernst genommen werden wie die seltene Darmperforation.
Die Diagnose ergibt sich aus der typischen Anamnese und dem klinischen Befund. Die Endoskopie zeigt typische Pseudomembranen im Verlauf des gesamten Kolons, proximal meist stärker ausgeprägt als distal. Fokale oder superfiziale Ulzerationen wurden beschrieben (27). Auch der radiologischen Diagnostik wird ein hoher Stellenwert beigemessen, wobei man jedoch den Doppelkontrasteinlauf wegen der potentiellen Gefahr der Perforation und der Entstehung des toxischen Megakolons nur mit großer Zurückhaltung einsetzen sollte (39).

Hämorrhagische Kolitis

Die hämorrhagische Kolitis zeigt den möglicherweise dramatischsten Beginn, ist jedoch als prognostisch günstig und mit meist flüchtigem Verlauf einzustufen. Die Blutverluste bedürfen keines entsprechenden Ersatzes, wenn die Antibiotikatherapie sofort beendet wird, da die Blutungen prompt sistieren. Eine Follow-up-Studie ergab, daß nach 9 Tagen die makroskopische und histologische Restitutio ad integrum eingetreten ist (41).

Therapie und Prophylaxe

Wenn nicht zwingende Gründe dagegen sprechen, sollte die erste therapeutische Maßnahme im Absetzen des Antibiotikums bestehen. Meist bilden sich in leichten und mittelschweren Fällen mit nur kurzem Verlauf die Symptome schnell zurück. Colestyramin in mittlerer Dosierung zur Bindung der Toxine im Darm beendet protrahiert verlaufende oder profuse Durchfälle meist innerhalb 1 bis 3 Tagen (11, 19).
Die Meinung gegenüber der Wirkung von Kortikoiden ist nicht einheitlich; die Wirkung am Darm tritt meist nicht prompt ein. Bei schweren Allgemeinreaktionen wie toxischem Megakolon und Schock ist der Einsatz jedoch unbedingt erforderlich.
Zum Therapeutikum der Wahl in schweren Fällen zählt das Schmalspektrumantibiotikum Vancomycin in der Dosis von 4 x 500 mg per os (14, 18, 28, 34, 37). Vancomycin führt zu einer dramatischen Reduktion der Durchfälle und Besserung des Allgemeinzustandes, da es eine hohe Aktivität gegenüber Cl. diff. besitzt. In schwersten und mit Komplikationen einhergehenden Erkrankungen kann es lebensrettend wirken. Da es praktisch nicht resorbiert wird, besitzt es keine systemischen Nebenwirkungen, kann daher auch bei AAD-Rezidiven bedenkenlos erneut eingesetzt werden.
Begrenzte Therapieerfolge werden auch nach Einsatz von Metronidazol, Miconazol und Rifampicin erreicht. Der Einsatz ist gegenüber Vancomycin nur nach entsprechendem Bakterien- bzw. Pilznachweis gerechtfertigt. Als neueres Antibiotikum bietet sich auch das Bacitracin an.
In bestimmten Situationen und bei schweren Allgemeinerkrankungen alter Patienten stellt sich abschließend die Frage der Prophylaxe als begleitende Maßnahme zur notwendigen Antibiotikatherapie. Allgemeinen Erfahrungen entsprechend bietet sich der Einsatz von Laktobazillen an, die, therapeutisch wie prophylaktisch gegeben, zu einer Reduktion der Durchfallrate führten (19). Bekannt ist auch die Toxin-neutralisierende Wirkung von Clostridium sordellii in vitro, die als Therapieform oder zur Prophylaxe bisher noch nicht zum Einsatz gekommen ist. Eine ähnliche klinische Wirkung scheint Saccharomyces im Tierexperiment zu besitzen (34). In einer Pilotstudie konnten wir die Verminderung der AAD-Rate nach Einsatz eines Kombinationspräparates, bestehend aus Amoxicillin und Clavulansäure nachweisen, wobei sich die relativ häufige Durchfallrate von ca. 30% auf 0% reduzieren ließ. Peristaltikhemmende Medikamente sind dagegen ohne prophylaktischen Effekt und therapeutisch eher kontraindiziert.

Zusammenfassung

Antibiotikaassoziierte Diarrhöen in Form leichter klinischer Verläufe, der pseudomembranösen Kolitis oder hämorrhagischen Kolitis werden nach heutiger Erkenntnis im wesentlichen durch eine Superinfektion des Cl. diff. verursacht. Es handelt sich in der Regel um leichte, häufig kaum bemerkte Nebenwirkungen der Antibiotikatherapie. Bei Erkrankungen mit stärkerem klinischen Erscheinungsbild sind entsprechende therapeutische Maßnahmen angezeigt, bestehend zunächst im Absetzen des verursachenden Antibiotikums. Bei Erkrankungsbildern mit stärker ausgeprägten Symptomen und insbesondere bei solchen mit Komplikationen ist der therapeutische Einsatz von Schmalspektrum-Antibiotika (beispielsweise Vancomycin) angezeigt. Prophylaktisch bietet sich bei älteren Patienten, die eine Breitspektrum-Antibiotikatherapie benötigen, eine entsprechende Prophylaxe an, welche durch den gleichzeitigen Einsatz von Laktobazillen oder von Saccharomyces erreicht werden kann.

Literatur

1. *Aronsson, B., M. Granstroem, R. Moellby, C. E. Nord:* Enzyme-linked immunosorbent assay (ELISA) for antibodies to Clostridium difficile toxins in patients with pseudomembranous colitis and antibiotic-associated diarrhoea. J. immunol. Methods 60 (1983), 341–350
2. *Aronsson, B., R. Moellby, C. E. Nord:* Occurence of toxin-producing Clostridium difficile in antibiotic-associated diarrhea in Sweden. Med. Microbiol. Immunol. (Berl.) 170 (1981), 27–35
3. *Bartlett, J. G.:* Antimicrobial agents implicated in Clostridium difficile toxin-associated diarrhea or colitis. Johns Hopkins med. J. 149 (1981), 6–10
4. *Bartlett, J. G.:* Intestinal ecology and infection. In: The Gastroenterology Annual 1/1983, pp. 198–228. *Kern, F., jr., A. L. Blum* (eds.). Elsevier, Amsterdam – New York – Oxford 1983
5. *Bartlett, J. G., N. Moon, T. W. Chang, N. Taylor, A. B. Onderdonk:* Role of Clostridium difficile in antibiotic-associated pseudomembranous colitis. Gastroenterology 75 (1978), 778–782
6. *Bartlett, J. G., A. B. Onderdonk, R. L. Cisneros:* Clindamycin-associated colitis in hamsters: protection with vancomycin. Gastroenterology 73 (1977), 772–776
7. *Bjorneklett, C., T. Midtvedt:* Influence of three antimicrobiol agents – penicillin, metronidazole, and doxycyclin – on the intestinal microflora of healthy humans. Scand. J. Gastroent. 16 (1981), 473–477
8. *Bogomoletz, W. V.:* Fibrin thrombi, a cause of clindamycin-associated colitis? Gut 17 (1976), 483–487
9. *Bolton, R. P., R. J. Sherriff, A. E. Read:* Clostridium difficile associated diarrhoea: a role in inflammatory bowel disease? Lancet i (1980), 383–384
10. *Borriello, S. P., P. Honour:* Concomitance of cytotoxigenic and non-cytotoxigenic Clostridium difficile in stool specimens. J. clin. Microbiol. 18 (1983), 1006–1007
11. *Burbige, E. J., F. D. Milligan:* Pseudomembranous colitis. Association with antibiotics and therapy with cholestyramine. J. Am. med. Ass. 231 (1975), 1157–1158
12. *Christ, P., P. Rosenthal:* Infektionswechsel und Superinfektion. Infektiöser Hospitalismus. In: Erkrankungen durch Arzneimittel, S. 100. *Rahn, K. H.* (Hrsg.). Thieme, Stuttgart – New York 1984
13. *Elstner, C. L., A. N. Lindsay, L. S. Book, J. M. Masten:* Lack of relationship of Clostridium difficile to antibiotic-associated diarrhea in children. Pediatr. Infect. Dis. 2 (1983), 364–366
14. *Fekety, R., J. Silva, B. Buggy, H.G. Deery:* Treatment of antibiotic-associated colitis with vancomycin. J. antimicrob. Chemother. 14, Suppl. D (1984), 97–102
15. *George, W. L.:* Antimicrobial agent-associated colitis and diarrhea: historical background and clinical aspects. Rev. Infect. Dis. 6, Suppl. 1 (1984), 208–213
16. *George, W. L., R. D. Rolfe, S. M. Finegold:* Clostridium difficile and its cytotoxin in feces of patients with antimicrobial agent-associated diarrhea and miscellaneous conditions. J. clin. Microbiol. 15 (1982), 1049–1053
17. *Gordon, H. A., S. Nakamura:* Elevated levels of colloid osmotic pressure in cecal contents of germfree animals. Proc. Soc. exp. Biol. Med. (NY) 149 (1975), 46–49
18. *Gotz, V. P., K. H. Rand:* Medical management of antimicrobial-associated diarrhea and colitis. Pharmacotherapy 2 (1982), 100–109
19. *Gotz, V. P., J. A. Romankiewicz, J. Moss, H.W. Murray:* Prophylaxis against ampicillin-associated diarrhea with a lactobacillus preparation. Am. J. Hosp. Pharm. 36 (1979), 754–757
20. *Gould, P. C., F. I. Khawaja, W. S. Rosenthal:* Antibiotic-associated hemorrhagic colitis. Am. J. Gastroenterol. 77 (1982), 491–493
21. *Heimdahl, A., C. E. Nord:* Influence of erythromycin on the normal human flora and colonization of the oral cavity, throat and colon. Scand. J. infect. Dis. 14 (1982), 49–52
22. *Hofmann, A. F.:* Bile acids, diarrhea and antibiotics: Data, speculation and a unifying hypothesis. J. infect. Dis. (Suppl.) 135 (1977), 126–132
23. *Kager, L., L. Liljeqvist, A. S. Malmborg, C. E. Nord:* Effect of clindamycin prophylaxis on the colonic microflora in patients undergoing colorectal surgery. Antimicrob. Agents Chemother. 20 (1981), 736–740
24. *Kim, K. H., R. Fekety, D. H. Batts, D. Brown, M. Cudmore, J. Silva jr., D. Waters:* Isolation of Clostridium difficile from the environment and contacts of patients with antibiotic-associated colitis. J. infect. Dis. 143 (1981), 42–50

25. *Knothe, H.:* Darmflora und Antibiotika unter besonderer Berücksichtigung der Tetracycline. Dt. med. Wschr. 88 (1963), 1469–1477
26. *Krook, A.:* Effect of metronidazole and sulfasalazine on the normal human faecal flora. Scand. J. Gastroenterol. 16 (1981), 587–590
27. *Le Frock, J. L., A. S. Klainer, S. Chen, R. B. Gainer, M. Omar, W. Anderson:* The spectrum of colitis associated with lincomycin and clindamycin therapy. J. infect. Dis. (Suppl.) 131 (1975), 108–115
28. *Levine, H.G., J.T. Lamont:* Diarrhea we can treat: antibiotic-associated colitis. Compr. Ther. 8 (1982), 36–43
29. *Lishman, A. H., I. J. Al-Jumaili, C. O. Record:* Spectrum of antibiotic-associated diarrhoea. Gut 22 (1981), 34–37
30. *Loeschke, K.:* Diarrhea and enterocolitis associated with antibiotics. Pathogenesis and clinical features. In: Diarrhea in disorders of intestinal transport, p. 182. *Ruppin, H., W. Domschke, K. H. Soergel* (eds.). Thieme, Stuttgart – New York 1981
31. *Loeschke, K., U. Kautz, U. Löhrs:* Effects of antibiotics on cecal electrolyte transport and morphology in rats. Contribution to the pathogenesis of antibiotic-associated diarrhea. Klin. Wschr. 58 (1980), 383–385
32. *Marrie, T. J., M. Furlong, R. S. Faulkner, J. Sidorov, E. D. Haldane, E. A. Kerr:* Clostridium difficile: epidemiology and clinical features. Can. J. Surg. 25 (1982), 438–442
33. *Massot, J., O. Sanchez, R. Couachy, J. Astoin, A.L. Parodi:* Bacterio-pharmacological activity of Saccharomyces boulardii in Clindamycin-induced colitis in the hamster. Arzneimittel-Forsch/Drug Res. 34 (II) (1984), 794–797
34. *McDonald, M., P. Ward, K. Harvey:* Antibiotic-associated diarrhoea and methicillin-resistant Staphylococcus aureus. Med. J. Aust. 1 (1982), 462–464
35. *Paes, I. C., P. Searl, W. Rubert, W. W. Faloon:* Intestinal lactase deficiency and saccharide malabsorption during oral neomycin administration. Gastroenterology 53 (1967), 49–58
36. *Rolfe, R. D., S. Helebia, S. M. Finegold:* Bacterial interference between Clostridium difficile and normal fecal flora. J. infect. Dis. 143 (1981), 470–475
37. *Rosenberg, J. M., M. Walker, J. P. Welch, L. Mullany:* Clostridium difficile colitis in surgical patients. Am. J. Surg. 147 (1984), 486–491
38. *Small, J. D.:* Fatal enterocolitis in hamsters given lincomycin hydrochloride. Animal Laboratory Care 18 (1968), 463–469
39. *Stanley, R. J., F. J. Tedesco:* Antibiotic-associated pseudomembranous colitis. CRC crit. Rec. clin. Radiol. nucl. Med. (1976), 255–277
40. *Toffler, R. B., E. G. Pingoud, M. I. Burrell:* Acute colitis related to penicillin and penicillin derivatives. Lancet ii (1978), 707–709
41. *Vesikari, T., M. Maeki, M. Baer, P. Groenroos:* Pseudomembranous colitis with recurring diarrhoea and prolonged persistence of Clostridrium difficile in a 10-year-old girl. Acta paediat. scand. 73 (1984), 135–137
42. *Viscidi, R., S. Willey, J.G. Bartlett:* Isolation rates and toxigenic potential of Clostridium difficile isolates from various patient populations. Gastroenterology 81 (1981), 5–10

Infantile Diarrhöe

W. Nützenadel

Die Durchfallerkrankungen im Säuglings- und Kleinkindesalter zeigen Besonderheiten gegenüber derjenigen der älteren Kinder und Erwachsenen, die eine gesonderte Betrachtung rechtfertigen:

1. Morbidität und Mortalität sind in Dritte-Welt-Ländern bei der akuten Diarrhöe besonders hoch. Bestimmte Erreger sind spezifisch für diese Altersgruppe.
2. Chronische Diarrhöen dieser Altersgruppen sind häufig Erstmanifestationen genetisch determinierter oder kongenitaler Defekte der Resorption oder Digestion und bedürfen deshalb besonderer differentialdiagnostischer Erwägungen.
3. Die Interaktionen zwischen intestinaler Erkrankung und Ernährungszustand sind beim rasch wachsenden jungen Säugling von größerer Bedeutung als im späteren Leben.

Akute infantile Diarrhöe

Ätiologie

Bezeichnend für die infantile Diarrhöe sind die Häufigkeit viraler Pathogene sowie die Besonderheiten der enteropathogenen Kolistämme. Andere bakterielle Darmpathogene können in weniger als 20% der Fälle isoliert werden. Unter den Virusinfektionen kommt dem Rotavirus mit mehr als 50% aller viral bedingten Gastroenteritiden eine herausragende Rolle zu.
Rotaviren können im Stuhl mittels Elektronenmikroskop oder heute einfacher durch Nachweis des Virusantigens identifiziert werden. Die Infektionen mit diesem Virus haben einen Herbst- und Wintergipfel, Epidemien in kleineren Pflegeeinheiten wurden mehrfach dokumentiert. Die Pathogenität des Rotavirus ist im wesentlichen auf junge Säuglinge und Kleinkinder bis in das 2. Lebensjahr hinein beschränkt.

Ein weiterer spezifischer Erreger der Säuglingsenteritis ist das sogenannte enteropathogene Kolibakterium. Mittels Serotypisierung gelang die Identifikation zahlreicher Kolistämme, die für epidemisch auftretende Enteritiden von Säuglingen verantwortlich waren (**e**ntero**p**athogene **E**scherichia **c**oli). Der pathogenetische Mechanismus dieser EPEC-Stämme ist unbekannt, jedoch scheint er fast ausschließlich bei Säuglingen wirksam zu sein (z. B. Serotyp 026, 055, 0111, 0114, 0119, 0126, 0127, 0128, 0142). Epidemien mit diesen EPEC-Stämmen werden heute nur selten beobachtet. Die Isolierung dieser Kolistämme aus dem Stuhl gesunder Säuglinge läßt offen, ob die O- und andere Antigene (K, H) die Pathogenität dieser Kolistämme ausreichend bestimmen.

Die Pathogenität einzelner Kolistämme ist nach neueren Untersuchungen aber nicht nur für den Säuglingsdarm gegeben. **E**ntero**t**oxinbildende **E**scherichia **c**oli (06, 08, 015, 025, 027, 063, 078, 0148, 0119) und **e**ntero**i**nvasive **E**scherichia **c**oli (0124, 0136, 0143, 0144, 0132, 0164) konnten bei Erwachsenen und Kindern isoliert werden. ETEC kommt fast ausschließlich in Ländern mit warmem Klima vor und ist möglicherweise eine häufige Ursache der sog. Reisediarrhöe. Das gebildete Toxin ist identisch mit demjenigen der Vibrio cholerae. EIEC scheint weltweit

	Gewichtsverlust in % Körpergewicht	Wasserverlust pro kg Körpergewicht	Klinische Symptome
I	< 5%	~ 50 ml	Durst, trockene Schleimhäute
II	5–10%	80–100 ml	Unruhe, Apathie, eingesunkene Fontanelle, Hautfalten langsam verstreichend oder stehend
III	> 10%	100–150 ml	Oligurie, gelegentlich schrilles Schreien, eingesunkene Bulbi, Bewußtseinstrübung, Schock mit Akrozyanose, Anurie

Tab. 1 Grad der Dehydratation und klinische Zeichen.

verbreitet, die Invasivität führt zu einer starken Kolonbeteiligung, und die Krankheitsbilder ähneln einer Shigellose. Für die Pathogenität der Kolistämme ist die Fähigkeit, sich an Darmepithelien zu binden, von Bedeutung. Diese Adhärenz ist für EPEC und ETEC im Dünndarm groß, während EIEC besonders das Epithel des Dickdarms penetriert. Diese Adhärenzeigenschaften werden wahrscheinlich durch eine Interaktion der Kapselantigene (K-Antigene) mit bislang nicht näher identifizierten Rezeptoren der Bürstensaummembran vermittelt.

Klinische Probleme der akuten Gastroenteritis

Die klinische Präsentation von Kindern mit akuter Gastroenteritis zeigt ein breites Symptombild und erlaubt meist nur vage Hinweise auf das auslösende Pathogen. Blutig schleimige Stühle weisen eher auf eine Kolonbeteiligung mit enteroinvasiven Erregern (Salmonellen, E. coli, Yersinia enterocolitica, Shigellen) hin, jedoch sind blutige Stühle auch bei Rotavirus-bedingter Enteritis beobachtet worden. Neben den Symptomen Diarrhöe, Fieber und Erbrechen sind häufig Zeichen eines Infektes der oberen Luftwege begleitend oder vorausgehend. Dies legt die Vermutung einer gleichzeitigen Infektion der Schleimhäute des Respirationstraktes nahe, jedoch konnte ein direkter Virusnachweis dort für das Rotavirus bisher nicht geführt werden.

Die entscheidende Frage jeder klinischen Beurteilung eines Kindes mit akuter Diarrhöe ist die Schätzung der Wasser- und Elektrolytverluste. Die akute Letalität ist allein durch das Ausmaß der Dehydratation bedingt. Das Ausmaß derselben ist am einfachsten und objektivsten durch den Gewichtsverlust zu definieren. Da initial das Vorgewicht häufig nicht bekannt ist, sind klinische Beurteilungen zur Einschätzung des Dehydratationsstadiums unumgänglich (Tab. 1). Der weitere Verlauf läßt sich aber durch wiederholtes Wiegen gut kontrollieren. Qualitativ werden normotone, hypertone und hypotone Dehydratation unterschieden. Die Differenzierung ist mittels der Serumnatrium-Bestimmung einfach (Tab. 2). Die hypotone Form der Dehydratation ist bei Enteritis höchst selten, die hypertone Dehydratation bei schwerer Exsikkose jedoch häufig. Ihre Pathophysiologie ist leicht verständlich, da die Konzentration von Natriumchlorid im Stuhl geringer ist als im Plasma. Somit verliert der Organismus bei

	Serumosmolarität	Serumnatrium
Normotone Dehydratation	Normal	Normal 133 – 150 mmol/l
Hypertone Dehydratation	Erhöht	Erhöht > 150 mmol/l
Hypotone Dehydratation	Erniedrigt	Erniedrigt < 130 mmol/l

Tab. 2 Formen der Dehydratation.

1. Rehydratation
   - Orale Rehydratation:
     (Na^+: 30–60 mval/l, Cl^-: 20–50 mval/l, K^+: 20–40 mval/l, HCO_3^-: 20–30 mval/l, Glukose: 100–150 mmol/l)
   - Intravenöse Rehydratation:
     (NaCl: 30–50 mval/l, Glukose 200 mmol/l, K^+-Substitution bei Diurese)
2. Realimentation
   Langsamer Nahrungsaufbau über 2–4 (bzw. 6) Tage, möglichst Reduktion von Fett und Laktose z. B. mit sog. Heilnahrungen
3. Antibiotika
   Selten indiziert
4. Antidiarrhoika
   Selten indiziert, Effekt fragwürdig, cave Loperamid bei Kindern < 2 Jahren!

Tab. 3 Therapie der infantilen Diarrhöe.

jeder Enteritis proportional mehr Wasser als Kochsalz. Bei der infolge von Wasserverlusten bestehenden Oligurie oder Anurie ist eine Regulation der Serumelektrolyte durch die Niere nicht mehr möglich. Die Natriumkonzentration im Stuhl bei Kindern mit akuter Gastroenteritis liegt zwischen 30 und 90 mval/l, beim Typ der sekretorischen Diarrhöe infolge enterotoxinbildender Pathogene wird sie besonders hoch gefunden.

Therapie

Die wichtigsten Schritte der Therapie sind in Tabelle 3 dargestellt. Für die Rehydratation ist die Entscheidung zwischen oraler und intravenöser Flüssigkeitsgabe erforderlich. Bei leichter Dehydratation (Grad I und evtl. II) ist die orale Zufuhr von Flüssigkeit mit Salz möglich. Erbrechen mag die orale Zufuhr erschweren. Die Beobachtungen in sog. Dritte-Welt-Ländern haben gezeigt, daß eine orale Rehydratation bis zur mittelschweren Dehydratation fast immer erfolgreich ist.

Orale Rehydratationslösungen sind kommerziell erhältlich; sie entsprechen im wesentlichen den angegebenen Elektrolytangaben in Tabelle 3. Der Bikarbonatanteil dient der fast immer bestehenden Azidosetherapie. Der Natriumchloridgehalt von 30 bis

60 mval/l entspricht den Konzentrationen im Stuhl Diarrhöe-erkrankter Kinder. Die Zugabe von Glukose ist einmal zur Erreichung einer Osmolarität von ca. 280 mOsmol/l erforderlich, zum anderen ist diese ein wichtiger Energieträger. Darüber hinaus haben Untersuchungen bei Cholera-Patienten gezeigt, daß die Wasseraufnahme im erkrankten Darm bei gleichzeitiger Anwesenheit von Glukose und Natriumionen verbessert werden kann. Dies entspricht den physiologischen Erkenntnissen, daß Wasser-, Glukose- und Natriumtransport aneinander gekoppelt sind. Der wesentliche Nachteil der oralen Rehydratationslösung ist ihre geschmackliche Akzeptanz (salzig, seifig). Diese kann bei Kindern zu erheblichen Problemen führen. Ein Ausweg ist, Tee oder Fruchtsäfte mit Glukose und Kochzucker anzureichern, wobei die Zugabe von einem knappen Teelöffel Salz und 2 bis 3 Eßlöffeln Zucker/l (3 g Salz und 30 bis 50 g Zucker) zu den gewünschten Konzentrationen führt. Die orale Rehydratation sollte nicht länger als 12 bis maximal 24 Stunden dauern.

Bei schwerer Exsikkose ist die intravenöse Rehydratation erforderlich. Sie erfolgt primär mit einer Mischung von Salz und Glukose (30 bis 50 mval/l NaCl und 3 bis 4% Glukose), die durch ein Mischverhältnis von 1:3 bis 1:5 von physiologischer Kochsalz- mit 5%iger Glukoselösung hergestellt werden kann. Die Zugabe von Kalium erfolgt erst bei beginnender Urinproduktion. Eine bestehende Azidose wird mit Infusion von Natriumbikarbonatlösung (1 mval/ml) gepuffert, wobei die Infusion von Natriumbikarbonat wegen der hohen Osmolarität innerhalb von 15 bis 20 Minuten erfolgen soll. Die Gesamtmenge der Zufuhr errechnet sich aus dem bestehenden Verlust, dem physiologischen Bedarf und den in den nächsten Stunden zu erwartenden Verlusten.

Die Häufigkeit der hypertonen Dehydratation mit hohen Natriumkonzentrationen im Serum hat zu Argumenten gegen die Verwendung salzhaltiger Lösungen bei der Rehydratation geführt. Untersuchungen haben aber gezeigt, daß Lösungen mit einer Konzentration kleiner als 60 mval/l kaum zu Hypernatriämien führen können. Auch die aufgezeigte Pathophysiologie der hypertonen Dehydratation mit einer Imbalance der Wasser- und Natriumchloridverluste im Stuhl legt die Zufuhr von Wasser und Natrium zugleich nahe. Bei der Zufuhr einer Kochsalzlösung von 30 bis 50 mval/l steht genügend freies Wasser zur Regulation des Wasser- und Salzhaushaltes zur Verfügung. Die brüske Senkung der Serumnatrium-Konzentration mit hypotonen Lösungen ist außerordentlich gefährlich, da sie zu einem intrazellulären Gradienten führt, der mit Zellschwellung und Hirnödem sowie klinisch mit Krämpfen einhergehen kann.

Unmittelbar nach der Rehydratation oder mit dieser überlagernd folgt die Realimentation oder der sog. Nahrungsaufbau. Es ist wichtig, sich zu vergegenwärtigen, daß jede Gastroenteritis zu einer passageren Malabsorption führt und daß unresorbierte Nahrungsbestandteile eine Diarrhöe verstärken können. Dies trifft besonders für unresorbierte Kohlenhydrate und Fette bzw. Hydroxyfettsäuren zu. Die passagere Nahrungskarenz während der oralen Rehydratation und die langsame Reinstitution der normalen Ernährung sind aus diesem Grunde sinnvoll. Dabei ist die Verwendung von Fertignahrung mit einer Reduktion des Laktose- und Fettgehaltes günstig. Bei diesen sog. Heilnahrungen ist der Kaloriengehalt durch die höhere Konzentration polymerer Kohlenhydrate (12%) meist normal. Der Nahrungsaufbau kann jedoch auch mit einer normalen Kost stufenweise innerhalb von 2 bis 3 Tagen gestaltet werden. Eine ausgedehnte Nahrungskarenz bedingt erhebliche Gefahren, da es zu einer Kalorienunterversorgung kommt. Insgesamt sollte sich die Geschwindigkeit der Realimentation am Gesamtbefinden des Kindes ausrichten, keinesfalls jedoch allein von der Qualität der Stühle abhängig gemacht werden.

Die medikamentöse Therapie ist fast ohne Bedeutung, die Gabe von Antibiotika ist meist nicht erforderlich und bleibt allein septischen Krankheitsbildern sowie langanhaltenden Diarrhöen bei Nachweis von bakteriellen Pathogenen vorbehalten. Eine weitere Ausnahme für die Antibiotikatherapie dürften epidemisch auftretende Enteritiden mit Nachweis enteropathogener E. coli sein. Die Gabe von sog. Adsorbenzien (medizinische Kohle, Kaolin oder Pektine) unter der Vorstellung einer Toxinbindung ist mit großer Sicherheit ohne wesentliche Wirkung. Eine gewisse Stuhlverbesserung durch Gabe nicht resorbierbarer Bestandteile hat den Vorteil einer gewissen Stuhlkosmetik und Beruhigung der Eltern.
Loperamid hat eine die Darmmotilität beeinflussende Wirkung sowie einen antisekretorischen Effekt. Die Therapie mit diesem Medikament ist bislang bei Patienten unter 2 Jahren nicht erprobt, vereinzelt wurde eine Ileussymptomatik bei der Therapie beobachtet.
Insgesamt kommt der medikamentösen Therapie bei der infektiösen Diarrhöe nur eine geringe Bedeutung zu. Die Infektion ist in der Regel auf wenige Tage limitiert mit einem hohen Prozentsatz unkomplizierter Ausheilung. Ein hohes Gefährdungspotential besteht durch die Wasser- und Salzverluste und bei längerdauernder Diarrhöe durch die Unterernährung.

Chronische Diarrhöe

Diagnose und Therapie der akuten infektiösen Gastroenteritis sind in aller Regel leicht, das therapeutische Vorgehen unabhängig von der Ätiologie symptomatisch und entsprechend schematisch. Bei der chronischen Enteritis ist die in Frage kommende Zahl der Diagnosen umfangreich und erfordert gelegentlich eingreifende klinische Diagnostik. Eine ausführliche Erörterung aller Krankheitsbilder ist hier nicht möglich. Ohne den Anspruch auf Vollständigkeit zu erheben, sind die meisten Krankheitsbilder in Tabelle 4 aufgeführt. Wichtige differentialdiagnostische Hinweise ergeben sich aus der Altersspezifität und der Nahrungsanamnese. Wie ersichtlich, ist die Mehrzahl der Erkrankungen mit der Gefahr einer Unterernährung verbunden. Der Befunderhebung somatischer Entwicklungsdaten kommt deshalb für die Beurteilung der Notwendigkeit intensiverer Diagnostik kritische Bedeutung zu. Die Evaluation vorausgegangener Daten zur Längen- und Gewichtsentwicklung erlaubt dabei eine wesentlich bessere Beurteilung als der alleinige Befund zum Zeitpunkt der Diagnostik. Auf die so bedeutende Interaktion zwischen Ernährungsstatus und gastrointestinalen Funktionen wird im nachfolgenden Abschnitt noch ausführlicher eingegangen. Von den häufiger vorkommenden Krankheitsbildern aus Tabelle 4 sollen Zöliakie, Mukoviszidose und irritables Kolonsyndrom noch etwas ausführlicher besprochen werden.

Zöliakie

Sie hat eine hohe Frequenz (geschätzt ca. 1:800). Charakteristisch ist die intestinale Glutensensibilität, die zu einer typischen Transformation der Dünndarmmorphologie führt. Der dabei wirksame pathogenetische Mechanismus ist jedoch unbekannt.
Das erste Auftreten der Symptome erfolgt in der 2. Hälfte des 1. Lebensjahres, nachdem mindestens 2 bis 6 Monate mit der Breifütterung Gliadin zugeführt wurde. Die heutzutage verkauften Fertigbreinahrungen enthalten in aller Regel kein Gliadin, so daß die Symptomatik auch erst später nach Genuß von Brot auftreten kann. Anorexie und Mißlaunigkeit sind so häufige Symptome, daß ihnen bei der klinischen Verdachtsdiagnose eine hohe Bedeutung zukommt. Das aufgetriebene Abdomen und die Unterernährung sind häufige klinische Symptome, die bei älteren Patienten jedoch auch vermißt werden können. Die Therapie beinhal-

Erkrankung	Bevorzugtes Alter	Klinische Begleitsymptome	Malnutrition	Diagnostik	Stuhlbefund
Pankreas					
a) Mukoviszidose	0–12 Monate	Bronchopulmonale Infektionen, Mekoniumileus	++	NaCl im Schweiß	Massig Fettig
b) Shwachman-Syndrom	< 2 Jahre	Neutropenie, Kleinwuchs, Knochenveränderungen	++	Exkretorische Pankreasfunktion	Massig Fettig
c) Chronische Pankreatitis	Jedes Alter	Selten kongenital, bei Pankreaspseudozysten	(+) → +	Exkretorische Pankreasfunktion	Normal → Fettig
d) Kongenitaler Lipasemangel	< 6 Monate	–	+	Exkretorische Pankreasfunktion	Fettig
Kongenitale Defekte der Dünndarmenzyme					
a) Enterokinasemangel	< 6 Monate	–	+	Exkretorische Pankreasfunktion	Mild Mit Steatorrhöe
b) Saccharase- und Maltasemangel	Nach Saccharosegenuß	–	(+)	Enzymbestimmung in der Darmmukosa	Wäßrig mit pH ↓ und Zuckernachweis
c) Laktasemangel	Nach 1. Milchfütterung	–	(+) → +	Enzymbestimmung in der Darmmukosa	Wäßrig mit pH ↓ und Zuckernachweis
Angeborene Resorptionsdefekte					
a) Glukose- und Galaktosemalabsorption	Nach 1. Fütterung	Seltene Erkrankung, Ernährung nur mit Fruktose möglich	++	Besserung nach Elimination von Glukose und Galaktose	Wäßrig

Tab. 4 Fortsetzung nächste Seite.

Erkrankung	Bevorzugtes Alter	Klinische Begleitsymptome	Malnutrition	Diagnostik	Stuhlbefund
b) Kongenitale Chloriddiarrhöe	< 1 Monat	Hydramnion; Alkalose	++	Chlorid im Stuhl ↑ ↑	Wäßrig
c) Kongenitale Folsäuremalabsorption	< 1 Monat	Hämatologische Veränderungen des Folsäuremangels	++	Untersuchung des Folatstoffwechsels	Wäßrig
d) Primäre Gallensäuremalabsorption	< 1 Monat	Dehydratation	++	Gallensäuren im Stuhl	Wäßrig
Unverträglichkeit von Nahrungsproteinen					
a) Zöliakie	6–18 Monate	Anorexie, Mißlaunigkeit	+	Duodenalbiopsie	Mild → schwer Oft Steatorrhöe
b) Kuhmilchprotein-Intoleranz	< 2 Monate	Oft assoziiert mit Sojaprotein-Intoleranz	++	Besserung nach Elimination des Proteins, Provokationstest	Wäßrig, oft blutig, schleimig
c) Sojaprotein-Intoleranz	Nach Sojaproteingabe	Oft assoziiert mit Kuhmilchprotein-Intoleranz	++	Besserung nach Elimination des Proteins, Provokationstest	Wäßrig, oft blutig, schleimig
Immundefekte					
IgA-Mangel, angeborene und erworbene Immundefekte, defekte zelluläre Immunität und Granulozyten-Funktionsstörungen	Jedes Alter	Begleitende Infektionen, Ekzeme, Pilzinfektionen	(+) → +	Immunglobuline im Serum, Differenzierung der Lymphozytensubpopulationen, Funktionstests der Lymphozyten und Leukozyten	Wäßrig (blutig, schleimig), Steatorrhöe

Tab. 4 Fortsetzung nächste Seite.

Erkrankung	Bevorzugtes Alter	Klinische Begleitsymptome	Malnutrition	Diagnostik	Stuhlbefund
Anatomische Fehlbildungen					
a) Kongenitaler oder operativ bedingter Kurzdarm	Jedes Alter	Kritisch bei Reduktion der Darmlänge < 30%, Ileum- schlechter zu kompensieren als Jejunumresektion	+ → ++	Evtl. Rö.-MDP	Wäßrig, evtl. Steatorrhöe, sekundäre Malabsorption von Gallensäuren
b) Syndrom der blinden Schlinge	Jedes Alter	Meist postoperativ oder bei anderer Grunderkrankung	++	Rö.-MDP	Wäßrig, Steatorrhöe
c) Intestinale Pseudoobstruktion	> 3 Jahre	Rezidivierender Ileus	+ → ++	Rö.-MDP	Wechselnde Diarrhöe mit Obstipation
d) Enterokolitis M. Hirschsprung	< 4 Monate	Ileussymptomatik	(+) → ++	Rektumbiopsie	Diarrhöe schleimig, blutig, Erbsbreistuhl
Verschiedene					
a) Tumorassoziierte Diarrhöe (Neuroblastom, Zollinger-Ellison-Syndrom, Karzinoid	Jedes Alter	Symptome der Grunderkrankung	+ → ++	Meist durch hormonelle Tumormarker möglich	Wäßrige Stühle, sekretorische Diarrhöe
b) Akrodermatitis enteropathica	< 6 Monate	Alopezie, Dermatitis perioral, Finger, Zehen und Windelbereich	++	Auftreten nach Abstillen, Serum-Zink< 6 μmol/l, Veränderung der Paneth-Zellen in der Mukosa	Wäßrig, schwer
c) Eosinophile Gastritis	Jedes Alter	Erbrechen, oft auch andere allergische Symptome	+	Biopsie der Magenschleimhaut	Wäßrig

Tab. 4 Fortsetzung nächste Seite.

Erkrankung	Bevorzugtes Alter	Klinische Begleitsymptome	Malnutrition	Diagnostik	Stuhlbefund
d) Giardia lamblia	Jedes Alter	Aufgetriebenes Abdomen, oft bei Immundefekten	(+) → ++	Nachweis von Zysten im Stuhl oder Lamblien in der Galle	Wäßrig, oft mit Steatorrhöe
e) „Intractable diarrhea“	< 4 Monate	Wohl unterschiedliche Ätiologie	+++	Keine spezifische, Ausschluß bekannter Ursachen	Wäßrig, schleimig
f) Irritables Kolon	6–36 Monate	Gesunde Kinder	–	Keine spezifische, Ausschluß anderer Ursachen	3–5 Stühle, wäßrig, oft zwischenzeitlich normale Stühle

Tab. 4 Differentialdiagnose der chronischen Diarrhöen im Kindesalter.

tet eine gliadinfreie Kost unter Vermeidung von Weizen-, Roggen-, Gerste- und Haferprodukten. Diese sollte niemals ohne bioptische Befunderhebung empfohlen werden. Da die Glutensensibilität bestehen bleibt, hat die Diagnose eine lebenslange Bedeutung. Die Sicherung der Diagnose setzt den Nachweis der gluteninduzierten Mukosaveränderungen voraus. Dies ist nur möglich, wenn initial, bevor die Therapie begonnen wurde, typische Veränderungen an der Darmschleimhaut gefunden wurden. Da unter der glutenfreien Diät sämtliche morphologischen Veränderungen rückläufig sind, ist eine Diagnose nach Beginn der gliadinfreien Kost nicht mehr möglich. Soll die Diagnose absolut gesichert werden, sind der Nachweis einer Befundnormalisierung unter glutenfreier Diät und ein Wiederauftreten der Mukosaveränderungen bei Gliadinbelastung notwendig. Das Wiederauftreten klinischer Symptome nach Gliadinbelastung kann fehlen oder sehr milde sein. Nicht alle Patienten mit typischen morphologischen Veränderungen der Zöliakie erkranken klinisch manifest im Säuglingsalter. Wie Familienuntersuchungen gezeigt haben, bleiben einige auch lebenslang klinisch symptomlos.

Die Therapie bei gestellter Diagnose ist im Kleinkindesalter leicht, später ergeben sich zahlreiche Probleme. Bei fast fehlendem klinischen Beschwerdebild wird die ärztliche Forderung einer lebenslangen Diät oft nicht durchgehalten.

Mukoviszidose

Die Symptome dieser autosomal rezessiven Erbkrankheit mit einer Frequenz von ca. 1:2000 sind im Säuglings- und Kleinkindesalter überwiegend die Malnutrition mit milder Diarrhöe infolge Steatorrhöe. Die pulmonalen und hepatischen Symptome werden fast nie im 1. Lebensjahr beobachtet. Bei jedem nicht gedeihenden Säugling muß deshalb diese Diagnose in Betracht gezogen

werden. Suchtests sind eine hohe Fettausscheidung im Stuhl sowie ein verminderter Chymotrypsingehalt der Fäzes. Die erhöhte Natriumchloridkonzentration im Schweiß (größer als 60 mmol/l) ist diagnostisch beweisend, jedoch werden immer wieder falsch positive und falsch negative Ergebnisse infolge ungenügender technischer Durchführung der Schweißgewinnung beobachtet. Wiederholte Tests bei weiterbestehendem Verdacht sind deshalb unbedingt erforderlich. Die Elektrolytbestimmung im Schweiß erfolgt nach Pilocarpin-Stimulation entweder durch flammenphotometrische Bestimmung der Natriumkonzentration im gesammelten Schweiß oder durch Widerstandsmessung kleinerer Schweißproben in einer Kapillare. Der bislang vorwiegend in Deutschland benutzte BM-Test (Nachweis einer erhöhten Albuminkonzentration im Mekonium) ergibt zahlreiche falsch positive und falsch negative Resultate. Er ergibt deshalb nur die Verdachtsdiagnose und ist zum Ausschluß oder Beweis einer Mukoviszidose nicht geeignet.
Die Therapie der Maldigestion besteht in der Gabe von Pankreasfermenten, einer hochkalorischen Kost unter Verwendung mittelkettiger Fette und fettlöslicher Vitamine. Damit ist die Malnutrition immer ausreichend therapierbar.

„Irritables Kolon"-Syndrom

Dies ist die häufigste Form der chronischen Diarrhöe im Kleinkindesalter. Eine klare Pathogenese besteht nicht, und am ehesten handelt es sich wohl um ein funktionelles Syndrom mit rascher Kolonpassage. Demgemäß gibt es keinen sicheren diagnostischen Test, und im streng wissenschaftlichen Sinne kann die Diagnose erst nach Ausschluß aller anderen Krankheiten mit bekannter Ätiologie gestellt werden.
Typisch ist ein Erkrankungsalter von 6 bis 36 Monaten mit Sistieren der Symptome einer milden Diarrhöe (4 bis max. 6 wäßrige Stühle pro Tag) nach 3 bis 18 Monaten. Die Stuhlentleerungen sind bevorzugt in den Vormittagsstunden und fast nie nächtlich. Phasenweise wird Stuhlnormalisierung beobachtet. Die klinische Untersuchung zeigt immer ein völlig gesundes Kind mit normaler somatischer Entwicklung und keinen labormäßigen Hinweis für eine Malabsorption. Die Kinder sind meist hyperaktiv mit gutem Appetit, die Eltern zeigen sich besorgt und halten die Beobachtung von Erbsen oder intakten Karottenstücken im Stuhl für Zeichen einer Verdauungsstörung. Diätetische und medikamentöse Therapieversuche sind ohne Effekt, allenfalls täuscht der intermittierende Verlauf der Diarrhöe einen solchen vor.
Treffen die geschilderten Krankheitssymptome zu, ist eine weitergehende Diagnostik zum Ausschluß von Malabsorptionssyndromen nicht erforderlich. Die Bestimmung von Hämoglobin und Serumeiweiß sowie eine Stuhluntersuchung auf Neutralfette und evtl. Chymotrypsin mögen Eltern und Arzt in der Annahme des genannten Syndromes sicherer machen. Die sorgfältige Aufklärung der Eltern sowie eine Kontrolle der weiteren somatischen Entwicklung sind notwendig und sinnvoll. Anlaß zu weiterer Diagnostik ergibt sich bei gestörter somatischer Entwicklung, Auftreten zusätzlicher Symptome der Malabsorption und einer Persistenz der Symptome über das 3. Lebensjahr hinaus.

Diarrhöe und Ernährungszustand

Die hohe Bedeutung infektiöser und chronischer Darmerkrankungen für Ernährung, Wachstum und Gewichtszunahme des jungen Kindes ist bereits mehrfach angedeutet worden. Sie ist entscheidend für die hohe Mortalität der infektiösen Darmerkrankungen in den sog. Dritte-Welt-Ländern.
Die Initiierung eines Circulus vitiosus durch eine primär gesetzte Schädigung an der

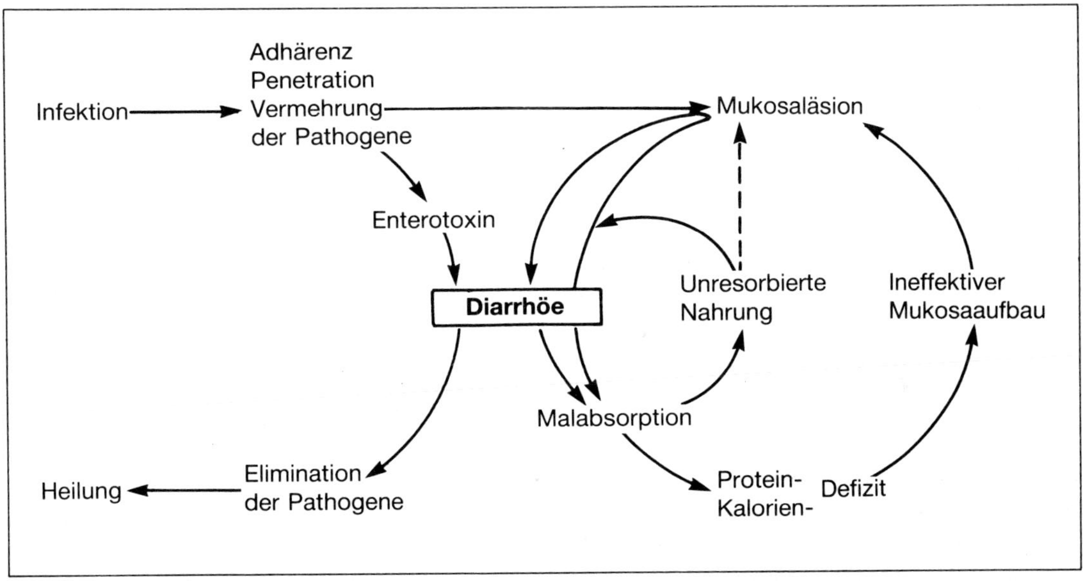

Abb. 1 Circulus vitiosus der chronischen Diarrhöe. Eine unspezifische Mukosaläsion kann zur Initiierung eines Kreislaufes führen, der letztlich die Mukosaschädigung verstärkt und der möglicherweise unabhängig von primären Schädigungsmechanismen weiterbesteht.

Darmmukosa ist in Abbildung 1 dargestellt. Infektionen, aber auch andere Noxen wie Gluten bei der Zöliakie oder Kuhmilch bei der Kuhmilchprotein-Intoleranz führen zu einer Läsion der Darmmukosa. Diese bedingt eine Malabsorption, deren Ausmaß unterschiedlich sein kann. Unresorbierte Nahrungsbestandteile, besonders durch bakterielle Interaktion entstehende Hydroxyfettsäuren und Gallensäuren sowie Disaccharide können die Diarrhöe verstärken. Die gleichzeitig gestörte intestinale Permeabilität der Mukosa kann durch Aufnahme intakter Proteine einen immunologischen Prozeß auslösen, dessen Abfolge zwar nicht genau bekannt ist, der aber letztlich einen eigenständigen, Diarrhöe auslösenden Mechanismus in Gang setzen kann. Aus diesen Überlegungen eine rigorose Nahrungskarenz abzuleiten, ist aber deshalb falsch, weil die gesetzte Mukosaläsion für ihre Abheilung einen Protein- und Kalorienbedarf hat. Soweit aus Tierexperimenten geschlossen werden kann, ist dafür ein Nahrungsangebot, das vorwiegend im Darm resorbiert wird, besonders günstig. Ein zusätzlicher Funktionsverlust durch lange orale Nahrungskarenz ist jedenfalls experimentell gut belegt. Der dargestellte geschlossene Kreis besteht also aus einer von außen ausgelösten Darmschädigung mit nachfolgender Kalorienunterversorgung durch Malabsorption und evtl. Nahrungskarenz, Unmöglichkeit der Heilung der Mukosaläsion infolge eines Kaloriendefizites und damit eines Verstärkermechanismus für die Mukosaläsion. Dabei ist noch unberücksichtigt, daß wichtige immunologische Funktionen durch ein unzureichendes Kalorienangebot ebenfalls beeinträchtigt werden und damit das Risiko weiterer Darminfektionen besonders groß ist.

Der beschriebene Ablauf läßt sich besonders gut am sog. Syndrom der „Intractable diarrhea" studieren. Die Ätiologie schließt spezifische Malabsorptionssyndrome ein, jedoch ist die Ätiologie oft weniger klar und wahrscheinlich nicht immer monokausal. Der aus dem Englischen stammende Begriff ist schwer zu übersetzen und bedeutet soviel wie nicht beeinflußbare Diarrhöe. Die erkrankten Kinder sind fast immer junge Säuglinge mit schwerster Dystrophie. Nicht selten finden sich in der Vorgeschichte rezidivierende, als infektiös angesehene Enteritiden. Klinisch imponiert zusätzlich häufig eine ausgeprägte Intoleranz gegen Kuhmilch- und Sojaprotein. Meist ist ein oraler Nahrungsaufbau nicht möglich, der Versuch sollte jedoch unter Verwendung von sog. hypoallergenen Nahrungen (Frauenmilch, Formeldiäten mit Eiweißhydrolysaten als Stickstoffquelle, z. B. Alfare®, Pregestimil®) versucht werden. Zumeist ist eine zusätzliche parenterale hyperkalorische Ernährung erforderlich, und diese sollte nicht verzögert begonnen werden. Mit diesen Maßnahmen ist häufig eine Gesundung der schwer erkrankten Kinder möglich.

Wegen der hohen Empfindlichkeit junger Säuglinge für gastrointestinale Infektionen – wahrscheinlich Ausdruck ihrer unzureichenden immunologischen Schutzfunktionen – und aus ihrem hohen Kalorienbedarf für Wachstum und Gewichtszuwachs ergibt sich das hohe Risiko dieser Altersgruppe für den aufgezeigten Mechanismus. Jede Gastroenteritis führt infolge von Malabsorption und fehlender Kalorienaufnahme während der Nahrungskarenz zu einem Defizit, das sowohl kalkulatorisch wie auch bei sorgfältiger klinischer Beobachtung zu einem fehlenden Gewichtszuwachs von 5 bis 7% des Körpergewichtes während der Enteritis führt. Aus diesen Überlegungen erhellt sich, wie deletär sich rasch wiederholende Enteritiden selbst bei banaler infektiöser Ursache für den jungen Säugling sein können.

Aus der Kenntnis dieser Zusammenhänge lassen sich wichtige therapeutische Prinzipien ableiten:

1. Eine normale Kalorien- und Proteinaufnahme sollte bei akuter Gastroenteritis möglichst rasch wiederhergestellt werden.

2. Bei chronischen Darmerkrankungen oder rasch sich wiederholenden Enteritiden bestimmt die fehlende Kalorienaufnahme ganz wesentlich die Prognose. Längerfristige Elimination von Nahrungsbestandteilen sollte nur nach einer präzisen Diagnose erfolgen. Sie bedeutet, besonders wenn sie mit einer Kalorienreduktion verbunden ist, eine erhebliche Gefährdung des kindlichen Wachstums und auch der Darmfunktionen per se. Eine ausreichende Kalorienzufuhr ist erforderlich. Dabei ist der oralen Ernährung immer der Vorzug zu geben. Ist diese nicht durchführbar, muß eine parenterale Ernährung erfolgen. Die Energie- und Proteinzufuhr ist dann ausreichend, wenn die Gewichtsentwicklung des Kindes normal verläuft.

Literatur

1. *Bellanti, J.A.:* Acute diarrhea: Its nutritional consequences in children. Nestlé Nutrition Workshop Series, vol. 2. Raven Press, New York 1983
2. *Braun, O., R. Grüttner, M. A. Lassrich:* Pädiatrische Gastroenterologie. Thieme, Stuttgart – New York 1984
3. *Hamilton, J.R.:* Treatment of acute diarrhea. Pediat. Clins N. Am. 32 (1985), 419–427
4. *Silverman, A., C. Roy:* Pediatric clinical gastroenterology, 3rd ed. Mosby Comp., St. Louis – Toronto – London 1983

Mechanismen der intestinalen Sekretion und Resorption

K.-D. Palitzsch, K.-H. Usadel

Definition

Unter Diarrhöe (Durchfall) versteht man eine Zunahme der Wasserausscheidung (Elektrolytausscheidung) des Darmes und der Stuhlfrequenz bei gleichzeitiger Abnahme der Stuhlkonsistenz.

Allgemeines und Klassifikation

Im gesamten Gastrointestinaltrakt werden täglich ca. 8,5 bis 10 Liter Flüssigkeit verstoffwechselt. Die Hauptresorptionsleistungen (ca. 90%) werden im Jejunum und im Ileum erbracht. Aber auch das Kolon ist zu einer gewissen Resorptionsleistung befähigt, so daß lediglich 100 ml/Tag an Flüssigkeit über den Darm effektiv ausgeschieden werden (Abb. 1).
Durchfall ist lediglich ein Symptomhinweis für eine mögliche Maldigestion, Malabsorption oder eine Sekretionsstörung, ohne daß man hieraus Schlüsse auf die Lokalisation, das Ausmaß und die Genese der Störung ziehen könnte. Da innerhalb des Magen-Darm-Traktes besonders bezüglich des Wasser- und Elektrolythaushaltes erhebliche Funktionsreserven bestehen, führen nur starke Entgleisungen dieser Systeme zu dem Symptom Diarrhöe. Pathogenetisch kommen 5 Prinzipien der Entstehung von Durchfällen in Frage:

1. Maldigestion (z. B. exokrine Pankreasinsuffizienz, intraluminaler Gallensäuremangel)
2. Malabsorption (z. B. Malassimilationssyndrome, Arzneimittel, Wurmerkrankungen)
3. Intestinale Sekretionssteigerung (z. B. gastrointestinale Hormone, Neurotransmitter, osmotische Diarrhöe, Enterotoxine)
4. Veränderte Permeabilität der Darmwand (z. B. Entzündungen)
5. Störungen der Darmmotilität (z. B. arzneimittelinduzierte Störungen, Folgezustände nach Operationen).

Theoretisch ist eine Unterscheidung dieser Pathomechanismen sinnvoll, jedoch zeigt die Praxis, daß sich viele Durchfallerkrankungen nicht einem spezifischen Pathomechanismus zuordnen lassen, sondern multifaktoriell bedingt sind. Betrachtet man beispielsweise die Zöliakie, so kommen mehrere Pathomechanismen ursächlich für die Diarrhöen in Frage. Einerseits besteht ein Mangel an Bürstensaumenzymen und villösen Zellen, die absorptive Leistungen erbringen, so daß Maldigestion und Malabsorption Hand in Hand gehen. Andererseits bedingt die Malabsorption von Zuckern und Aminosäuren sowie von Elektrolyten eine osmotische Diarrhöe. Letztlich diskutiert man auch noch eine entzündliche Komponente, die prostaglandininduziert sein soll.
Eine Abgrenzung osmotischer Diarrhöen ist nur klinisch sinnvoll, da sich osmotische Diarrhöen durch Fasten von Durchfallerkrankungen anderer Genese abgrenzen lassen. Pathophysiologisch entstehen osmotische Durchfälle auch durch eine Malabsorption, so daß sie hier mitbesprochen werden können.

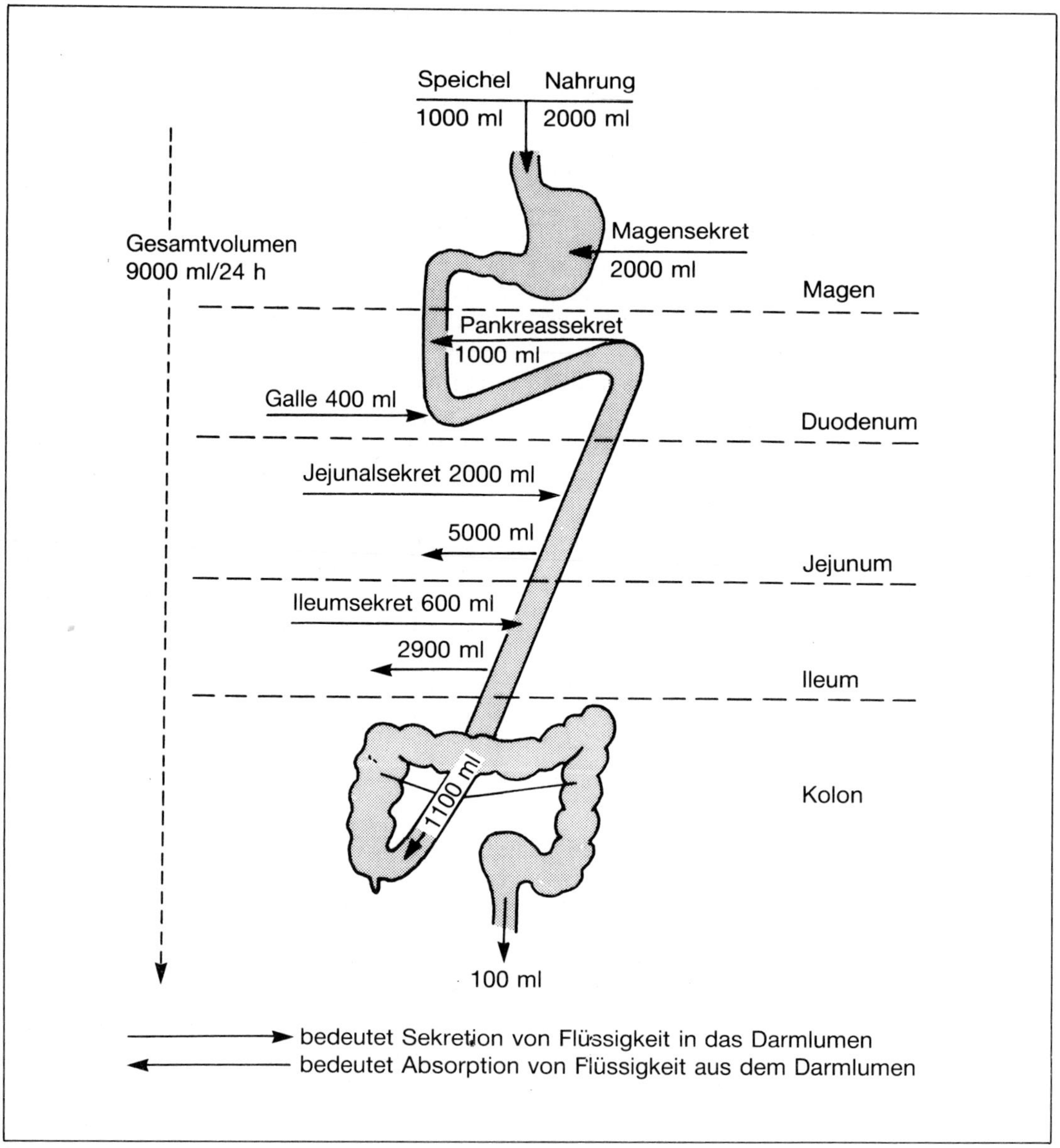

Abb. 1 24-Stunden-Flüssigkeitsbilanz im Intestinaltrakt unter physiologischen Bedingungen.

Anatomisch-physiologische Voraussetzungen

Im gesamten Dünndarm findet man Kerckringsche Falten sowie Zotten (villöse Zellen), die gemeinsam die resorbierende Oberfläche vergrößern und die Absorptionsleistungen erbringen.
Obwohl man im Kolon keine Zotten findet und somit dort auch keine Absorption vermuten würde, ist das Kolon doch in der Lage, Flüssigkeiten zu absorbieren. Es ist noch Gegenstand der Forschung, wie die Flüssigkeitsresorption abläuft. Im Durchschnitt werden im Kolon täglich ca. 1,0 bis 1,5 Liter Flüssigkeit (insbesondere Wasser) absorbiert, die maximale Absorptionsleistung des Kolons liegt zwischen 5 und 6 Litern. Sekretionsvorgänge erfolgen durch die Kryptenzellen (Lieberkühnsche Drüsen), die man im gesamten Darm nachweisen kann.
Durchfallerkrankungen haben ihre Ursache entweder im Dünndarm oder im Dickdarm, eine Kombinationserkrankung beider Darmanteile (unabhängig voneinander) ist äußerst selten. Der Schweregrad, mit dem sich eine Diarrhöe manifestiert, ist von den Kompensationsmechanismen des nicht kranken Darmanteiles abhängig. Z. B. ist die Zöliakie vornehmlich im Jejunum lokalisiert – die Ausprägung der resultierenden Durchfälle wird zum Teil durch die Kompensationsmechanismen des Ileums und des Kolons bestimmt. Die maximale Resorptionsleistung des Kolons (ca. 5 bis 6 Liter Flüssigkeit/Tag) muß überschritten werden, damit sich eine Durchfallerkrankung manifestieren kann. Das ist z. B. bei bakteriellen Diarrhöen (Cholera) der Fall, aber auch andere Mechanismen sind bekannt. Da im Kolon fast ausschließlich Wasser absorbiert wird, können z. B. Zucker (Laktose, Glukose), die in höheren Darmabschnitten nicht aktiv absorbiert werden konnten, nur bakteriell in organische Säuren gespalten werden. Diese Spaltung bedingt eine Hyperosmolarität der Darmflüssigkeit und verstärkt so die Diarrhöe.

Pathophysiologie

Zum Verständnis der Pathophysiologie der Durchfallerkrankungen ist es wichtig, die entscheidenden Vorgänge der Absorptions- und Sekretionsmechanismen zu kennen sowie den Einfluß von Hormonen und Neurotransmittern auf diese Vorgänge. Außerdem sollten die Einflüsse von Gallen- und Fettsäuren sowie die arzneimittelinduzierte Diarrhöe besprochen werden. Auf die Darstellung der Pathophysiologie der vegetativen Diarrhöen wird verzichtet, da hier noch zu wenig gesicherte Daten vorliegen, auch wenn dieses Krankheitsbild in der Praxis eine entscheidende Rolle spielen dürfte.
Auf das Problem der Maldigestion als Ursache der Diarrhöe wird nicht gesondert eingegangen, da die pathophysiologischen Mechanismen im Endeffekt denen der Malabsorption entsprechen, wie es das Beispiel der exokrinen Pankreasinsuffizienz verdeutlicht. Hier findet letztlich eine Malabsorption nichtaufgeschlüsselter Nahrung statt.

Absorptions- und Sekretionsmechanismen

Intestinaler Mikrotransfer

Man unterscheidet einen passiven von einem aktiven Transport. Der passive Transport erfolgt entlang einem elektrochemischen Gradienten (in Abhängigkeit von der chemischen Konzentration und der elektrischen Ladung an beiden Seiten der Membran) mittels einfacher oder erleichterter Diffusion oder durch hydrophile Poren. Ob dieser Transportmechanismus immer nur intrazellulär oder auch parazellulär ablaufen kann, ist z. B. für Wasser noch nicht geklärt. Vieles scheint dafür zu sprechen, daß Wasser entlang einem osmotischen Druckgradienten parazellulär ohne Energieverbrauch absorbiert wird.
Der aktive Transport erfolgt über ein Carriersystem (Trägermoleküle), das unter

Verbrauch von Energie geladene Moleküle gegen einen elektrochemischen Gradienten transportiert.
Zu dem Problem des intestinalen Transportes existieren viele Theorien. Heute nimmt man an, daß nahezu alle Transportmechanismen im Darmsystem mit dem Natriumtransport in Verbindung stehen (Ausnahme ist die passive Diffusion auf nichtionaler Ebene). Natriumionen gelangen mittels passivem Transport (längs eines elektrochemischen Gradienten-Konzentrationsgefälles) in die Darmzelle. Dieser passive Einstrom wird dadurch ermöglicht, daß auf der basolateralen Zellmembranseite Natriumionen aktiv durch die Natriumionenpumpe aus der Zelle herausgefördert werden (unter ATP-Verbrauch) und so eine niedrige intrazelluläre Natriumkonzentration aufrecht erhalten wird. Steigt die Absorption von Natriumionen, so strömen konsekutiv passiv Chloridionen in die Zelle ein, und auch Wasser muß einströmen, um den osmotischen Gradienten auszugleichen. Ob Chloridionen nur passiv im Gefolge von Natrium in die Zelle gelangen können oder ob für Chloridionen (außerdem) ein Carriersystem besteht, wird noch kontrovers diskutiert.
Von anderen Substanzen ist der aktive Transport mittels Carrier gesichert, so z. B. für Glukose, Galaktose, Aminosäuren und Gallensäuren. Die aktiven Transportsysteme sind in der Bürstensaummembran der villösen Zellen lokalisiert (luminale Membranseite). Die oben beschriebenen Transportmechanismen (aktiv und passiv) beeinflussen sich gegenseitig. Einerseits benötigen die Carriersysteme Energie, andererseits wird durch einen Anstieg der intrazellulären Natriumkonzentration der Zucker- und Aminosäuretransport beschleunigt. Nicht nur die Transportmechanismen stehen in gegenseitigem Wechselspiel, sondern auch die Absorptions- und Sekretionsmechanismen. Falls der kombinierte Na^+/Cl^--Einstrom in sehr hoher Konzentration erfolgt, kann bei intakter Natriumpumpe der elektrochemische Gradient überschritten werden, und es kommt in den Kryptenzellen (möglicherweise auch in den villösen Zellen) zu einer passiven Diffusion der Chloridionen in das Darmlumen. Letztlich kommt es zu einer Sekretionsleistung durch vorangegangene gesteigerte Absorption.

Vermittlung des intrazellulären Elektrolyttransportes

Folgende Substanzen sind an dem intrazellulären Elektrolyttransfer beteiligt:
1. Zyklisches AMP
2. Zyklisches GMP
3. Kalzium.

Zyklisches AMP

An der Mukosazellmembran befindet sich die Adenylzyklase, die nach Stimulation ATP zu zyklischem AMP umwandelt. Zyklisches AMP beeinflußt den intrazellulären Elektrolyttransport auf 3 verschiedene Arten:
1. Hemmung des (gekoppelten) Na^+-/Cl^--Einstromes an den villösen Zellen
2. Stimulation der aktiven Chloridionensekretion (Kryptenzellen)
3. Stimulation der aktiven Bikarbonatsekretion.

Man nimmt heute an, daß Bikarbonat im Austausch gegen Natrium- und Wasserstoffionen in die Zelle einströmt.
Zyklisches AMP kann den Einstrom von Natrium- und Chloridionen selbst inhibieren. Manche Substanzen führen zu einer Konzentrationssteigerung von zyklischem AMP an der Mukosa und lösen so letztlich auch den oben beschriebenen Mechanismus aus (z. B. Prostaglandin E_1, vasoaktiv intestinales Peptid = VIP, Cholera-Enterotoxin).
Wenn sehr hohe intrazelluläre Konzentrationen an Natrium- und Chloridionen vorliegen, so werden die Natriumionen einerseits aktiv durch die Natriumionenpumpe aus der

Zelle herausgefördert, andererseits gelangen die Chloridionen durch (passive oder erleichterte?) Diffusion durch die Bürstensaummembran zurück ins Darmlumen. Zyklisches AMP soll die Permeabilität der Bürstensaummembran für Chloridionen verbessern, fördert also somit Sekretionsmechanismen. Am wenigsten untersucht ist die Wirkung von zyklischem AMP auf die Bikarbonatsekretion, man nimmt jedoch an, daß auch die Bikarbonatsekretion stimuliert wird.

Zyklisches GMP

Die Mechanismen, die das zyklische GMP auslöst, sind sehr viel schlechter untersucht als die von zyklischem AMP. Vermutlich fördert zyklisches GMP den Na^+-/Cl^--Einstrom sowie die aktive Sekretion von Chloridionen. Methylprednisolon, E.-coli-Enterotoxin sowie Adrenalin und Insulin sollen auf das zyklische GMP stimulierende Wirkung haben.

Kalzium

Die Wirkung des Kalziums auf die intrazellulären Transportvorgänge scheint der des zyklischen AMP zu entsprechen. Kalzium inhibiert den Na^+-/Cl^--Einstrom und fördert die Chloridionensekretion. Neuere Untersuchungen zeigen, daß eine niedrige intrazelluläre Kalziumkonzentration die Absorption von Natrium- und Chloridionen aktiviert, hohe intrazelluläre Kalziumkonzentrationen haben einen gegenteiligen Effekt und stimulieren außerdem die Chloridionensekretion. Inwieweit Kalzium und zyklisches AMP synergistisch wirken, muß noch untersucht werden.

Zusammenfassend läßt sich feststellen, daß die Absorptions- und Sekretionsmechanismen des Darmes wohl mit dem aktiven (passiven) Natriumtransport in Verbindung stehen. Vermutlich liefert Natrium die Energie für die Carriersysteme (ATPase-Verbrauch). Die Absorptions- und Sekretionsmechanismen sind vom zyklischen AMP und GMP sowie von der intrazellulären Kalziumkonzentration abhängig. Steigen die Konzentrationen von zyklischem AMP, GMP und Kalzium, so resultiert daraus eine verminderte Absorption von Natrium- und Chloridionen einerseits und andererseits eine gesteigerte Chloridionensekretion. Es sind zahlreiche Bakterien bekannt, die durch die Enterotoxine über die oben beschriebenen Mechanismen zu einer Sekretionssteigerung und somit letztlich zu einer massiven Diarrhöe führen (z. B. Yersinia enterocolitica, Vibrio cholerae, Escherichia coli, Shigella dysenteriae, Pseudomonas aeruginosa etc.).

Einfluß von gastrointestinalen Peptiden auf die Sekretionsmechanismen

Man kennt eine Reihe von gastrointestinalen Peptiden mit Hormon- und Neurotransmitterwirkung, die die gastrointestinale Sekretion stimulieren. Die sekretorische Stimulation wird zumindest für 3 Hormone über die Mediatorsubstanz zyklisches AMP gesteuert – für Prostaglandin E, Sekretin und das vasoaktiv intestinale Peptid, im folgenden Text kurz VIP genannt.
Kalzium ist die intrazelluläre Mediatorsubstanz für Serotonin zur Steigerung der Darmsekretion. Für viele andere Hormone und Neurotransmitter steht der Nachweis ihrer Wirkung auf die intestinale Sekretionsstimulation noch aus (z. B. antidiuretisches Hormon, Kalzitonin, Glukagon, Substanz P, Cholezystokinin).
Die Prostaglandine führen zu einer Konzentrationserhöhung des zyklischen AMP (die an der Mukosazellmembran lokalisierte Adenylzyklase wandelt nach Stimulation ATP zu zyklischem AMP um), das zyklische AMP fördert die Sekretion wie auf Seite 80 beschrieben. Damit sind die Diarrhöen, wie man sie bei entzündlichen Darmerkrankun-

gen findet, erklärbar (z. B. Morbus Crohn, Colitis ulcerosa, Salmonellose).
In der Therapie der Colitis ulcerosa und des Morbus Crohn kommen die Salazosulfapyridine und Steroide zur Anwendung. Die Salazosulfapyridine werden mikrobiell zu Sulfapyridin und 5-Aminosalizylsäure gespalten; letztere Substanz entfaltet ihre antiphlogistische Wirkung durch die Hemmung der Prostaglandinsynthese. Die Steroide inhibieren die Umwandlung der Arachidonsäure (Vorstufe der Prostaglandine) zu Prostaglandinen. Sowohl die Salazosulfapyridine als auch die Steroide haben ihren festen Platz in der Therapie der oben aufgeführten entzündlichen Darmerkrankungen, da beide Substanzen einen bestimmten Pathomechanismus unterbrechen und so zur Besserung (Heilung) der Diarrhöen führen.
Man vermutet, daß die sekretionsstimulierende Wirkung des Serotonins in einer Steigerung der intrazellulären Kalziumkonzentration begründet ist. Der erhöhte intrazelluläre Kalziumspiegel inhibiert den Na^+-/Cl^--Einstrom und fördert die Chloridionensekretion. Es ist nicht erwiesen, ob die Diarrhöen beim Karzinoid-Syndrom auf Serotonin oder die Substanz P zurückzuführen sind, jedoch spricht für Serotonin, daß nach einer Therapie mit Serotoninantagonisten die Durchfälle meist rückläufig sind. Somatostatin, das im Tiermodell die Diarrhöefrequenz bei Karzinoid-Syndrom eindeutig günstig beeinflussen kann (durch Blockade der Serotoninwirkung?), ist derzeit beim Menschen bezüglich der oben beschriebenen Symptomatik noch in klinischer Prüfung.
Die typischen wäßrigen Diarrhöen beim Verner-Morrison-Syndrom (VIPom) mit Dehydratation und Hypokaliämie sowie Achlorhydrie sind pathophysiologisch dadurch erklärbar, daß VIP wie die Prostaglandine zu einer Konzentrationserhöhung des zyklischen AMP führt und so die Na^+-/Cl^--Absorption inhibiert, die Chloridionensekretion dagegen gefördert wird.

Diarrhöen durch Arzneimittel

Mehrere Arzneimittelwirkungen am Darm sind untersucht, z. B. besteht die abführende Wirkung (im Extremfall zur Diarrhöe führend) von Laxanzien in einer Hemmung der Elektrolytabsorption, in entsprechend hoher Dosierung wird auch die Sekretion unterbunden. Die Hemmung der Absorption scheint über eine Konzentrationssteigerung des zyklischen AMP abzulaufen.
Zytostatika verursachen histologische Schäden, die Schleimhautregeneration ist gestört. Diese Läsionen führen zu einer Permeabilitätssteigerung der Mukosazelle und ermöglichen eine vermehrte Sekretion. Bei anderen Stoffklassen, wie z. B. den Antibiotika, existiert noch keine exakte Vorstellung über den Pathomechanismus der Diarrhöen, obwohl Phänomene wie eine Störung der bakteriellen Besiedelung des Darmes oder im Extremfall die membranöse Kolitis bekannt sind, die als häufige Nebenwirkungen einer antibiotischen Therapie auftreten.

Einfluß von Gallen- und Fettsäuren

Auch Gallensäuren sind in der Lage, den Natriumeinstrom zu blockieren sowie die Sekretion von Chloridionen zu fördern. Inwieweit die Gallensäuren in den Darmstoffwechsel eingreifen können, hängt sehr davon ab, ob sie mit Glyzin oder Taurin konjugiert sind und wieviele Hydroxylgruppen sie tragen. Die von der Leber sezernierten Gallensäuren werden zu 90% im Dünndarm reabsorbiert (besonders im Ileum durch aktiven Transport). Nur ein kleiner Anteil gelangt ins Kolon und wird dort durch Anaerobier dehydroxyliert, dekonjugiert und desulfatiert. Diarrhöen bei Patienten, die eine Ileumresektion erhalten haben, resultieren aus einer Malabsorption von Gallensäure (durch Malabsorption gehen die Gallensäuren dem enterohepatischen Kreislauf verloren).

Wie bei den Gallensäuren so spielt auch bei den Fettsäuren die chemische Zusammensetzung eine große Rolle. In Abhängigkeit von der Kettenlänge können Fettsäuren die Darmsekretion stimulieren – nur langkettige sind hierzu befähigt, wobei hydroxylierte Fettsäuren aktiver die Sekretion fördern als nichthydroxylierte. Die Steatorrhöe verhindert Absorptionsprozesse weitgehend, bei entsprechend hohem Fettanteil soll auch die Sekretion unterbunden werden.

Beeinflussung der Absorptionsvorgänge am Beispiel des Somatostatins (SRIF)

Absorptions- und Sekretionsmechanismen halten sich bei den gastrointestinalen Transportvorgängen die Waage. Diese Vorgänge sind untrennbar miteinander verbunden, ein Prozeß bedingt den nächsten. So wie der passive Natriumeinstrom durch das aktive Herauspumpen von Natrium aus der Zelle erst möglich wird und konsekutiv einen passiven Chlorideinstrom zur Folge hat, so kann auch Glukose die Flüssigkeits- und Elektrolytabsorption stimulieren. Für eine Reihe anderer Substanzen ist dieser absorptionsstimulierende Effekt ebenfalls beschrieben (z. B. Mineralo- und Glukokortikoide, Adrenalin, Enkephaline).

Somatostatin (SRIF) ist ein Tetradekapeptid, das man im Gehirn und im Magen-Darm-Trakt nachweisen konnte. SRIF hat damit sowohl Neurotransmitter- als auch Hormonfunktion. Die Palette der Somatostatin-Wirkungen ist sehr groß und reicht von der Hemmung der Magensäuresekretion bis zur Hemmung der Darmmotilität. Außerdem besitzt SRIF zytoprotektive Eigenschaften.

Somatostatin fördert einerseits die Aufnahme von Natrium-/Chloridionen in die Zelle (selektiv?), andererseits werden Absorptionsvorgänge wie der aktive Glukosetransport inhibiert.

Da Somatostatin Prostaglandineffekte und VIP-bedingte Effekte unterbinden kann, stellt sich die Frage, ob Somatostatin im Intestinaltrakt nicht eine gewisse gegenregulatorische Rolle gegenüber dem zyklischen AMP übernimmt.

Prostaglandine und VIP hemmen den Na^+-/Cl^--Einstrom über einen Anstieg der Konzentration an zyklischem AMP und fördern die Chloridionensekretion. Infundiert man einem Patienten mit wäßrigen Diarrhöen, bei bekanntem VIPom, Somatostatin, so kann es zu einem drastischen Rückgang der Durchfälle kommen, was dafür spricht, daß Somatostatin einerseits VIP direkt inhibieren, andererseits durch VIP ausgelöste Mechanismen (Erhöhung des zyklischen AMP) unterbinden kann.

Somatostatin ist auch in der Lage, Serotonineffekte teilweise zu unterbinden, wie man es bei Patienten mit Karzinoid-Syndrom unter Therapie mit SRIF beobachten kann. Da Serotonin jedoch im Intestinaltrakt nicht über zyklisches AMP, sondern über Kalzium wirkt, müßte theoretisch ein antagonistischer Effekt von SRIF gegenüber Kalzium bestehen. So bleibt anzunehmen, daß die Einflußnahme von Somatostatin auf den Gastrointestinaltrakt durch komplexere Mechanismen gesteuert wird.

Abschließende Bemerkungen

Während der letzten Jahre konnten grundlegende Erkenntnisse zur Pathophysiologie der Durchfallerkrankungen gewonnen werden. Dadurch ließen sich einerseits in der Tradition stehende Therapiekonzepte retrospektiv rechtfertigen, andererseits eröffnen sich neue therapeutische Möglichkeiten, die über die Symptombekämpfung „Diarrhöe“ hinausgehen.

Unabhängig davon sind viele Pathomechanismen der Diarrhöen noch nicht aufgeklärt und werden in Zukunft Gegenstand der Forschung sein müssen.

Postoperative Diarrhöen

N. Beißel, B. Stegemann

Diarrhöen als postoperatives Syndrom treten in unterschiedlicher Häufigkeit nach den verschiedensten Eingriffen, insbesondere am Gastrointestinaltrakt, auf und stellen aus diesem Grund eine wichtige Problematik dar, welche in Abhängigkeit von der zugrundeliegenden Ursache einer unterschiedlichen Therapie bedarf.
Es sollen im folgenden die häufigsten Ursachen einer postoperativen Diarrhöe dargestellt werden, unter besonderer Berücksichtigung der pathophysiologischen Zusammenhänge, die zu ihrem Auftreten führen. Hierbei wird zunächst zwischen solchen Formen von postoperativen Diarrhöen unterschieden, welche nur im unmittelbaren postoperativen Verlauf auftreten, und solchen, die aufgrund der durch den Eingriff veränderten physiologischen und pathophysiologischen Abläufe entstehen und somit einen längeren postoperativen Zustand auslösen. Tabelle 1 soll hierzu einen Überblick über die verschiedenen Formen von postoperativen Diarrhöen geben.

Diarrhöen im unmittelbaren postoperativen Verlauf
Postoperative Enterokolitis
Postoperative Diarrhöen als Anpassungsstörungen

Diarrhöen als postoperatives Syndrom
Diarrhöen nach Magenoperationen
- Gastrogene (agastrische) Diarrhöe
- Diarrhöe nach Vagotomie
- Diarrhöe bei postalimentärem Frühsyndrom
- Diarrhöe beim Syndrom der zuführenden Schlinge

Diarrhöen nach Operationen am Dünn- und Dickdarm
- Diarrhöen nach Dünndarmresektionen
- Oberes Resektionssyndrom
- Unteres Resektionssyndrom
- Diarrhöen nach Koloneingriffen

Bakterielles Kontaminationssyndrom des Dünndarms

Seltene Formen postoperativer Diarrhöen
- Gluteninduzierte Enteropathie nach Operationen
- Laktoseintoleranz nach Operationen

Tab. 1 Postoperative Diarrhöen.

Diarrhöen im unmittelbaren postoperativen Verlauf

Postoperative Enterokolitis

Die postoperative Enterokolitis, die in der Literatur auch als pseudomembranöse Enterokolitis bezeichnet wird, ist durch eine hohe Letalität gekennzeichnet, die mit bis zu 60% angegeben wird. Sie wurde erstmals 1893 durch *Finney* (zit. nach 4) beschrieben, trat jedoch nach Einführung der Breitband-Antibiotika mit besonders starker Häufung auf, so daß sie auch als postantibiotische Enterokolitis bezeichnet wurde. Pathologisch-anatomisch handelt es sich um eine nekrotisierende, ulzeröse Entzündung des Dünn- und Dickdarmes (1).
Durch das gehäufte Auftreten nach Einführung der Breitspektrum-Antibiotika und den Nachweis von schwersten Superinfektionen mit therapieresistenten Staphylokok-

ken wurde sie zunächst auf die Anwendung der Antibiotika zurückgeführt. Die Tatsache jedoch, daß die postoperative Enterokolitis bereits vor der antibiotischen Ära beschrieben wurde, ließ auch noch andere Faktoren für die Auslösung des Krankheitsbildes verantwortlich erscheinen. Nach heutigem Erkenntnisstand muß eine multifaktorielle Genese dieses Krankheitsbildes angenommen werden, wobei die Tatsache einer antibiotischen Behandlung einerseits und andererseits die Tatsache einer operativen Behandlung die entscheidenden Faktoren für die Auslösung des Krankheitsbildes sind (4).

Als Ursachen im Rahmen des Operationstraumas wird vor allem ein intraoperativer Blutdruckabfall von mehr als 40 mm Hg angenommen, welcher durch die Schädigung der Darmwand bei herabgesetzter Durchblutung die Voraussetzung für die Superinfektion mit resistenten Keimen schafft. Vom klinischen Bild her werden 2 Formen unterschieden, und zwar ein sog. „Kreislaufkollapstyp“, welcher pathologisch-anatomisch durch das Vorhandensein von kapillären Mikrothromben gekennzeichnet ist, und ein „Diarrhöetyp“, der durch enterotoxinbildende Staphylokokken ausgelöst wird.

Bei der 1. Form steht das Symptom der Diarrhöe im Hintergrund, erstes Symptom ist ein akuter Kreislaufkollaps, der oft zu differentialdiagnostischen Schwierigkeiten Anlaß gibt.

Die 2. Form setzt mit profusen, schaumig-wäßrigen, nicht riechenden Durchfällen ein und ist hinsichtlich der Diagnosestellung unproblematisch. Weitere Symptome sind hohes Fieber, schwere Flüssigkeits- und Elektrolytverluste bis hin zu einem schweren toxischen Krankheitsbild. Der Nachweis von Staphylokokken gelingt nicht immer.

Therapeutisch steht der Ausgleich der Flüssigkeits- und Elektrolytverluste im Vordergrund. Ein möglicherweise zuvor gegebenes Antibiotikum muß abgesetzt und gegebenenfalls durch ein staphylokokkenwirksames ersetzt werden.

Die Prophylaxe der postoperativen Enterokolitis besteht vor allem in der konsequenten Stabilisierung der Kreislaufverhältnisse in der Vor- und Nachbehandlung sowie intraoperativ zur Vermeidung größerer Blutdruckschwankungen (4).

Postoperative Diarrhöen als Anpassungsstörungen

Nach Operationen am Gastrointestinaltrakt kann es vorübergehend zu leichten Diarrhöen kommen, die jedoch innerhalb weniger Tage abklingen und keine zusätzlichen diagnostischen und therapeutischen Maßnahmen erfordern.

Hierbei handelt es sich um Anpassungsstörungen, die in aller Regel nur von kurzer Dauer sind (1).

Dazu gehören nicht jene Formen von Diarrhöen, die aufgrund gravierender Eingriffe in die pathophysiologischen Abläufe nicht ohne weiteres kompensierbar sind und daher auch längere Zeit anhalten sowie eine spezielle Therapie erfordern.

Diarrhöen als postoperatives Syndrom

Hierunter fallen solche Formen von postoperativen Diarrhöen, deren Auftreten durch die operationsbedingt veränderten pathophysiologischen Abläufe zu erklären ist. Diese Formen treten nicht nur in der eigentlichen postoperativen Phase auf, sondern über längere Zeit darüber hinaus, so daß sie aufgrund ihrer Ausprägung und ihrer Dauer den Patienten mehr oder weniger stark beeinträchtigen können.

Häufig stellt die Diarrhöe nicht das einzige Symptom, sondern innerhalb eines komplexen Geschehens eines von mehreren Symptomen dar.

Die pathophysiologischen Mechanismen, die zur Diarrhöe führen, unterscheiden sich je nach Art der Operation und nach operierten Organsystemen, so daß eine getrennte Behandlung erforderlich ist.

Diarrhöen nach Magenoperationen

Gastrogene (agastrische) Diarrhöe

Diarrhöen nach Magenresektion oder Gastrektomie können als nur kurze Zeit anhaltende Formen auftreten und somit den postoperativen Diarrhöen (durch Anpassungsstörungen) zugeordnet werden.
Länger anhaltende Diarrhöen kommen in der Form einer milden, durch 5 bis 6 weiche, jedoch nicht wäßrige Stühle pro Tag gekennzeichneten Diarrhöe vor, wobei auch Blut- und Eiterabsonderungen fehlen (6).
Hierdurch unterscheidet sich diese Form von der Diarrhöe im Rahmen des postalimentären Frühsyndroms (s. u.), bei der es zu wäßrigen Durchfällen kommt.
Die Inzidenz der gastrogenen Diarrhöe wird mit 2 bis 6% angegeben, wobei allerdings in dieser Zahl die Diarrhöen im Rahmen des postalimentären Frühsyndroms mitgerechnet sind.
Als Ursachen dieser Form der Diarrhöe gelten neben dem Entfallen der Reservoir- und Entleerungsfunktion die Beeinträchtigung der Verdauung durch fehlende Säure- und Pepsinsekretion und die verminderte Pankreasstimulierung.
Therapeutisch günstig ist die Verabfolgung von häufigen kleinen Mahlzeiten sowie die Gabe von Pankreasfermenten (6).

Diarrhöe nach Vagotomie

Die Angaben über die Inzidenz der Diarrhöe nach Vagotomie schwanken in Abhängigkeit von Operationsmethode und Autoren (2, 5, 12, 13). Für die trunkuläre Vagotomie liegen die Angaben bei 20 bis 30%, wobei es in etwa 1 bis 3% zu schwersten, die Lebensgewohnheiten des Patienten stark beeinträchtigenden Zuständen kommt. Bei der selektiv proximalen Vagotomie liegen die Angaben bei 2 bis 4%, teilweise darunter, wobei Fälle von schweren, die Patienten erheblich beeinträchtigenden Formen nicht beschrieben sind.
Die pathogenetischen Mechanismen der Vagotomie-Diarrhöe sind unterschiedlich, über die derart kontroverse Ansichten bestehen, so daß sie hier nur nebeneinander gestellt werden können.
Zum einen führt die Denervation des proximalen Magens zu einer beschleunigten Magenentleerung – sog. Mageninkontinenz (13) – mit der Folge eines postprandialen Frühsyndroms und einer durch dieses ausgelösten Diarrhöe. Darüber hinaus kommt es bei der trunkulären Vagotomie zu einer vagalen Denervation aller Oberbauchorgane bis zur linken Kolonflexur, was eine erhebliche Störung der Darmmotilität bewirkt. Zusätzlich wird ein vermehrtes Gallenblasenvolumen beschrieben, so daß es infolge einer relativ zu großen Gallensekretion bei zusätzlich motilitätsgestörtem Darm zu einer Überschreitung der Rückresorptionskapazität für Gallensäuren im terminalen Ileum kommt mit der Folge einer chologenen Diarrhöe.
Als weitere mögliche Ursache wird eine gestörte Dünndarmflora durch die verminderte gastrale Säuresekretion genannt.
Klinisch tritt die Diarrhöe in 2 Erscheinungsformen auf: Die milde Verlaufsform tritt episodisch, in längeren Zeitabständen – Wochen bis Monate – mit mehreren ungeformten bis wäßrigen Stühlen auf. Mitunter kann diese Verlaufsform auch mit kontinuierlich anhaltender, jedoch schwacher Diarrhöe auftreten.
Die schwerste Verlaufsform, welche auch episodisch, jedoch in kürzeren Intervallen auftritt, kann zu einer ganz erheblichen Beeinträchtigung der Lebensgewohnheiten des Patienten führen. Bei zum Teil explosionsartigen, dünnflüssigen Stuhlentleerungen, die sich täglich bis zu 9- bis 12mal wiederholen, kann es zu einer mangelhaften Konti-

nenz des Patienten mit all ihren Folgen bis zur Invalidisierung kommen. Die Stuhlentleerungen verteilen sich über den ganzen Tag und unterliegen nicht einer Abhängigkeit von der Nahrungsaufnahme.
Diese schwere Form der Vagotomie-Diarrhöe wird freilich nur nach der heute selten ausgeführten trunkulären Vagotomie beobachtet. Die Diarrhöen nach selektiv proximaler Vagotomie sind fast ausnahmslos leichte Formen, die nicht zu einer schweren Beeinträchtigung des Patienten führen (12). Beide Formen neigen nach längerem Verlauf zum spontanen Sistieren.
Therapeutisch können Antidiarrhoika versucht werden, die in der Regel zu einer Besserung der Beschwerden führen. Führt diese Behandlung nicht zum Erfolg und können andere, seltene Ursachen der Diarrhöe ausgeschlossen werden, so kann die Gabe von Colestyramin versucht werden (5).
Operative Maßnahmen zur Behandlung einer konservativ nicht behandelbaren, schweren, den Patienten invalidisierenden Diarrhöe stellen eine Ultima ratio dar. Als Verfahren werden die Rekonstruktion des Pylorus bei Vorhandensein einer Pyloroplastik und die Zwischenschaltung einer anisoperistaltischen Jejunumschlinge angegeben (5).

Diarrhöe bei postalimentärem Frühsyndrom

Das postalimentäre Frühsyndrom, sog. Dumping-Syndrom oder Syndrom der „Mageninkontinenz“, geht in etwa 1 Drittel aller Fälle mit einer Diarrhöe einher. Es tritt nicht nur nach Magenresektionen auf, sondern wird auch nach Vagotomien, insbesondere bei gleichzeitig durchgeführter Pyloroplastik, beschrieben. Seine Häufigkeit wird bei der Resektion mit 15 bis 25% angegeben, dabei handelt es sich in 3% um schwere Formen. Bei der Vagotomie mit Pyloroplastik schwanken die Angaben zwischen 10 und 20%. Auch bei der selektiv-proximalen Vagotomie ohne Pyloroplastik wird das Dumping-Syndrom beobachtet, hier beträgt die Häufigkeit je nach Autor bis zu 5% (6, 13).
Die Pathogenese des Dumping-Syndroms besteht in einem zu raschen Einstrom von hyperosmolaren Nahrungsbestandteilen in das Jejunum. Durch den starken osmotischen Effekt wird ein starker Flüssigkeitseinstrom in das Darmlumen bewirkt, durch den es zu einer Verminderung des Plasmavolumens um 10 bis 20% mit entsprechenden Kreislaufsymptomen kommt. Für die Beschwerden werden auch die aus der massiv geblähten Darmwand freigesetzten Hormone verantwortlich gemacht.
Ursache der Diarrhöe ist die Distension des Jejunums aufgrund des Einstroms an Nahrungsbestandteilen und der reaktiv freigesetzten Flüssigkeit. Die Distension der Darmwand führt zu einer verstärkten Peristaltik. Die Beschwerden bestehen aus einer vasomotorischen Komponente mit Schwächegefühl, Kollapsneigung und Schwitzen sowie einer gastrointestinalen Komponente mit Übelkeit, Völlegefühl und Diarrhöen.
Therapeutisch wird eine sog. „Anti-Dumping-Kost“ empfohlen, welche aus häufigen, kleinen kohlenhydratarmen und proteinreichen Mahlzeiten bestehen sollte, wobei insbesondere Flüssigkeiten zu den Mahlzeiten und Süßspeisen gemieden werden sollten (5).
In der Regel gehen die Symptome unter diätetischer Behandlung deutlich zurück, ist doch – ähnlich wie bei der Vagotomie-Diarrhöe – eine Tendenz zur spontanen Abnahme der Beschwerden festzustellen.
Gravierende, anhaltende Beschwerden, die zu einer Korrektur- oder Umwandlungsoperation führen, sind selten.

Diarrhöe beim Syndrom der zuführenden Schlinge

Das Syndrom der zuführenden Schlinge ist gekennzeichnet durch einen Sekretstau im

zuführenden Jejunumschenkel durch eine zu lange Schlinge, eine ungenügende Entleerung oder aber durch eine Stenose nahe der Anastomose infolge Bridenbildung, Torquierung oder Abknickung.
Das klinische Bild ist bestimmt durch Schmerzen im Ober- und Mittelbauch, ferner durch Erbrechen, das zu einer Besserung der Symptome führt. Insbesondere bei den durch anastomosennahe Stenosierung ausgelösten Formen kann einmal eine Diarrhöe als zusätzliches Symptom hinzutreten, weist dann jedoch schon auf gravierende Vorgänge mit Fäulnisbildung hin und entspricht in bezug auf die Pathogenese dem bakteriellen Kontaminationssyndrom des Dünndarms (s. S. 90).

Diarrhöen nach Operationen am Dünn- und Dickdarm

Diarrhöen nach Dünndarmresektionen

Diarrhöen treten nur nach ausgedehnten Dünndarmresektionen auf. Bis zu 50% des Dünndarms können ohne schwerwiegende Beeinträchtigung des Patienten reseziert werden (11).
Hinsichtlich der Pathogenese der durch die Resektion entstehenden Störungen müssen ein oberes und ein unteres Resektionssyndrom unterschieden werden (2, 3). Dies liegt darin begründet, daß im Jejunum die Resorptionsfläche um ein Vielfaches größer ist als im Ileum, sich andererseits im Ileum die spezifischen Resorptionsorte für Vitamin B_{12} und die Gallensäuren befinden. Von weiterer Bedeutung ist das Vorhandensein der Ileozökalklappe, auf die im Rahmen des unteren Resektionssyndromes noch eingegangen wird.

Proximales Dünndarmresektionssyndrom

Proximale Dünndarmresektionen werden wesentlich besser toleriert als distale. Erst ab einer Resektionslänge von mehr als 50% treten lang anhaltende schwere Symptome auf (10).
Ursache für dieses Phänomen ist, daß die verbliebenen Ileumabschnitte einen Teil der Resorptionskapazität des resezierten Jejunums übernehmen können, während umgekehrt das Jejunum nicht in der Lage ist, die spezifischen Resorptionsleistungen des terminalen Ileums zu übernehmen.
Bei ausgedehnten Resektionen des proximalen Dünndarms gelangen jedoch unverdaute und nicht resorbierte Nahrungsbestandteile ins Kolon, wo ihre bakteriellen Abbauprodukte infolge ihrer hohen Osmolarität zu einer osmotischen Diarrhöe führen.

Distales Dünndarmresektionssyndrom

Bei der Resektion des distalen Dünndarms kommt es zu einem Verlust der wichtigen Resorptionsstätten von Vitamin B_{12} und Gallensäuren. Wie oben angeführt, können diese spezifischen Resorptionsleistungen nicht von anderen Darmabschnitten kompensiert werden, so daß es zu spezifischen pathophysiologischen Störungen kommt.
Bei einer Resorptionslänge unter 100 cm resultiert eine vorwiegend wäßrige, chologene Diarrhöe, bei darüberliegender Resektionslänge kommt eine Steatorrhöe hinzu.
Durch den Verlust der Resorptionsorte für die Gallensäuren gelangen diese ins Kolon. Dort führen sie einerseits zu einer Hemmung der Wasser- und Elektrolytresorption, andererseits zu einem zusätzlichen Einstrom von Wasser und Elektrolyten ins Darmlumen und somit in doppelter Weise zur Diarrhöe. Der Verlust an Gallensäuren ist in einem gewissen Umfang durch eine erhöhte Syntheserate in der Leber ausgeglichen. Wird die maximale Syntheserate jedoch überschritten, so kommt es zu einem Gallensäurenverlustsyndrom. Dieses bewirkt eine Steatorrhöe, da die Mizellenbildung bei verminderten Gallensäuren gestört und damit die Fettresorption herabgesetzt ist. Im Kolon kommt es zu einer bakteriel-

len Aufspaltung der Fettsäuren in Hydroxyfettsäuren, welche ebenso wie die Gallensäuren im Kolon eine Störung der Wasser- und Elektrolytresorption bewirken (3, 13).

Einzugehen ist noch auf die Bedeutung der Ileozökalklappe. Diese stellt eine Barriere für die bakterielle Besiedlung des Dünndarms, besonders des terminalen Ileums dar. Eine Resektion der Ileozökalklappe bewirkt daher einen Reflux von Koloninhalt ins terminale Ileum und eine bakterielle Besiedlung des Ileums mit der Kolonflora. Die Folgen dieser bakteriellen Besiedlung werden noch gesondert im Rahmen des bakteriellen Kontaminationssyndroms des Dünndarms (s. u.) beschrieben.
Therapeutisch ist beim Kurzdarmsyndrom zunächst in der Phase der Adaptation eine adäquate Ernährung unter Berücksichtigung der pathophysiologischen Bedingungen. Medikamentös können motilitätshemmende Medikamente angewandt werden, bei distalem Resektionssyndrom auch Colestyramin. Von den vielen beschriebenen Korrektureingriffen ist die Wirksamkeit nur bei der anisoperistaltischen Jejunuminterposition belegt, bei allen übrigen Verfahren ist eine tatsächliche Beeinflussung nicht gesichert (10, 11, 13).

Diarrhöen nach Koloneingriffen

Die Bedeutung der Dickdarmschleimhaut liegt in der Rückresorption von Elektrolyten und Wasser, wobei das proximale Kolon eine höhere Funktionskapazität hat als das distale. Es besteht weiterhin eine große Funktionsreserve, weil die Funktionskapazität des Kolons unter normalen Bedingungen nur zu etwa 1 Viertel ausgenutzt wird.
Bei Kolonteilresektionen kommt es in der Regel nur zu einer Herabsetzung der Funktionsreserven in dem Verhältnis, wie Kolonschleimhaut reseziert wurde (13).
Hieraus ist ersichtlich, daß Diarrhöen nach Teilresektionen des Kolons als Folge der Resektion selten sind. Wohl kann es in der Anfangsphase zu ungeformten Stuhlentleerungen kommen, die allerdings keine Diarrhöe im eigentlichen Sinne darstellen. Diese Störungen sistieren normalerweise innerhalb weniger Monate nach der Operation.
Treten im Anschluß an eine Kolonteilresektion echte Diarrhöen auf, so liegen andere Ursachen vor, z. B. ein Rezidiv der Grundkrankheit, Anastomosenengen oder postoperative Diarrhöen anderer Genese (13).

Ungünstige Verhältnisse in bezug auf die Entstehung einer postoperativen Diarrhöe stellen die linksseitige Hemikolektomie mit Proktektomie und Transversostomie sowie die Resektion des (terminalen) Ileums und proximalen Kolons mit Jejunotransversostomie dar. Im ersten Fall kann es zu unkontrollierten Stuhlentleerungen, im zweiten Fall zur Ausbildung einer chologenen Diarrhöe infolge eines bakteriellen Kontaminationssyndroms des Dünndarms kommen.

Im Anschluß an eine Kolektomie mit Ileostomie werden Diarrhöen häufiger beschrieben wegen des totalen Verlustes der Resorptionskapazität des Dickdarms.

Im unmittelbaren postoperativen Verlauf kann es zur Ausbildung eines Zustandes mit massiver wäßriger Diarrhöe kommen, der klinisch und radiologisch die Zeichen eines paralytischen Ileus zeigt. In einem solchen Fall ist eine streng konservative Therapie indiziert (13).

Halten Diarrhöen nach Ileostomie länger an – in der Literatur findet man Angaben über postoperative Diarrhöen mit Flüssigkeitsmengen bis zu 6 Litern – so wird Loperamid eine gute Beeinflußbarkeit hinsichtlich der Reduktion der Flüssigkeitsmenge zugeschrieben. In neueren Mitteilungen sind auch Versuche mit einem lang wirksamen Somatostatin-Analogon beschrieben worden, eine endgültige Klärung steht hier aber noch aus (14).

Bakterielles Kontaminationssyndrom des Dünndarms

Dieses hinsichtlich seiner Ursachen sehr inhomogene Krankheitsbild, das in der angelsächsischen Literatur als „contaminated small bowel syndrome" und sonst im allgemeinen als „Syndrom der blinden Schlinge" bezeichnet wird, führt zu schweren postoperativen Diarrhöen und Mangelsymptomen.
Das Vorliegen einer blinden Schlinge ist nicht unbedingte Voraussetzung für dieses Syndrom, es kann auch bei anderen postoperativen Zuständen auftreten.
Die Ursache aller Störungen, die im Gefolge dieses Syndroms auftreten, ist eine Veränderung des intraluminalen Milieus durch eine Besiedlung des Dünndarms mit Kolonflora. Die normale Flora des proximalen und distalen Dünndarms unterscheidet sich in bezug auf Zahl und Art der bakteriellen Besiedlung deutlich von der Kolonflora (13).
Die Ursachen des bakteriellen Kontaminationssyndroms können vielfältig sein.
Nach Magenoperationen kann die Inaktivierung der Bakterien durch zu rasche Magenentleerung oder verminderten Säuregehalt gestört sein und so zu einer Vermehrung der bakteriellen Besiedlung des Dünndarmes führen. Diese Fälle sind allerdings selten, und nur in wenigen Fällen kommt es zur vollen Ausbildung des Syndroms.
Häufiger entsteht es durch eine Verlangsamung der Nahrungspassage in einem umschriebenen Darmabschnitt. Dies kann durch Bildung einer blinden Schlinge, bei Anastomosenengen oder bei umschriebener Verlangsamung der Passage infolge einer Seit-zu-Seit-Anastomose verursacht werden. Besonders bedenklich sind in diesem Zusammenhang Seit-zu-Seit-Anastomosen im Kindesalter, wo es infolge des noch stattfindenden Wachstums zur Ausbildung großer Blindsäcke kommen kann (9).
Schließlich ist noch der Reflux von Koloninhalt bedeutsam, wie dies bei der Resektion der Ileozökalklappe oder bei enterokolischen Fisteln vorkommt.
Folgen der veränderten bakteriellen Besiedlung sind einmal die entzündliche Schädigung der Dünndarmzellen und zum anderen die bakterielle Dekonjugation der Gallensäuren.
Letztere bedingt durch eine gestörte Mizellenbildung eine Malabsorption für Fette. Die infolge der Malabsorption ins Kolon übertretenden Fettsäuren werden dort zu Hydroxyfettsäuren abgebaut und bewirken eine Störung der Rückresorption für Wasser und Elektrolyte und damit die Diarrhöe. Weiter geraten die dekonjugierten Gallensäuren ins Kolon und bewirken die gleichen Störungen wie die Hydroxyfettsäuren.
Weiterhin werden Kohlenhydrate infolge der bakteriellen Fehlbesiedlung in kurzkettige Fettsäuren umgewandelt, welche ebenfalls zu einer Verstärkung der Diarrhöe führen (8, 13).
Klinisch kommt es zu wäßrigen Diarrhöen, welche zu einem erheblichen Verlust an Wasser und Elektrolyten führen können, bis hin zur völligen Entgleisung des Wasser- und Elektrolythaushaltes.
Weiterhin bestehen eine ausgeprägte Steatorrhöe, ein Vitamin-B_{12}-Mangel und ein Mangelzustand an fettlöslichen Vitaminen.
Therapeutisch kommt die Behandlung insbesondere mit lokal wirksamen Antibiotika in Frage neben einem Ausgleich der entstandenen Mangelsymptome. Im Falle eines gesicherten bakteriellen Kontaminationssyndroms ist die Ursache genau zu eruieren, um die Möglichkeit einer operativen Korrektur abzuklären, die die Therapie der Wahl darstellt.
Prophylaktisch ist die Bildung von möglichen Blindsäcken zu vermeiden, ebenso die Anlage von Seit-zu-Seit-Anastomosen, insbesondere bei Kindern (8–11).

Seltene Formen postoperativer Diarrhöen

Zu den seltenen Formen einer postoperativen Diarrhöe gehören solche Fälle, bei denen es im Gefolge einer Operation zur Demaskierung einer latent vorhandenen angeborenen Störung kommt.
Hierzu gehören die gluteninduzierte Enteropathie (Sprue) sowie die Laktoseintoleranz.
In seltenen Fällen kann nach einer Magen- oder Kolonoperation eine idiopathische Sprue demaskiert werden. In diesen Fällen lassen sich die entsprechenden histologischen Veränderungen an der Dünndarmschleimhaut nachweisen, und es läßt sich durch eine glutenfreie Kost eine Besserung der Symptome erreichen.
Ein klinisch noch nicht wirksamer Laktasemangel kann ebenfalls nach Magenoperation relevant werden, nämlich dann, wenn plötzlich größere Mengen Laktose infolge der oben beschriebenen „Mageninkontinenz" in den Dünndarm strömen und hierdurch die begrenzte Kapazität überschritten wird. Auch die Laktoseintoleranz kann nach Dickdarmeingriffen demaskiert werden. Eine Besserung der Symptome kann durch entsprechende Diät erreicht werden.
In beiden Fällen ist es von Bedeutung, daß bei unklarer postoperativer Diarrhöe an das Vorhandensein der angeborenen Störung gedacht wird, um eine entsprechende diätetische Behandlung durchführen zu können.

Literatur

1. *Baumgartl, F., K. Kremer, H.-W. Schreiber:* Spezielle Chirurgie für die Praxis, Bd. II, Teil 1 und 2, 3. Aufl., Thieme, Stuttgart 1972
2. *Blum, A.-L., P. Peter, G. J. Kreijs:* Dünndarmresektion. Der Internist (1975), 260–266
3. *Booth, C.C.:* Pathophysiologie der Dünndarmresorption. Der Internist (1966), 197–208
4. *Brandt, G., H. Kunz, R. Nissen:* Intra- und postoperative Zwischenfälle, Bd. II Abdomen, 2. Aufl. Thieme, Stuttgart 1971
5. *Caspari, W. F., R. Schiessel:* Postoperative Folgezustände nach Vagotomie. Der Internist 9, 23 (1982), 486–493
6. *Demling, L.:* Klinische Gastroenterologie, Bd. I. Thieme, Stuttgart 1973
7. *Ewe, V.:* Ursachen der chologenen Diarrhöe. Dt. med. Wschr. 32, 100 (1975), 1639–1640
8. *Hafter, E.:* Praktische Gastroenterologie, 5. Aufl. Thieme, Stuttgart 1973
9. *Lennert, K. A.:* Das Dünndarm-Stase-Syndrom nach Seit-zu-Seit-Anastomose. Der Chirurg 1, 50 (1979), 21–25
10. *Riecken, E. O., C. Herfarth:* Das Kurzdarmsyndrom. Der Internist 9, 23 (1982), 503–508
11. *Schumpelick, V., R. Winkler:* Mißerfolge und Korrektureingriffe (Postoperative Syndrome an Dünn- und Dickdarm). Arch. klin. Chir. 352 (1980), 153–158
12. *Schweiberer, L., F. Eitel:* 20 Jahre nicht resezierende Ulkuschirurgie. Zuckschwerdt, München – Bern – Wien 1983
13. *Siewert, J. R., A. L. Blum:* Postoperative Syndrome. Springer, Heidelberg 1980
14. *Williams, N. W., J. C. Cooper, A. T. Axyon, R. F. King, M. Barker:* Use of a long acting somatostatin analogue in controlling life threatening ileostomy diarrhea. Br. med. J. 289 (1984), 1027–1028

Die Immunität des Darmes

H. A. Stickl

Über den Magen-Darm-Trakt erfolgt beim Neugeborenen der erste große Antigenkontakt mit der Außenwelt: Die Keimbesiedlung des Darmes erfolgt beim Durchtritt durch die Geburtswege.

Bakterielle Heteroantigene des Magen-Darm-Traktes als „Geburtshelfer" für Isoantigene und Isoagglutinine

Werden durch Schnittentbindung zur Welt gekommene Frühgeborene in der Couveuse steril aufgezogen, so kommt es nicht oder verspätet, d. h. erst mit der Keimbesiedlung des Darmes, zur genetisch vorgeprägten Ausbildung des individuellen Blutgruppenmusters. Dies heißt, daß erst mit der Auseinandersetzung mit Umweltantigenen sich die (iso=)immunologische Identität vollkommen ausprägen kann.

Antiinvasive Massierung des zellulären Immunsystems im Darmtrakt des Neugeborenen

Die intensive Auseinandersetzung mit bakteriellen Antigenen im Darmbereich zeigt sich beim Neugeborenen innerhalb der ersten 3 Lebensmonate auch an der Konzentration thymusabhängiger Lymphozyten in den Lymphknoten des Darm-Splanchnikus-Bereiches: Sie beträgt beim Neugeborenen im ersten Trimenon ca. 90%, beim Erwachsenen ca. 40%. Kommt es in dieser Lebensphase zu einer toxischen Gastroenteritis – Schicksal vieler Säuglinge der „Dritten Welt" –, so wird ein großer Teil des T-Lymphozyten-Immunapparates auf Lebensdauer vernichtet: Diese Kinder entwikkeln z. B. keine Tuberkulin-Allergie nach BCG-Impfung – und auch später nicht, nach Erkrankung an manifester Tuberkulose (12, 13). Als Erwachsene sind sie mit einer hohen Frequenz von Erkrankungen an malignen Lymphomen belastet (12, 13).
Auch Lepra lepromatosa tritt vorzugsweise bei denjenigen Personen auf, bei denen das zelluläre Immunsystem diesen schweren Substanzverlust in den ersten Lebenswochen erlitten hatte (13).

Mechanische Barrieren

Vergleich zwischen Lunge und Darm

Eine der klassischen Definitionen des Immunsystems hebt hervor, daß es Hauptaufgabe des Immunsystems sei, den Schutz des inneren vor dem äußeren Milieu zu gewährleisten. In diesem Sinne mag ein Vergleich mit der Lunge die Bedeutung des Magen-Darm-Traktes für das Immunsystem – und umgekehrt – erhellen. Auch in der Lunge kommt es zum intensiven Umweltaustausch mit jedem Atemzug. Das Milieu extérieur wird Teil des Milieu intérieur, doch in der Regel gelangen Fremdantigene nicht bis an die resorbierende Alveolar-

schleimhaut: Zahlreiche Barrieren, beginnend von der Nasenschleimhaut mit ihren Conchien, dem Flimmerepithel der Bronchien, dem Schleimbelag u. a., versuchen die eingeatmete Luft von Fremdsubstanzen zu reinigen. Gelangen diese aber dennoch in die Alveolen, so führen sie zu Immunreaktionen, die denen nach parenteraler Applikation dieses Antigens gleichen.
Im Darmtrakt dagegen gibt es, nach oraler Aufnahme potentieller Antigene, keine Barrieren: Antigene Substanzen aus der Nahrung und bakterieller Herkunft finden direkten Zugang zu den Schleimhäuten, werden sogar undegradiert persorbiert und können so über den Ductus thoracicus in astronomischen Mengen in die Blutbahn und zu den Immunorganen (Lymphknoten, Milz, u. a.) des Körpers (auch außerhalb des Bereichs der Darmlymphknoten) gelangen. Erst in der weiteren Passage durch den Darm erfolgt fermentative Degradierung und Denaturierung von Eiweißantigenen. Bakterien, ihre Stoffwechselprodukte und Gifte werden in großer und zunehmender Menge im Darm gebildet; die Fäzes bestehen schließlich zu über 2 Drittel aus Bakteriensubstanzen. Dennoch kommt es weder zum Endotoxinschock noch zur pathogenen massiven Keiminvasion.
Welchen Immunfunktionen ist dies zu verdanken?

Muttermilch – und die Rolle der Keimbesiedlung des Säuglingsdarmes

Beim vollgestillten Säugling bildet sich eine atoxische Bifidusflora aus. Diesen säurebildenden Saprophyten, deren Zellwände einen isoelektrischen Punkt zwischen pH = 4 und 5 aufweisen, fehlt die invasive Tendenz: Sie werden vom elektronegativen Gitter der Darmoberfläche muttermilchgenährter Säuglinge abgestoßen (Kolibakterien: pH = 8). Daneben inhibiert das deutlich saure Darmmilieu des gestillten Säuglings Keime, deren Lebensoptimum im alkalischen Bereich von pH = 7,2 bis 9,5 liegt. Dem Säugling wird auf diese Weise in seiner kritischen postnatalen Adaptationsphase mit Blockade des RHS durch Blutmauserung u. a. ein nicht unbeträchtlicher Teil der Auseinandersetzung mit Heteroantigenen erspart. Isoantikörper (s. o.) treten dementsprechend bei vollgestillten Kindern erst nach der 6. bis 10. Lebenswoche deutlich nachweisbar auf (s. auch 36). Mütterliche IgA-Antikörper in der Muttermilch vermögen zudem eine Vielzahl an Heteroantigenen zu neutralisieren, so u. a. das Poliovirus, Rotaviren, Endotoxine gramnegativer Keime u. a.

Der Säugling als Lehrmeister von Erwachsenen?

Es liegt nahe, daß diese Beobachtungen auch bei Erwachsenen mit gastrointestinalen Störungen ihren Niederschlag finden, – durch Diäten, die eine Ansäuerung des Magen-Darm-Inhaltes fördern, durch Zusätze, wie Laktulosepräparate, die das Wachstum bifidusähnlicher Keime begünstigen oder durch den massiven Zusatz von säurebildenden Erregern, bestimmten Hefen (Saccharomyces Boulardii) oder von Bifiduskulturen. Sieht man von immunologisch orientierten Ärzten ab, so gelten diese Therapieansätze mit dem Ziel einer „Symbioselenkung“ in der klassischen Schulmedizin bis heute als suspekt.

Die Rolle der sekretorischen Immunglobuline A und anderer Antikörperkategorien

Neben den mechanischen Barrieren des Respirationstraktes gibt es auf den Schleimhäuten des Magen-Darm-Traktes wie des Respirationstraktes und der Lungen (als eine Art „Pförtner") das sekretorische Immunglobulin A.

Beim Säugling ist das IgA erst ab 8. Lebensmonat nachzuweisen. Es wird im Magen-Darm-Trakt zum Teil durch die Muttermilch, zum Teil infolge der physiologischen Durchlässigkeit der „unreifen" biologischen Membranen durch den Durchtritt von Serumantikörpern substituiert, die im ersten Trimenon fast ausschließlich mütterliche Leihantikörper sind. Experimentell konnten *Pinegin* et al. (35) nachweisen, daß die Mikroflora des Darmes von den Serum-IgG wesentlich abhängt und besonders bei Sekundärschädigungen des Darmes mit erhöhter Plasmadurchlässigkeit (z. B. infolge Strahlenschädigung) von dem Serum-IgG im Sinne einer Verhütung unerwünschter Dysbakterien günstig beeinflußt wird. Beim Säugling mit der physiologisch höheren Durchlässigkeit der Darmschleimhaut für Serumimmunglobuline besteht daher auch unmittelbar nach der Geburt ein relativer Schutz des Darmes vor Rotavirus-Infektionen, wenn die Mutter IgG-Antikörper gegen Rotaviren besitzt (Durchtritt von ca. 0,05 bis 0,2% der Serum-IgG des Säuglings in den Darm).

Erhalten Säuglinge jedoch unmittelbar nach Geburt die orale Pertussisimpfung, so sind sekretorische IgA schon 3 Wochen post partum auf der Mundschleimhaut nachzuweisen (15). Die IgA-Sekretion läßt sich also durch bestimmte Impfstoffe – letztlich Bakteriensuspensionen – stimulieren, so daß funktionelle Titer eher auftreten, als normalerweise zu erwarten wäre.
Immunglobuline A binden an den Schleimhautoberflächen – also vor Kontakt mit dem Schleimhautepithel selbst und vor dem Eindringen von Antigenen in den Organismus – den überwältigenden Teil der Fremdantigene, teilweise (z. B. bei darmpathogenen Kolibakterien) deren Adhärenzfaktoren (19, 44). Die Keime werden dann „per vias naturales" aus dem Organismus eliminiert.

Die erste Immunbarriere, der „Pförtner auf den Schleimhautoberflächen", das IgA, ist aber gegenüber einer Reihe von Schädigungen sehr empfindlich. Überhaupt scheint es Menschen mit geringerer Bildungs- und Sekretionsfähigkeit von IgA zu geben. Hier tritt dann das Immunglobulin E aus dem zweiten Glied der immunologischen Abwehr von Fremdantigenen hervor. Dieses findet ursprünglich seine Bestimmung in der Bekämpfung von Parasiten. Sein ersatzweiser Anstieg für IgA ist aber als immunologische Fehlreaktion zu deuten und findet Ausdruck in der pathologischen Allergiereaktion.

Das Immunglobulin A des Darmes wird durch die in großer Zahl in der Lamina propria der Darmschleimhaut befindlichen synthetischen Plasmazellen gebildet. Diese wiederum sollen aus B-Zellen der fetalen Leber stammen (9, 32). Die Besiedlung der Schleimhäute mit IgA-produzierenden B-Zellen findet noch in den ersten Lebensmonaten des Säuglings statt, d. h., sie ist bei Geburt noch nicht abgeschlossen.
Später lösen sich IgA-produzierende Plasmazellen aus den Peyerschen Lymphknotenplaques und wandern über die mesenterialen Lymphwege in die Lamina propria der Darmmukosa ein.
An äußeren, später und sekundär hinzutretenden Noxen mit Erniedrigung des IgA auf den Schleimhautoberflächen sind das Rauchen (Kadmium-Effekt?: hoher Gehalt an Kadmium im Tabak), Alkoholismus, Einnahme von Hydantoinen, Kortisonpräparaten, Azetylsalizylsäure und andere Rheumatika u. a. sowie alle Zytostatika zu nennen.
Das Immunglobulin A der Schleimhautoberflächen des Darmes hat die Aufgabe, sich mit den Oberflächenstrukturen von Keimen des Darmes zu binden. Damit wird die Adhärenz der Keime an den Zelloberflächen der Darmschleimhaut und ihre Persorption (Durchwandern durch die Interzellulärspalten) verhindert. Kommt es infolge IgA-Mangels oder noch fehlender Immuni-

tät zur Keimadhärenz, so können an diesen Stellen Zell- und Gewebedefekte entstehen, und diese können die Darmwand permissiv für eindringende Erreger machen (38), die dann in tieferen Abschnitten des Körpers vom Immunsystem eliminiert werden müssen (zumeist in den Glissonschen Dreiecken der Leber, aber auch durch phagozytierende periphere Leukozyten). Die IgA-Antikörper richten sich dabei gegen spezifische Adhärenzfaktoren der Erreger (36). Gewebsdefekte können aber auch Allergenen Einlaß verschaffen, so daß eine passagere gastrointestinale Störung indirekt zur Initiation einer Allergie werden kann.
Kommt es infolge Versagens der immunologischen Darmbarriere zur Resorption bakterieller Toxine aus dem Darm, so tritt ein Abfall des Serumkomplements als Zeichen einer allgemeinen Auseinandersetzung des Körpers mit invasiven bakteriellen Produkten ein (51).

Einfluß der Darmflora auf das Immunsystem

Wie allgemein bekannt, ist der Darm dicht mit Keimen besiedelt; im oberen Dünndarm (Duodenum) und Beginn des Ileums dominieren Kolibakterien (Duodenum: 10^3/ml) und andere aerobe Keime, ab unterem Ileum nehmen Anaerobier zu. Kolibakterien, früher so sehr überbewertet, spielen im tieferen Darmbereich eine untergeordnete Rolle und machen von insgesamt etwa 10^{10} bis 10^{12} Erregern pro g Stuhl nur 0,01% aus (s. auch 44). Im Rektum bestehen schließlich 2 Drittel der Stuhlmasse aus diversen Keimen und ihren Substanzen. Die Zahl der IgA-produzierenden Plasmazellen in der Lamina propria der Darmschleimhaut ist im Duodenum – also in den relativ keimarmen Abschnitten des oberen Dünndarmes – am größten, wobei auch die Säurebarriere des Magens bei einem gesunden Menschen hierzu beiträgt. Mit der immunologischen Erkenntnis der Darmbesiedlung für unseren Körper – man denke an die Induktion der Isoagglutinine und an die riesige Leistung des Immunsystems, diese Masse an Erregern im Inneren des Körpers im Zaum zu halten und vom übrigen Milieu intérieur abzugrenzen – stellte sich sehr bald die Frage nach der „richtigen" Keimbesiedlung, nach der „Eubakterie" bzw. „Dysbakterie". Je differenzierter die Untersuchungsmethoden wurden, d. h., je mehr sie über die Primitivkultur der Endoplatte hinausgingen, um so mehr wurde bewußt, wie gering die Kenntnisse über das Ökosystem der Darmflora sind (21, 25, 44). Während noch beim Säugling mit Muttermilchernährung eine Bifidusflora vorherrscht, ändert sich dies beim Übergang auf die gemischte Kost des Erwachsenen rasch: Sporenlose Anaerobier nehmen überhand und repräsentieren pro g Stuhlmasse im unteren Darmbereich 10^{10} bis 10^{12} Keime. Kolibakterien, Streptococcus faecalis u. a. und die Bifidusflora machen zusammen weniger als 0,1% aus. Ihre Verfütterung in Tropfen oder Kapseln mit der Hoffnung einer Änderung der Darmflora auch in noch so hohen Dosen muß angesichts der 5 bis 7 m Darmlänge eines Erwachsenen mit ca. 3 m Enddarm, ca. 3 bis 4 kg Stuhlmasse enthaltend, ohne jeglichen Effekt bleiben. Eine „Symbioselenkung" zum Ziel einer iatrogen induzierten „Eubakterie" ist bisher unbewiesen und von den bestehenden Voraussetzungen her wenig sinnvoll. Dem widerspricht nicht, daß bei bestimmten Indikationen präoperativ für kurze Zeit der Darm durch Antibiotika keimarm gemacht werden kann (20, 24). Auch der Vitaminhypothese früherer Jahre durch eine „Keimeubakterie" kommt keine Realität zu (44).

Zur Rolle regulativer Immunfunktionen im Darmbereich

So ungeklärt der Begriff „Symbiosenlenkung" der Darmflora durch iatrogene Zufuhr von Keimsuspensionen – auch in höchstmöglicher Quantität! – noch sein mag, um so differenzierter scheinen sich immunologische Vorgänge abzuspielen – wobei quantitative Einflüsse offenbar eine geringere Rolle vor spezifisch-qualitativen spielen. So schwierig es auch ist, im Ökosystem des Darmes den Zustand der Dysbakterie zu definieren, so deletär kann es sich für den Menschen auswirken, wenn Keime vom Darm aus in andere Bereiche des Körperinnern gelangen, – durch Verletzung, Tumoren, Bestrahlung, durch Übertritt bei Immuninsuffizienz. Dabei ist zu erwähnen, daß es bei den normalerweise in unteren Darmbereichen (Ileum, Sigma) pro g Stuhlmasse mit 10^5 bis 10^8 vertretenen Kolibakterien auch pathogene, hochvirulente Vertreter gibt und ihr uneingeschränktes Lob als friedliche Kommensalen zumindest für die enterotoxisch-zytolytischen, enteroinvasiven und enterotoxinbildenden Kolitypen nicht zutrifft.

Bei Schädigung des Immunapparates und bei alten Menschen kommt es auch zu einer Zunahme von Kolibakterien im Ileum. Zu diesen oft transient opportunistischen Keimen zählen u. a. auch Klebsiella- und Pseudomonas-Keime, die beim Gesunden numerisch kaum eine Rolle spielen, z. B. aber bei Patienten mit granulozytopenischer Leukämie zu klinischer Bedeutung gelangen. Zudem kann man über 400 verschiedene Keime oder deren Typen im Darm nachweisen; es ist das Verdienst einer Arbeitsgruppe der DFG (1966), hier ordnend gewirkt und Wesentliches herausgestellt zu haben (4).

Sicherlich sind Candidabefunde von weniger als 10^3/g Stuhl ohne Bedeutung; sie finden sich oft nach längerer Einnahme (über 5 Jahre) von Ovulationshemmern. Zahlen von 10^8/g Fäzes und mehr weisen jedoch auf andere Störungen hin (Immundefekte, Gefäßschäden bei schlecht eingestellten Diabetikern? u. a. m.). Es sind insgesamt weniger gastroenterologische Störungen im engeren Sinne als allgemein-internistische und immunologische, die zu diesen Verschiebungen im Ökosystem des Darmes führen können.
Immerhin scheinen die von Pädiatern besonders beschriebenen Keime der Bifidus- und Lactobacillusgruppe eine gewisse stabilisierende Funktion auf das Ökosystem des Darmes auszuüben. Sie sind normale Angehörige der Stuhlflora und mit ca. 10^7 bis 10^9 Keimen pro g Stuhl in der physiologischen Darmflora vertreten. Gleichermaßen verantwortlich zur Erhaltung einer „normalen" Darmflora ist das anaerobe Genus Bacteroides. Beide hier genannten Keimgruppen stellen die Hauptwiderstandskraft gegen Fremdbesiedlung dar.

Wird experimentell ^{3}H-markiertes bovines Serumalbumin (BSA) oral in geringer Dosis verabreicht (0,1%ig im Trinkwasser), so kommt es nur zur lokalen Immunisierung des Darmes, die sich in einer Hemmung der Resorption nachgegebener größerer Mengen von BSA äußert. Werden größere Mengen von BSA Versuchstieren konzentriert verabreicht, so können bis zu 2% des Albumins unverändert resorbiert werden, und zwar finden sich 0,8% in den mesenterialen Lymphbahnen und ca. 1,1% in der Vena portae (17, 58, 59). Der Prausnitz-Küstner-Test fällt positiv aus (48).
Bei parenteraler Immunisierung von Versuchstieren (Mäusen) mit heterologen Erythrozytensuspensionen kommt es bei nachfolgender oral-gastraler Zufuhr zu einer Resorptionshemmung (keine Persorption); auch eine immunologische Sekundärreaktion ist anhand der Hämolyseplaques-Bildung im Jerne-Test zu registrieren (2). Werden die Hammelblutkörperchen den Mäusen zuerst oral-gastral verabreicht, so kommt es bei zweiter Applikation nach mehreren Wochen Abstand – trotz primärer Bildung von IgA-Hämolyseplaques in der Milz – zu keiner immunologischen Sekundärreaktion: Ein „Immungedächtnis" als Voraussetzung einer Sekundärreaktion

(„Memory-Reaktion") war also durch die orale Immunisierung nicht gebildet worden. Die parenteral-orale Immunisierung führte überwiegend zu hämolysierenden IgM-Plaques in der Milz, die oral-gastrale zu IgA-Plaques (23).

Schon früher beschrieben *Sulzberger* (55) und *Chase* (8) die Induktion einer T-Zell-abhängigen Allergen- und Antigentoleranz nach oral-gastraler Aufnahme von Antigenen bzw. Allergenen gegenüber parenteraler Applikation bzw. dem Versuch einer Kontaktallergisierung mit dem gleichen Antigen bzw. Allergen. Auch mit T-Zell-unabhängigen Antigenen konnte durch orale Applikation eine relative Antigentoleranz induziert werden (34). Umgekehrt konnte eine bereits bestehende Sensibilisierung gegen T-Zell-abhängige und -unabhängige Antigene durch orale Zufuhr desselben Antigens aufgehoben werden (53). Bei der oralen Behandlung von Pollenallergikern mit Pollenpräparaten bzw. -extrakten hat sich dieses Prinzip auch beim Menschen bewährt (54, 63). Die Induktion einer Antigen- bzw. Allergentoleranz auf oral-gastralem Wege ist also möglich.

Zusammengefaßt bedeutet dies, daß Art und Weise der primären Antigen- bzw. Allergenapplikation die sekundäre Immunantwort auf das gleiche Antigen bis hin zur Toleranzinduktion bestimmen und daß unser Immunsystem in erster Linie reguliert, in welchem Umfang oral-gastral aufgenommene antigene Substanzen aus der Nahrung oder der Keimflora des Darmes aufgenommen werden. Oral aufgenommene Antigene führen primär zur IgA-Immunantwort offenbar ohne Memory-Engrammierung bzw. mit der Tendenz zur Toleranzinduktion, parenteral applizierte Antigene dagegen zuerst zur IgM-Immunantwort mit Ausbildung eines „Immunmemory", das bei erneuter Applikation des gleichen Antigens zur immunologischen Sekundärantwort führt. Schließlich reguliert das Immunsystem, welche Antigene, oral zugeführt, zur Resorption gelangen. Auch die Keimbesiedlung des Darmes unterliegt immunologischen Regulationen. Damit ist durch pathologische und krankheitserzeugende Besiedlung mit toxischen und virulenten Keimen auch rückwirkend eine starke Belastung des Immunsystems gegeben, die sich im Organismus allgemein (51) durch Senkung der Widerstandsfähigkeit gegenüber anderen Infekten (z. B. Angina [22]) äußern kann.

Bedeutung der oralen Zufuhr von Antigenpräparaten und von sogenannten „physiologischen" Vakzinen

Mit jeder Mahlzeit ist auch die orale Zufuhr von Antigenen aus der Nahrung verbunden: Allergische Reaktionen treten nur ausnahmsweise auf; neue Immunisierungen sind im tagtäglichen Ablauf der Nahrungszufuhr kaum noch zu erwarten. Die Nahrung ist auch weit davon entfernt, keimfrei zu sein, und bei einem gesunden Menschen kommt es weder zu Magen-Darm-Infektionen noch zu registrierbaren Immun- oder Allergiereaktionen. Das seltene Zusammentreffen hochvirulenter, invasiver und pathogener Erreger, wie z. B. Salmonella typhi, mit dem Organismus kann allerdings dann zu schweren Allgemeinerkrankungen, ausgehend vom Magen-Darm-Trakt, führen.

Unter diesem Aspekt scheint es wenig sinnvoll zu sein, relativ geringe Bakterien- oder Sproßpilzmengen – verglichen mit den immensen im Darm befindlichen Keimmengen – oral zuzuführen. Eine gerade noch plausible Ausnahme mag die gezielte Neubesiedlung des Darmes mit Ökosystem-freundlichen Erregern nach chemotherapeutischer Keimdekontamination, etwa vor eingreifenden Operationen, sein (24).

Aus dieser Sicht heraus mag es paradox erscheinen, in diese Abundanz an diversen Antigenen und an Keimen einige wenige „physiologische" hinzuzutun, um danach zu hoffen, man könne therapeutische Wirkungen erzielen. Die Skepsis von Ärzten, Kassen – und oft auch von Patienten! – gründet sich hierauf. Dennoch läßt sich durch orale Applikation bestimmter Keimpräparate eine Änderung der Darmflora registrieren, aber sie kommt vor allem auf immunologischem Wege zustande, weniger durch bloße mechanische Verdrängung einer vorgegebenen.

Eine bloße numerische Verdrängung einer angeblich „falschen" eigenen Darmflora durch die Zufuhr einer „richtigen" in Form von Präparaten wird kaum noch von jemandem – mit Ausnahme des Zustandes nach antimikrobieller Darmdekontamination – ernsthaft diskutiert (22, 25, 26, 44). Auch die Substitutionstheorie von Vitaminen als therapeutischer Faktor durch besonders „wertvolle" Hefen gehört der Vergangenheit an (44).

Dokumente der Wirksamkeit

Auf der anderen Seite gelingt es durch die Schluckimpfung gegen Kinderlähmung tatsächlich gegen Poliomyelitis zu immunisieren. Gleiches ist für die Defektmutante von Salmonella typhi gegen Typhus abdominalis belegt (37, 46, 48).

Ebenso belegt ist die orale Toleranzinduktion gegenüber Allergenen durch orale Applikation des korrespondierenden Allergens – experimentell durch *Sulzberger* (55) und *Chase* (8) sowie *Stickl* et al. (53), klinisch durch *Stickl* und *Kerscher* (54) u. a. *Wüthrich, Dietschi* und *Mokri* (63) konnten hiermit bei bis zu 77% der behandelten Patienten in einer prospektiven Blindstudie eine deutliche klinische Besserung der allergischen Pollinose erzielen. Weitere Untersuchungen dieser Art stammen von *Worthman* und *Jorde* (61) u. a.

Umfangreiche Belege liegen über die immunstimulierende Wirkung von Zellwandantigenen diverser Bakterien (z. B. Broncho-Vaxom® und I. R. S. 19) vor. Chronische Osteomyelitiden konnten durch orale Applikation von Autovakzinen zum Abheilen gebracht werden (37, 45). Oral zu applizierende Präparate von Saccharomyces Boulardii (11), von apathogenen Keimsuspensionen, teilweise sogar mit lebenden Erregern, von Bakteriengemischen oder von Hefezellen führen in dem mit Immunozyten dicht besetzten oberen Dünndarmteil (Duodenum und oberes Ileum) zu einem breit gefächerten „unspezifischen" Reiz auf die Bildung von Immunglobulin A. Da dieser Reiz systemisch erfolgt – also auch in der Mundschleimhaut, der Nasenschleimhaut, von den Konjunktiven (2, 3, 5, 22, 28, 29) – und vermehrt Immunglobulin A sezerniert wird, kann erklärt werden, warum die Applikation solcher Bakteriensuspensionen zu einem allgemeinen Immunstimulus (11, 22, 23, 27) mit klinischer Besserung sogenannter „banaler" rezidivierender Infekte führen kann (50). Die Applikation großer Dosen von Saccharomyces Boulardii (z. B. als Perenterol®-Kapseln) führt, wie eigene Beobachtungen zeigen, zu einer raschen, bereits innerhalb von 3 bis 4 Tagen sichtbaren Besserung der sonst so therapieresistenten perioralen Dermatitis.

Zusammengefaßt bedeutet dies, daß die Applikation von Hefe oder Bakterienmischpräparaten weniger zu einer Änderung der Darmflora im Sinne einer Symbioselenkung führt, sondern dies über einen Immunstimulus mit vermehrter Sekretion von IgA bewirkt.

Defekte im Immunglobulin-A-Haushalt

Tiefgreifende Defekte im Immunglobulin-A-Haushalt der Schleimhäute des menschlichen Körpers finden sich ohne bekannte Ursache bei etwa 1 von 800 Personen. Sehr häufig liegen hier Anti-IgA-Antikörper vor. Passagere IgA-Defekte, vor allem hinsichtlich der Sekretion auf die Schleimhäute, sind jedoch nicht selten: Umweltgifte, bestimmte Medikamente u. a. können hierbei ursächlich im Sinne einer Sekretionshemmung beteiligt sein. Diese passageren Senkungen können durch einen entsprechenden, das IgA-System treffenden Immunstimulus offensichtlich behoben werden. Auch beim Neugeborenen mit der im Säuglingsalter erst langsam und schwach einsetzenden körpereigenen Produktion und Sekretion des IgA kann, wie Untersuchungen von *Falck* et al. (15, 16) gezeigt haben, durch Stimulation der adäquaten Immunorte im oberen Darmbereich ausgeglichen und beschleunigt werden. Ein großer Teil der im Säuglings- und Kleinkindesalter üblichen katarrhalischen Infekte und Durchfallerkrankungen ließe sich wahrscheinlich mit einer postnatalen oralen Immunstimulation verhüten (Untersuchungen sind noch im Gang [15]).

Vor allem aber ist diese Form der Immunstimulation unschädlich und harmlos; sie führt nicht zu Nebenreaktionen nennenswerter Art. Die größte klinische Bedeutung indes haben die spezifischen Immunisierungen mit dem oralen Polio-Impfstoff nach *Sabin* sowie die orale Typhus-Impfung mit einer Defektmutante von Salmonella typhi erlangt. Kenntnisse über die orale Immunisierung, wie zuletzt genannt, sind weit verbreitet. Dennoch gelangte der Darm als Immunorgan bislang wenig ins Bewußtsein von Arzt und Patient.

Literatur

1. *Anderson, P.:* Fecal flora and resistance to invasive bacteria. New Engl. J. Med. 300 (1975), 1124–1125
2. *André, C., H. Bazin, J. F. Heremans:* Influence of repeated administration of antigen by the oral route on specific antibody-producing cells in the mouse spleen. Digestion 9 (1973), 166–175
3. *Baenkler, H.W.:* Immunologie und Gastroenterologie. Fortschr. Med. 97 (1979), 683–736
4. *Braun, O. H., J. Dehnert, H. Haenel, K. Hoffmann, M. Kienitz, J. B. Mayer, H. Reploh, G. Reuter, H. P. R. Seeliger, H. Werner:* Methoden der bakteriologischen Stuhluntersuchungen (DFG-Studie). Zentbl. Bakt., I. Abt. Orig. 200 (1966), 405–416
5. *Challacombe, S. J., T. B. Tomasi:* Systemic tolerance and secretory immunity after oral immunization. (Übersicht) J. exp. Med. 152 (1980), 1459–1471
6. *Chandra, R. K.:* Immonological consequences of malnutrition. Zit. nach *Stickl, H.:* Food and immunology, pp. 127. In: Sozialpädiatrie. *Maneke, M.* (Hrsg.). Urban & Schwarzenberg, München 1978
7. *Chase, M. W.:* Inhibition of experimental drug allergy by prior feeding of the sensitizing agent. Proc. Soc. exp. Biol. Med. 61 (1946), 257
8. *Chase, M. W.:* Tolerance towards chemical allergens. In: La tolerance acquiseé la tolerance naturelle à régard de substances antigéniques definés, pp. 139–160. *Bossard, E.,* et al. (eds.). CNRS, Paris 1963
9. *Cooper, M., M. Lipkin:* Growth and development of normal and diseased gastrointestinal cells. Digestion 8 (1973), 191–200
10. *Cottier, H., T. Schaffaer, A. D. Chanana, D. D. Joel, B. Sordat, S. J. Bryant, M. W. Hess:* Species differences in the effectiveness of intestinal barriers against penetration of inert particulates and bacteria. In: Gram-negative bacterial infections and mode of endotoxin actions, pp. 80–85. *Urbascheck, B., R. Urbaschek, E. Neter* (eds.). Springer, Wien – New York 1975
11. *Ducluzeau, R., M. Bensaada:* Effet comparé de l'administration unique ou en continu de Saccharomyces Boulardii sur l'établissement de diverses souches de Candida dans le tractus digestif de souris gnotoxéniques. Ann. Microbiol. de l'Inst. Pasteur 133 (1982), 491–501
12. *Dutz, W., E. Kohout, E. Rossipal, K. Vessal:* Infantile stress, immune modulations and diseases patterns. Rev. Path. Ann. 11 (1976), 514–555
13. *Dutz, W., E. Rossipal, K. Vessal:* Immunologische Entwicklungsstörungen und Krankheitshäufigkeit. Fortschr. Med. 95 (1977), 1404–1408
14. *Enders, G., J. Seifert:* Die Bedeutung der Peyer'schen Plaques für die Darmimmunität. Fortschr. Med. 101 (1983), 113–117
15. *Falk, W.:* Orale Pertussis-Impfung Neugeborener. Zit. nach *Stickl, H.* In: Sozialpädiatrie. *Maneke, M.* (Hrsg.). Urban & Schwarzenberg, München 1978 und Ber. Österr. Impfausschuß, Wien, Okt. 1984
16. *Falk, W., K. Rosanelli:* Die orale Pertussisimpfung. Paediatr. Paedol. 20, 1 (1985), 95–102
17. *Ferguson, R., P. Asquith, D. Catty, W. T. Cooke:* Lymphoid cells in jejunal mucosa (letter). Lancet i (1975), 1031
18. *Gedek, B.:* Zur Wirkung des Hefepräparates Perenterol. Münch. Med. Wschr. 117 (1975), 97–98
19. *Gibbons, R. J.:* Bacterial adherence to mucosal surfaces and its inhibition by secretory antibodies. In: The immune globulin A system. *Mestecky, J.* (ed). Plenum Press, New York 1974

(s. auch: *Cebra, J. J., R. Kamat, P. Gearhart, S. M. Robertson, J. Tseng:* The secretory IgA system of the gut. In: Immunity of the gut. Ciba Found. Symp. No. 47, pp. 5–28. Elsevier, Amsterdam 1976)
20. *Haralambie, E., H. K. Mahmond, G. Linzenmeier, F. Wendt:* The „clostidial effect" of selective decontamination of the human gut with trimethoprim/sulphamethoxazole in neutropenic patients. Infection 10 (1982), 1–7
21. *Haenel, H., J. Bendig:* Intestinal flora in health and disease. Progr. Food Nutr. Sci. I (1975), 21–64
22. *Kalinski, S.:* Die Steigerung der körpereigenen Abwehr bei chronisch recidivierender Tonsillitis mit Symbioflor I: Ergebnisse einer multizentrischen Studie. 1985 (im Druck)
23. *Lachmann, P. J.:* The immunology of the gut. In: Ciba Found. Sympos. No. 46, pp. 1–3, 352–356. Elsevier, Amsterdam 1977
24. *Linzenmeier, G.:* Darmdekontamination bei Patienten mit Kolontumoren. Colloquium Lokal-Antibiotikum (CLA' 81, Konstanz, 24.–26. 9. 1981). Schnetztor, Konstanz 1981
25. *Linzenmeier, G., E. Haralambie:* Zur gegenwärtigen Kenntnis der Stuhlflora mit Hinweisen auf die praktische Diagnostik von Eubiose und Dysbiose. Ärztl. Lab. 26 (1980), 89–93
26. *Mackowiak, P. A.:* The normal microbial flora. New Engl. J. Med. 307 (1982), 83–93 (Übersicht mit 152 Lit.-Zitaten)
27. *Massot, J., M. Desconclois, F. Patte:* Wirkung von Saccharomyces auf die unspezifische Immunabwehr bei der experimentellen Infektion der Maus. Bull. Soc. Mycol. Med. VI (1977), 277–280
28. *Mayr, A., H. Raettig, H. Stickl, M. Alexander:* Paramunität, Paramunisierung, Paramunitätsinducer. Fortschr. Med. 97 (1979), 1159–1165 und 1205–1210
29a. *McGhee, J. R., J. Mestecky, J. L. Babb* (eds.): Secretory immunity and infection. Plenum Press, New York–London 1978
29b. *McGhee, J. R., J. Mestecky* (eds.): The secretory immune system. New York Academy of Sci., New York 1983
30. *Mommsen, H.:* zit. nach *Rusch, V.*, et al. (1983)
31. *Müller-Schopp, J. W., R. A. Good:* Functional studies of Peyer's patches, evidence for their participation in intestinal immune responses. J. Immunol. 114 (1975), 1757
32. *Owen, J. J. T.:* The origin and development of lymphocyte populations. In: Ontogeny of acquired immunity. Ciba Found. Sympos. No. 5, pp. 35–54. Elsevier, Amsterdam 1972
33. *Pabst, R.:* Der Verdauungstrakt als Immunorgan – anatomische und physiologische Grundlagen. Allergologie 7 (1984), 246–252
34. *Parrot, D. M. V., A. Ferguson:* Selective migration of lymphocytes within the mouse intestine. Immunology 26 (1974), 571
35. *Pinegin, B. V., N. N. Klemparskaja, V.N. Malcev, V. M. Korsunow, G. A. Salnova, T. D. Kuzima:* Untersuchung des Einflusses von Präparaten homologer Serumimmunglobuline auf die Automikroflora des Darmes von Mäusen nach Bestrahlung. Z. mikrobiologii, epidemiol. i immunobiologii (russ.) 9 (1984), 61–65
36a. *Porter, P., S. H. Parry, W. D. Allen:* Significance of immune mechanism in relation to enteric infections of gastrointestinal tract in animals. In: Immunology of the gut. Ciba Found. Symp. No. 47, pp. 55–75. Elsevier, Amsterdam 1976
36b. *Porter, P., W. D. Allen, S. H. Parry:* Intestinal immun response to E. coli antigens in the germfree chicken. Immunology 32 (1977), 731–741
37. *Ring, J., D. von Thiel, J. Seifert, H. Stickl, J. Probst, W. Brendel:* Chronische posttraumatische Osteomyelitis: Therapieversuch mit oraler Autovaccine. Fortschr. Med. 94 (1976), 264–268
38. *Ruchti, C., H. A. Gerber, M. W. Hess, H. U. Keller, H. Cottier:* Die Barrièrefunktion des menschlichen Darms: Mechanismen des Antigeneintritts und der antimikrobiellen Schutzfunktionen. Therapeutische Rundschau 37 (1980), 161–167
39. *Ruchti, C., H. U. Keller, M. W. Hess, H. Cottier:* Die Epithelschranke des Darmes (Bedeutung und Funktion in der Infektabwehr). Fortschr. Med. 94 (1976), 531–534
40. *Ruckdeschel, G.:* Darmflora und Elementardiät. Akt. Ernährungsmed. 5 (1980), 81–88
41. *Rusch, V., M. Hyde, T. D. Luckey:* Application of S. faecalis and E. coli oral vaccines in human and animals. Prog. Food Nutr. Sci. 7 (1983), 39–52
42. *Rusch, V., M. Hyde, T. D. Luckey:* Zur Frage der Wirkung und Unschädlichkeit von Vakzinen „physiologischer" Bakterien. CHK 9 (1984), 597–606
43. *Sakai, A., S. Tanaka, S. L. Kountz:* Liver and immune response. IV. Characteristics of the liver cell-lymphocyte interactions. Transplantation 25 (1978), 110–114
44. *Seeliger, H. P. R., J. Bockemühl:* Die sogenannte Dysbakterie. Dt. med. Wschr. 109 (1984), 243–245
45. *Seifert, J.:* Immunstimulation via Magen-Darm-Trakt. Ärztl. Praxis 31 (1979), 78–79
46. *Seifert, J.:* Resorption und Immunantwort: Wechselbeziehung im Magen-Darm-Trakt. Euromed. 3 (1983), 122–124
47. *Seifert, J.:* Resorption großmolekularer Proteine und deren Wirkung auf das Immunsystem. Allergologie 6 (1983), 141–148
48. *Seifert, J., W. Brendel:* Der Magen-Darm-Trakt als potentes immunologisches Abwehrorgan. Erfahrungsheilk. 2 (1979), 94

49. *Schmidt, C.:* Unspezifische Steigerung der Phagozytoseaktivität von Peritonealmakrophagen nach oraler Gabe verschiedener Hefepräparationen. Inaugural-Dissertation, Berlin 1978
50. *Schulz, P.:* Persönliche Mitteilung, 1982
51. *Stickl, H.:* Serumkomplement und Darmflora. Klin. Wschr. 36 (1958), 442–443
52. *Stickl, H.:* Infektionsprophylaxe als sozialpaediatrische Aufgabe. In: Sozialpädiatrie. *Maneke, M.* (Hrsg.). Urban & Schwarzenberg, München 1978
53. *Stickl, H., G. Auerswald, U. Boden, D. von Thiel:* Versuche zur Beeinflussung infektiös-allergischer Prozesse durch orale Antigen-Zufuhr. Fortschr. Med. 93, Nr. 34 (1975), 1738–1744
54. *Stickl, H., G. Kerscher:* Behandlung der Pollinose mit neuen Pollenkapseln. Fortschr. Med. 98 (1980), 343–346
55. *Sulzberger, M. B.:* Hypersensitiveness to neoarsphenamine in guinea pigs. I. Experiments in prevention and desensitization. Arch. Dermatol. Siphilidol. 20 (1929), 678–699
56. *Thomas, H. C., D. M. V. Parrot:* The induction of tolerance to soluble protein antigen by oral administration. Immunology 27 (1974), 631–635
57. *Volkheimer, G., H. Wandland, W. Wagemann* et al.: Beobachtungen zum Persorptions-Mechanismus. Path. Microbiol. 31 (1968), 51–60
58. *Warshaw, A. L., W. A Walker:* Intestinal absorption of intact antigenic protein. Surgery 76 (1974), 495–499
59. *Warshaw, A. L., W. A. Walker, K. H. Isselbacher:* Proteine uptake by the intestine: evidence for absorption of intact macro molecules. Gastroenterology 66 (1974), 987–992
60. *Wendt, P., B. Grüning, B. Lenz:* Überwindung granulozytopischer Phasen in der Leukämietherapie. Verh. dt. Ges. inn. Med. 75 (1969), 916–922

61a. *Wortmann, F.:* Desensibilation spécifique des pollinoses par voie orale chez les enfants à l'aide de pollen en poudre. Méd. Hyg., Genève 27 (1969), 1–2

61b. *Wortmann, F.:* Orale Hyposensibilisierung bei der Pollinose. Allergologie 8 (1985), 17–20
(s. auch: *Jorde, W., H. F. Linskens:* Persorption of pollen and spores by intact intestinal mucosa. Acta allerg. 29 (H. 3) (1974), 165–175

62. *Wüthrich, B., J. Clasen:* Neuere Ergebnisse der peroralen Hyposensibilisierung beim kindlichen Asthma bronchiale. Mschr. Kinderheilk. 124 (1976), 248
63. *Wüthrich, B., R. Dietschi, L. Mokry:* Orale Behandlung der Pollenallergie. Der informierte Arzt/Gazette Médicale 6 (1985), 60–71

Spezieller Teil

Über die Bedeutung des Gleichgewichtes im intestinalen Ökosystem

O. E. Daiderich, B. Rieckhof

Die Darmflora (= Mikroflora)

Die Kenntnisse über Bedeutung und Zusammensetzung der menschlichen Darmflora haben sich in den letzten Jahrzehnten durch vielfältige Studien stark erweitert. Davon ausgehend ergaben sich in vielen Bereichen grundlegende Schlußfolgerungen, die zur Änderung in den Ansichten über Diagnose und Therapie bestimmter Darmerkrankungen führten (20, 28, 58, 67).
Unter Darmflora versteht man im allgemeinen ein Gemisch aus einer Vielzahl verschiedener Bakterien und Hefen, die jeder Mensch im Laufe der ersten Wochen bis Monate erst erwirbt und dann zeitlebens beherbergt (49). Bekanntlich gibt es auch eine Mund-, Haut- und Vaginalflora, ebenfalls Bakterien-Hefen-Gemische, allerdings anderer Zusammensetzung als im Darm. Der Standort der Darmflora sind die Bereiche des unteren Ileums, des Zökums (dort maximal), des Colon ascendens und transversum. Auch im Jejunum findet man bei den meisten Menschen verschiedene Bakterien; sie nehmen dort aber nicht den Platz einer etablierten Darmflora ein.
Exogen zugeführte Mikroorganismen werden gewöhnlich durch die Magensäure zerstört, jedenfalls zum größten Teil. Hefen dagegen erweisen sich bei der Magenpassage als widerstandsfähiger. Auch im Duodenum und Jejunum findet man normalerweise beim Gesunden keine Bakterienflora, ebenso weist das Colon descendens und der Enddarm keine „etablierte" Darmflora auf. Von der Gesamtmasse der Fäzes bestehen ca. 40% aus lebenden und abgestorbenen Bakterien. Pro cm^3 ausgeschiedener Fäzes findet man etwa 2 Mrd. Keime. Ein Drittel davon wird von den ca. 200 Hauptarten der menschlichen Darmflora gestellt.

Hauptflora	Obligat anaerob, 90–99 % der Gesamtflora Bifidusgruppe (grampositiv) Bacteroidesgruppe (gramnegativ)
Begleitflora	Aerob, 1–5 % der Gesamtflora Koligruppe, Streptokokken, andere Laktobakterien
Restflora	Weniger als 1 % der Gesamtflora Proteus, Clostridien, Hefen, Staphylokokken, aerobe Sporenbildner, Pseudomonas

Tab. 1 Zusammensetzung der Darmflora des gesunden Erwachsenen (29).

Die Zusammensetzung der Darmflora des gesunden Erwachsenen kann man Tabelle 1 entnehmen. Da die Anaerobier sich bei Luftkontakt nicht vermehren, wachsen auf einer normalen Stuhlkultur nur noch die aerobe Begleitflora (hauptsächlich die Koligruppe) und die Restflora. Von daher wird die fälschliche frühere Überbewertung der Kolibakterien im Stuhl verständlich. Erst seit Einführung der technisch schwierigen und aufwendigen streng anaeroben Stuhlkultur fand man heraus, daß der größte Teil der Darmflora aus den anaeroben Gruppen Bifidus und Bacteroides besteht (52).
Die Komponenten der Flora sind in gewissen Grenzen von Mensch zu Mensch ver-

schieden. Sie ändert sich auch beim selben Menschen während verschiedener Lebensabschnitte und durch äußere Faktoren wie Essensgewohnheiten, pH-Wert der Nahrung, schnelle oder langsame Peristaltik, Wirksamkeit der Verdauungsfermente u. a. (24). Ferner kann sie durch toxische oder bakterielle Krankheitseinflüsse sowie durch therapeutische Maßnahmen (Darmantiseptika, Antibiotika, Röntgenstrahlen, Zytostatika etc.) beeinflußt werden.

Der Darmflora kommen wichtige Aufgaben zu: Sie trägt durch Synthese von Verdauungsenzymen zum Abbau der Nahrungsmittel bei (17), unterhält die Trophik der Darmschleimhaut (44, 55) und verhindert durch ihre außerordentlich vielfältige Zusammensetzung das Überwuchern einzelner (unter Umständen pathogener) Keimarten, die mit der Nahrung aufgenommen werden (30). Ferner synthetisieren bestimmte Keime Vitamine der B-Gruppe, die einerseits vom unteren Ileum aus in den Organismus übergehen und andererseits das Wachstum von anderen Vitamin-B-abhängigen Keimen (z. B. Laktobakterien) ermöglichen (62). Als eine der wichtigsten Wirkungen der menschlichen Mikroflora kann heute aber wohl die allgemeine Resistenzsteigerung des Wirts gegenüber Infektionen angesehen werden (1, 13).

Im Darm selbst ist die Darmflora entsprechend ihrem Nahrungsbedarf und dem unterschiedlichen pH-Wert des Nahrungsbreies in 2 Gruppen unterteilbar: Gärungsflora und Fäulnisflora. Die Gärungsflora befindet sich im unteren Ileum, Zökum und Colon ascendens. Sie erfordert ein relativ neutrales Milieu und ist auf die in den oberen Darmabschnitten unverdauten und nicht resorbierten Kohlenhydrate sowie auf die für den Menschen nicht verwertbare Zellulose angewiesen.

Wenn der Darminhalt vom aufsteigenden in den querverlaufenden Dickdarm übergeht, stirbt die Gärungsflora zum größten Teil ab und wird durch die Fäulnisflora ersetzt. Sie lebt in einem leicht alkalischen Milieu und ernährt sich von Eiweißresten, soweit sie in den bisherigen Darmanteilen nicht verdaut und resorbiert wurden.

Zwischen Gärungs- und Fäulnisflora besteht normalerweise ein ausgeglichenes Verhältnis, das u. a. durch ein vielseitig zusammengesetztes Nahrungsangebot gewährleistet wird. Eine derart ausgeglichene (eubiotische) Darmflora kann ihrerseits die Darmschleimhaut funktionsfähig erhalten und somit den Makroorganismus vor schädigenden Einflüssen bewahren helfen. Diese Wechselwirkung zwischen Darmflora und Darmschleimhaut ist demnach für die Aufrechterhaltung der physiologischen Funktionen des Darms von großer Wichtigkeit. So hat sich denn auch mehr und mehr die Erkenntnis durchgesetzt, daß die mikrobielle Besiedlung des Verdauungstraktes in Verbindung mit dem Wirtsorganismus ein sogenanntes intestinales Ökosystem bildet (15, 67), dessen Gleichgewicht für die Gesundheit des Individuums unbedingt notwendig ist. In diesem System, das belebte und nicht belebte Komponenten umfaßt, findet eine Vielzahl von Interaktionen statt, z. B. Synergismen und Antagonismen zwischen den verschiedenen Keimen der Darmflora, zwischen Mikro- und Makroorganismus usw. Diese Interaktionen realisieren ein Gleichgewicht, welches das Überleben des Ökosystems garantiert.

Streng histologisch-anatomisch wird die Wand des Intestinaltraktes in Epithel, Mukosa, Submukosa, Muskularis und Serosa gegliedert. Berücksichtigt man jedoch mehr den physiologischen Aspekt, so läßt sich eine andere Aufteilung vornehmen: Die Darmmukosa stellt durch ihre Ausdehnung und ständige Konfrontation mit den unterschiedlichsten Fremdkörpern eine Barriere dar, durch welche die Mikroorganismen, Parasiten, Enzyme, Antigene etc. daran gehindert werden, in den Körper einzudringen. Diese Schranke bedeutet jedoch kein absolutes Hindernis, da sie auch unter physiologischen Bedingungen durch belebte und unbelebte Partikel durchbrochen werden kann. Der größere Teil wird in der Lamina propria festgehalten und verarbeitet, während ein kleiner Teil in die Blutbahn gelangt und so die zentralen Abwehrorgane erreicht. Es werden dann sowohl die lokalen als auch die systemischen Immunabwehrmechanismen stimuliert.

Diese „Barriere" (51) wird repräsentiert durch

- die dem Lumen zugewandte mikrobielle Abwehr, die normale Mikroflora: Eine Reihe von Keimarten, die der etablierten Darmflora angehören, ist eng mit der Mukosa des Epithels verbunden,
- das Immunsystem: Der Darm mit seiner Überfülle an lymphatischem Gewebe in der Lamina propria spielt eine wichtige Rolle in der gesamten Immunkompetenz des Menschen.

Funktionen der Mikroflora

Der Darmflora werden – neben den verdauungsphysiologischen Effekten – 2 Eigenschaften zugesprochen, die in diesem Rahmen von besonderer Bedeutung sind:

- Mikrobielle Barriere gegenüber pathogenen Keimen
- Erhaltung sowie Stimulation der intestinalen Immunmechanismen.

Zahlreiche Untersuchungen belegen den Schutz der normalen Darmflora vor pathogenen Keimen. So konnte gezeigt werden, daß die Verabreichung von Shigella flexneri bei einem konventionell aufgezogenen Tier zu keiner Ansiedelung des Keimes im Intestinaltrakt führte, wohingegen sich der gleiche Keim bei einem keimfrei aufgezogenen Tier im Darm ansiedelte. Für diesen Effekt werden vor allem die anaeroben Bakterien verantwortlich gemacht (30). Ebenso stellte man fest, daß keimfrei aufgezogene Tiere, die also nicht über eine physiologische Darmflora verfügen, gegenüber einer großen Zahl pathogener Erreger wie Viren, Bakterien, Protozoen und sogar Helminthen ungewöhnlich empfänglich sind (46, 47, 61, 69). Die normale Darmflora erhöht also in erheblichem Maße die Abwehrkräfte des Wirtes gegenüber einer Infektion (1). Dabei werden folgende Mechanismen der mikrobiellen Hemmwirkung diskutiert (14, 18, 45):

- Produktion von Milchsäure und anderen kurzkettigen Fettsäuren (Essigsäure, Buttersäure)
- Produktion von Hemmstoffen (Bakterizidine), die andere Keime im Wachstum behindern
- Konkurrenz um Nährstoffe
- Besetzen von Haftstellen an der Oberfläche von Enterozyten. Elektronenmikroskopische Untersuchungen legen nahe, daß anaerobe Mikroorganismen am Epithel des Darmes haften – das eine Ende dieser Keime ist mit einer grübchenartigen Vertiefung der Enterozyten verbunden (59).

Einfluß von Antibiotika auf die Darmflora

Eine besondere Rolle spielen die Auswirkungen von Antibiotika auf die menschliche Mikroflora (35, 66, 68). Besonders mit dem Einsetzen der Chemotherapie findet eine permanente Selektion der Darmbakterien statt. Dieser Einfluß auf das intestinale Ökosystem äußert sich in zweierlei Weise:

1. Es resultiert eine zahlenmäßige Verschiebung in den Relationen der einzelnen Keimarten untereinander mit Vermehrung fakultativ pathogener Keime. Eine besonders schwerwiegende Form der Wirkung von Chemotherapeutika stellt die pseudomembranöse (postantibiotische) Enterokolitis dar. Durch Verschiebung innerhalb der Ökologie der Darmflora kann es zur Proliferation und Überwucherung sonst nur spärlich in der Normalflora vorhandener anaerober Clostridien kommen. Als ätiologisches Agens stehen heute die toxinproduzierenden Stämme von Clostridium difficile

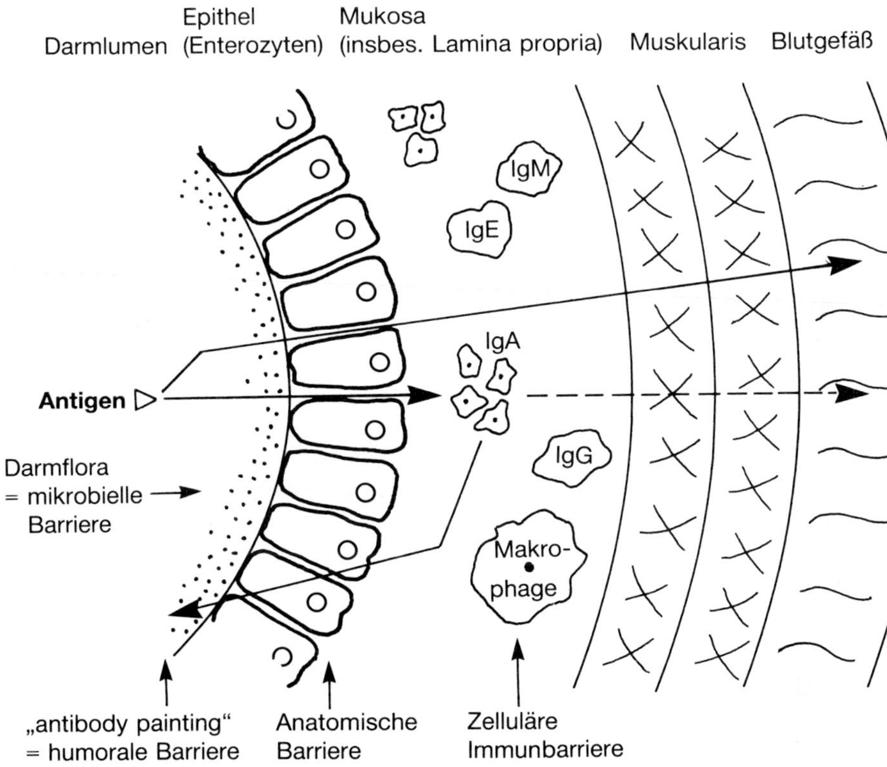

Abb. 1 Schema der Interaktionen zwischen Mikroflora und intestinalem Immunsystem bei der Abwehr von Antigenen.

fest, die zu schwerwiegenden Veränderungen der Darmschleimhaut mit Diarrhöe führen. Zuerst erkannte man einen Zusammenhang mit der Gabe von Lincomycin und Clindamycin, später stellte man fest, daß Ampicillin etwa gleich häufig, andere Penicilline, Cotrimoxazol, Cephalosporine und Metronidazol seltener, Tetracycline, Erythromycin und Aminoglykoside aber nicht oder kaum je für diese Form der Kolitis verantwortlich waren (53).

2. Es erfolgt eine Selektion der pathogenen Erreger mit Auftreten antibiotikaresistenter Stämme. Damit ist die Gefahr einer Superinfektion gegeben.

Das Immunsystem des Intestinaltraktes

Eingehende Untersuchungen haben ergeben, daß der Intestinaltrakt über ein besonderes autonomes Abwehrsystem verfügt (2). Das Immunorgan Darmtrakt ist ähnlich aufgebaut wie andere Abwehrorgane auch: Es verfügt über ein humorales und ein zelluläres System.

Die humorale Antwort auf ein in die Mukosa eingedrungenes Antigen erfolgt im wesentlichen durch Immunglobuline vom Typ IgA. Bildungsort sind die Plasmazellen, die sich nach Antigenkontakt aus den B-Lymphozyten entwickeln. Ein geringer Teil dieser IgA-Antikörper gelangt in das zirkulierende Blut, während die größte Menge in Form von sekretorischem IgA (sIgA) durch die Schleimhäute ins Darmlumen sezerniert wird und die Darmoberfläche als sog. „antibody painting" überzieht (Abb. 1) (9). Diese Immunbarriere aus sIgA vermag die Schleimhaut vor dem Eindringen pathogener Keime zu schützen. Der Wirkungsmechanismus ist noch nicht aufgeklärt. Bakterienagglutination, Virusneutralisation, Verhinderung der Absorption von Toxinen an Epithelzellen sowie Verhinderung der Haftung von Bakterien an der Schleimhaut, bestimmte Einflüsse auf das Komplementsystem des Menschen und schließlich die Stimulierung der Phagozytose werden diskutiert. Es wird vermutet, daß die sIgA-Antikörper ca. die Hälfte der gesamten Antikörperproduktion des Organismus ausmachen.

Diarrhöe ist ein häufiger klinischer Befund bei Patienten mit einem Defizit an IgA sowohl im Serum als auch in den Sekreten. Demgegenüber verhindert sIgA eine Diarrhöe, die normalerweise von einer Kolonisation mit enteroinvasiven Escherichia coli begleitet ist. Mit sIgA konnte eine bakterielle Infektion mit Vibrio cholerae verhindert werden (21).
Es gibt Hinweise, daß das seltene Auftreten von Darminfektionen, insbesondere von Diarrhöen, bei Brustkindern im Vergleich zu Flaschenkindern durch das Vorhandensein von IgA in Kolostrum und Muttermilch erklärt werden kann. Der protektive Effekt der Muttermilch gegenüber Rotaviren soll auf dem Vorhandensein von IgA-Antikörpern beruhen.
Die Bedeutung von IgG- und IgM-Antikörpern liegt wahrscheinlich vor allem in der Abwehr von Keimen, die bereits die Darmepithel-Barriere passiert haben. Die Wirkung dieser Immunglobuline dürfte zu einem guten Teil auf einer Veränderung der Bakterien durch Opsonierung und/oder auf einer Stimulation des plasmatischen Abwehrsystems über die Komplementaktivierung beruhen, zudem vielleicht auch auf einer Armierung von Makrophagen oder weiteren, bis jetzt noch nicht bekannten Mechanismen (8, 56, 70).

Das zelluläre System als zweiter Teil der Immunabwehr des Darmtraktes besteht aus den zur Phagozytose bestehenden Zellen. Die Peyerschen Plaques – knötchenartige lymphoide Strukturen in der Darmwand hauptsächlich des Ileums – enthalten die zur Teilnahme an Immunreaktionen notwendigen Elemente: Makrophagen, T- und B-Lymphozyten. T-Lymphozyten besitzen neben einer möglicherweise direkten zytotoxischen Eigenschaft (Killerzelle) die Fähigkeit zur Aktivitätssteigerung der Makrophagen, während die zur Phagozytose befähigten Zellen – zunächst Granulozyten, dann Makrophagen – das Überleben potentieller Krankheitserreger im Darmlumen verhindern.

Gegenseitige Beeinflussung von Darmflora und Immunabwehr

Unbestritten ist heute, daß die Entwicklung des intestinalen Immunsystems eng mit der bakteriellen Besiedelung des Verdauungstraktes zusammenhängt. Keimfrei aufgezogene Tiere weisen nur spärlich lymphatisches Gewebe im Darm auf, während normal aufgezogene und damit der Darmflora ausgesetzte Tiere charakteristische lymphatische Organe besitzen. So erreicht der Einstrom von T-Lymphozyten am 3. und 4. Lebenstag ein Maximum, was dem Zeitpunkt der Ausbildung der Darmflora in etwa entspricht. Am Ende der 1. Lebenswoche bilden sich in der Darmmukosa typische Plasmazellen, die bis zu 80 bis 90% IgA produzieren (10, 60).
Umgekehrt scheint auch das Immunsystem die Darmflora zu beeinflussen; lokale Antikörper scheinen Hauptfaktoren gegen ein

exzessives Wachstum der Darmflora darzustellen. Fehlende Antikörper können das Auftreten einer Infektion begünstigen. Bei Patienten mit Immunglobulininsuffizienz ließen sich keine Bacteroides mehr nachweisen. Es wird vermutet, daß das Wachstum dieser strikten Anaerobier von der Ig-Sekretion in das Kolon abhängig ist.
Darmflora und intestinale Immunabwehr sind somit trotz unterschiedlicher Wirkungsweisen miteinander gekoppelt; beide Komponenten bilden ein synergistisches System, das in der Abwehr pathogener bzw. fakultativ pathogener Keime wirksamer ist als seine Einzelkomponenten. Der Nachweis für diese Hypothesen wurde u. a. bei Infektionsversuchen mit Vibrio cholerae geführt (64).

Aus diesen Erkenntnissen lassen sich nun einige Schlußfolgerungen ableiten. Das heutige erweiterte Wissen um die qualitativen und quantitativen Aspekte der Darmflora ermöglicht ein besseres Verständnis der Folgen, die eine Störung des Gleichgewichtes im intestinalen Ökosystem nach sich ziehen muß, unabhängig von deren Ursache. An vielen tier- und humanexperimentellen Beispielen ließe sich zeigen, daß eine Störung des Gleichgewichtes im intestinalen Ökosystem mit dem Überwuchern von fakultativ pathogenen Keimen einhergeht und somit der mikrobielle Hemmeffekt, den das Ökosystem ausübt, ausgeschaltet oder zumindest reduziert wird. Wenn auch die zweite Abwehrlinie, die immunologische Barriere, zusammenbricht, gelangen die Keime aus dem Darmtrakt in den Blutkreislauf und können eine Sepsis verursachen (37). Damit wird auch die schädigende Rolle der Antibiotikatherapie deutlich: Indem sie den Barriere-Effekt zerstört und die immunologischen Abwehrkräfte schwächt, spielt sie eine wichtige Rolle in der Pathogenese systemischer Superinfektionen (3, 27, 54).

Diarrhöe – Folge des gestörten Gleichgewichtes im intestinalen Ökosystem

Bakteriell bedingte Enteritiden sind von jenen entzündlichen Darmerkrankungen zu unterscheiden, die lediglich auf der Wirkung bakterieller Toxine beruhen, d. h. ohne Anwesenheit der entsprechenden pathogenen Keime im Verdauungstrakt. Diese toxischen Enteritiden stellen einen Teil der sog. Nahrungsmittelvergiftungen dar. Die Toxinbildung erfolgt durch Kontamination und ungeeignete Lagerung, so daß es zum Bakterienwachstum kommen kann. Beispiele für diese Gruppe sind Intoxikationen durch Staphylokokken-Enterotoxin, Botulinustoxin und andere Enterotoxine.
Abgesehen von den o. g. Nahrungsmittelvergiftungen kann eine bakteriell bedingte Diarrhöe nur auftreten, wenn es im Darmtrakt zu einer Vermehrung des pathogenen Keimes kommt. Der Infektionsmodus (54) läßt sich in 3 Phasen unterteilen:

1. Eindringen der Erreger in den Darm
2. Anhaften auf dem Schleimhautepithel
3. Vermehrung auf der Schleimhaut.

Der eigentliche bakterielle Angriff auf das Schleimhautepithel läßt sich auf verschiedene Weise erklären. In den meisten Fällen kommt es zum Anhaften der Erreger auf der Epitheloberfläche. Sogenannte nichtinvasive Erreger wie Choleravibrionen und bestimmte Stämme von E. coli dringen nicht weiter ein, sondern vermehren sich an der Oberfläche und wirken durch die Abgabe von Enterotoxinen. Wenn es diesen Keimen nicht gelingt, die Darmwand zu besiedeln, werden sie auch nicht virulent. Enteropathogene Viren, die besonders bei kindlichen Diarrhöen immer mehr an Bedeutung gewinnen, sollen ihre pathogenen Wirkungen ebenfalls über diesen Mechanismus entfalten.
Die invasiven Erreger dringen bis in die Epithelzellen unter Schädigung der Mukosa

ein. Zu diesen invasiven Keimen gehören Shigellen, Campylobacter, Yersinien, enteroinvasive E. coli. Durch Transsudation und Exsudation aus den lädierten Darmabschnitten kommt es zu Diarrhöen. Charakteristische morphologische Befunde sind Epithelzerstörung und entzündliche Reaktionen in der Lamina propria.
Ebenfalls zu den invasiven Erregern werden die Enteritis-Salmonellen gerechnet, die im allgemeinen die Epithelschicht durchwandern und zur Entzündung im Bereich der Lamina propria führen. Es sieht so aus, als wäre der Hauptgrund für die Diarrhöe in einer aktiven Wasser- und Elektrolytsekretion nach dem Muster der enterotoxischen E. coli zu sehen. Zur Bakteriämie, d. h. zum Einbruch in die Blutbahn, kommt es aber gewöhnlich nur bei den Erregern des Typhus und Paratyphus.
Es sei nochmals daran erinnert, daß Keime der normalen Darmflora Haftstellen an der Enterozytenmembran besetzen und somit das Anhaften pathogener Keime an der Epitheloberfläche verhindern können. Unabhängig davon, ob die Diarrhöe auf die Ansiedlung eines fremden oder auf das Überwuchern eines darmständigen Keims zurückzuführen ist, muß für die Vermehrung der Keime eine Störung des Gleichgewichts im Ökosystem vorliegen, auch wenn diese nur kurzzeitig auftreten sollte (19). Darüber hinaus erleichtert eine Störung der Darmflora nicht nur das Fußfassen von pathogenen Bakterien, sondern sie ist auch Wegbereiter für das Eindringen von Enteroviren in die Epithelzellen der Darmwand. Bei der Auseinandersetzung des menschlichen Organismus mit eingedrungenen Erregern (z. B. Salmonellen) wird eine gestörte Darmökologie als Risikofaktor angesehen (33, 36).

Auf der Grundlage der genannten Zusammenhänge zwischen Darmflora, intestinalem Immunsystem, Keimbesiedlung, Störung des empfindlichen Ökosystems und resultierender Diarrhöe erheben sich im wesentlichen 3 Forderungen:

1. Der *chronischen Diarrhöe* liegen sehr heterogene, differenzierte Ursachen zugrunde. Die Therapie kann daher nur sinnvoll sein, wenn die Ursachen auch differenziert bekämpft werden.
2. Der *akuten Diarrhöe* durch Keimbesiedlung (häufigste Form) sollte durch Wiederherstellung des Gleichgewichtes im intestinalen Ökosystem begegnet werden.
3. Zur *antiinfektiösen enteralen Therapie* darf kein unnötiger und voreiliger Einsatz von Antibiotika erfolgen. Die durch Antibiotika einmal entstandene Schädigung des intestinalen Ökosystems bedarf restitutiver „darmökologischer" Therapiemaßnahmen.

Wie sieht nun eine solche darmökologische Behandlung aus?

Therapie von Durchfallerkrankungen, klinische Wirksamkeit von Perenterol®

Zur Vermeidung einer intestinalen Dysbiose setzt sich zunehmend die Gabe von lebenden, im Darm vermehrungsfähigen Keimen durch, also eine Therapie im Sinne der Regeneration der physiologischen Darmflora. Substrat der Wahl sind Hefen aufgrund ihres Gehaltes an biologisch hochwertigen Stoffen wie Proteinen und Fettsäuren. Im Gegensatz zu den üblicherweise verwendeten abgetöteten Hefezellen handelt es sich bei Saccharomyces cerevisiae Hansen CBS 5926 (Perenterol®) um einen Kulturwildhefestamm, der in lyophilisierter Form, also lebensfähig, eingesetzt wird. Die therapeutische Wirkung bei Diarrhöe resultiert aus mikrobiellen Interaktionen zwischen den physiologischen Darmkeimen und Saccharomyces cerevisiae (7, 22). Im unteren Ileum, Zökum und Colon ascendens existiert ein Synergismus zwischen den ansässigen Laktobakterien und Saccharomyces cerevisiae. Stimuliert werden Anaerobier, insbesondere die Bifidusbakterien, die ihrerseits Milchsäuren und großkettige Fettsäuren produzieren. Gleichzeitig werden säureempfindliche Mikroorganismen gehemmt. Die Milchsäure ihrerseits wirkt wiederum anregend auf die Saccharomyces cerevisiae, so daß vermehrt intrazellulär synthetisierte Stoffe freigesetzt werden, die eutrophisierend auf die Darmschleimhaut wirken. Im Colon transversum und descendens bildet Perenterol® selektiv das Substrat für die physiologischen Escherichia coli.

Die mikrobiellen Eigenschaften von Saccharomyces cerevisiae bestehen in der Synthese von sämtlichen Vitaminen des B-Komplexes sowie 20 verschiedenen Aminosäuren, 30 verschiedenen Enzymen und einigen Sterinen, darunter Ergosterin (12). Diese bedeutende Menge an Stoffwechselprodukten führt zu einer selektiven Stimulierung der physiologischen Mikroflora (38). In einer Arbeit von *Brugier* und *Patte* (7) ist der direkte Antagonismus gegenüber pathogenen Keimen dargestellt worden. Durch die Anwesenheit von Saccharomyces cerevisiae wird die Wirkung pathogener Keime signifikant gehemmt. Zu ähnlichen Ergebnissen kamen *Cestari* (11) und *Patte* (49) in ihren tierexperimentellen Modellen. Zusätzlich zum direkten Antagonismus, dessen Mechanismen noch nicht geklärt sind, wirkt Perenterol® im Kolon durch Unterstützung der Escherichia coli auch indirekt antagonistisch. Durch die so geförderten keimhemmenden Eigenschaften der E. coli wird die Vermehrung pathogener gramnegativer Bakterien im Dickdarm unterdrückt (63).
Ducluzeau und *Bensaada* (17) stellten einen antagonistischen Effekt von Perenterol® auf verschiedene Candidastämme im Verdauungstrakt von gnotobiotischen Mäusen fest. Die antimikrobiellen Eigenschaften von Perenterol® werden durch die Stimulation der Immunabwehr wesentlich gefördert. Sowohl die humorale als auch die zelluläre Komponente der immunologischen Abwehr werden hierbei erfaßt.

Ein besonderes Merkmal der Saccharomyces cerevisiae ist die genetische Resistenz gegenüber antibakteriell wirkenden Antibiotika, Sulfonamiden und sonstigen Chemotherapeutika (39).
Saccharomyces cerevisiae wirkt regulativ und stabilisierend auf die physiologische Darmflora und ist in der Lage, aufgrund der antimikrobiellen Eigenschaften rasch eine intestinale Eubiose wiederherzustellen.

Klinische Wirksamkeit bei akuter Erwachsenendiarrhöe

Aufgrund seiner Wirkung als Regulativ und Stabilisator der intestinalen Mikroflora ergibt sich für Perenterol® eine große Indikationsbreite, die sowohl die Prophylaxe und Behandlung von Gastroenteritiden, Stoffwechselstörungen mit Malabsorption und Maldigestion als auch antibiotikainduzierte Diarrhöen und strahlenbedingte Durchfälle umfaßt. In einer prospektiven Studie mit definierten und skalierten Kriterien untersuchten *Vorberg* (71) und *Gniwotta* et al. (26) an insgesamt 225 Patienten mit profusen Diarrhöen und entsprechender klinischer Symptomatik die therapeutische Wirksamkeit von Perenterol®. Die Dosierung betrug im allgemeinen 3 x 2 Kapseln täglich, wurde aber bei stationär behandelten Fällen auf 3 x 4 Kapseln täglich gesteigert. Eine Besserung des Beschwerdebildes konnte in allen Fällen schon am 1. bis spätestens 2. Tag nachgewiesen werden. Im Durchschnitt war der Großteil der Patienten nach 3 bis 5 Tagen beschwerdefrei. Von 24 stationär behandelten Patienten mit massiven Diarrhöen erlangten 15 nach maximal 4 Tagen völlige Beschwerdefreiheit, die restlichen 9 Patienten nach 10 Tagen.
Die Verträglichkeit eines wirksamen Präparates ist ein wichtiger Faktor für die Compliance und den Therapieerfolg. *Hervy* (31) widmete sich dieser Frage in einer interessanten Studie an 50 Patienten im Alter bis zu 99 Jahren mit akuten und chronischen

	Durchschnittliche Behandlungsdauer [Tage]	Patienten n	Sehr gut	Gut	Keine Wirkung	Erfolgs-rate
Akute Diarrhöe	6,63	16	9	7	0	100%
Subakute oder chronische Diarrhöe	6,70	34	16	6	12	65%
Gesamt n	6,68	50	25	13	12	–
%-Wert			50	26	24	76%

Tab. 2 Ergebnisse einer Therapie mit Perenterol® an 50 Patienten (31).

Durchfallerkrankungen. Neben einer guten therapeutischen Wirksamkeit bei 76% aller Patienten wies er die ausgezeichnete Verträglichkeit von Perenterol® nach. Zu betonen ist dabei, daß es während der Therapie nicht zu sekundären Obstipationen kam (Tab. 2).

Klinische Wirksamkeit bei antibiotikainduzierten Diarrhöen

Die durch Antibiotika ausgelöste Diarrhöe und die lebensbedrohliche schwere Verlaufsform der pseudomembranösen Enterokolitis stellen ein ernsthaftes Problem in der Antibiotikabehandlung dar. Bezüglich der Genese beider Krankheitsbilder ist bekannt, daß die Mehrzahl der Patienten mit pseudomembranöser Enterokolitis und ca. 25% der Patienten mit Diarrhöen Clostridium difficile im Darm aufweisen (41). Neben diesem Keim wurden bei antibiotikainduzierten Diarrhöen vereinzelt weitere potentiell enterotoxische bzw. enteropathogene Keime wie Clostridium perfringens, Enterokokken, enteropathogene E. coli, Staphylococcus aureus, Bacillus cereus, Aeromonaden, Klebsiellen, Enterobacter cloacae und Pseudomonas aeruginosa nachgewiesen. Pathogenetisch vermutet man eine Störung der intestinalen Mikroökologie durch Antibiotika, die zu einer Vermehrung von enterotoxinbildenden Keimen mit besonderer Adhärenz zur Darmmukosa führen (23).

Mit antibiotikainduzierten Diarrhöen befaßte sich *McGraw* (43) in einer Doppelblindstudie an 141 Patienten. Die Dosierung von Perenterol® in dieser randomisierten Prüfung betrug 3 x 1 Kapsel täglich. Gegenüber der Plazebogruppe wurde von *McGraw* eine hochsignifikante prophylaktische Wirkung von Perenterol® auf diese Art von Diarrhöe nachgewiesen (Abb. 2).

Ähnlich gute Ergebnisse erzielten *Gniwotta* et al. (26) in einer doppelblind durchgeführten Studie.

Dem kurativen Effekt von Perenterol® in der Behandlung der Colitis ulcerosa widmete sich *Götz* (25) in einer interessanten Veröffentlichung. Er wies auf die prophylaktischen und therapeutischen Möglichkeiten von Perenterol® hin und bestätigte den Einsatz des Präparates in der adjuvanten Therapie der Colitis ulcerosa.

Beispielhaft für die effektive klinische Wirksamkeit von Perenterol® bei der antibiotikainduzierten Diarrhöe und der Komplikation der pseudomembranösen Enterokolitis sei hier die Studie von *Ligny* (40) angeführt. Es wurde nach 2 getrennten Therapieplänen verfahren:

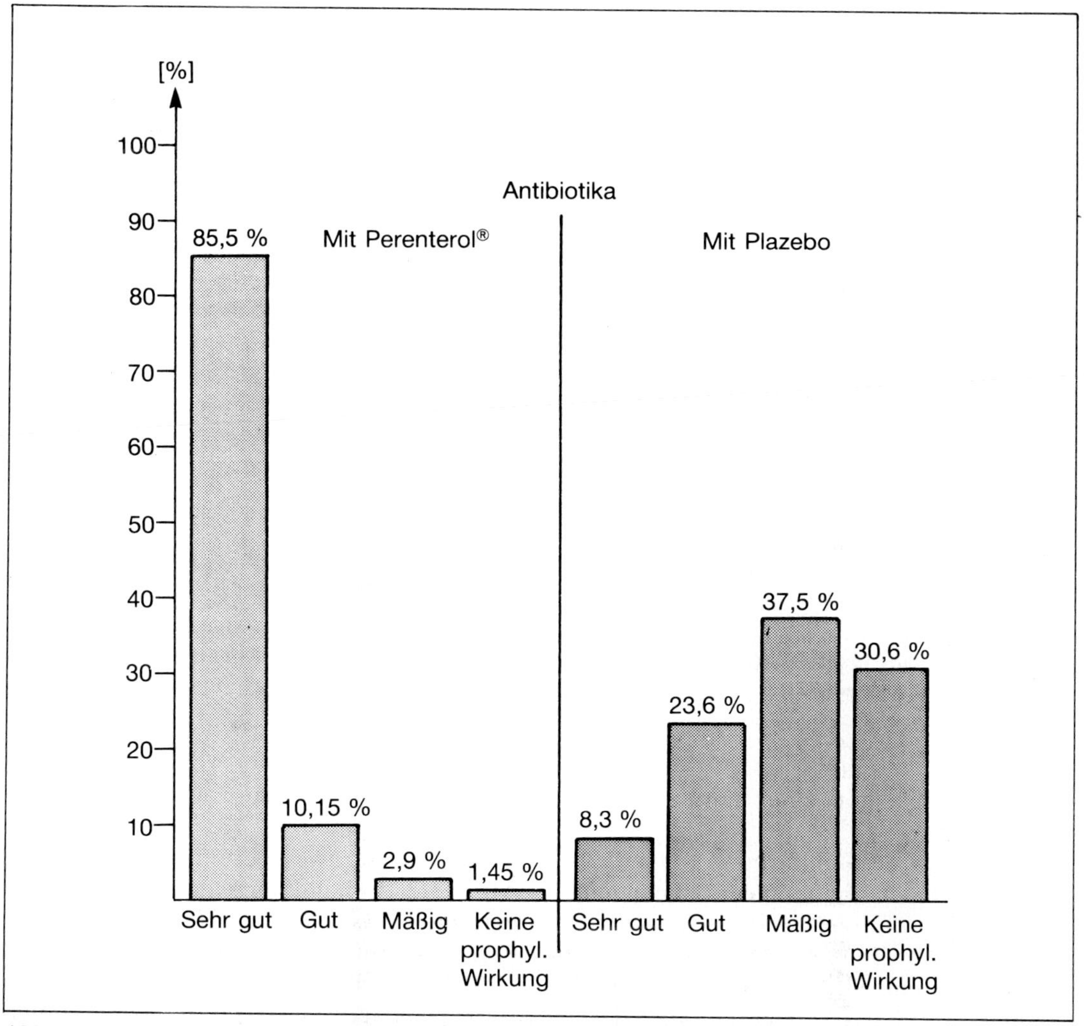

Abb. 2 Prophylaktische Wirkung von Perenterol® gegenüber antibiotikabedingten Diarrhöen (43). In der Perenterol®-Gruppe wurden 85,5 % als „sehr gut", weitere 10,15 % als „gut" beurteilt. In der Plazebogruppe waren die entsprechenden Prozentzahlen 8,3 und 23,6. Die statistische Auswertung nach dem χ^2-Test ergab einen hochsignifikanten Unterschied zwischen beiden Gruppen ($p < 0,001$).

1. Doppelblindversuch
2. Offener Versuch.

Die 1. Studie schloß 40 Patienten (29 Männer, 11 Frauen) mit einem Durchschnittsalter von 47 Jahren ein. Die Patienten litten an chronischer Diarrhöe, ausgelöst durch Antibiotika. Nach einer Woche Vorlaufzeit mit Diät, in der der Verzehr von rohem Obst und Gemüse verboten war und der Kohlenhydratanteil im wesentlichen durch Reis gestellt wurde, bekamen die Patienten 3 bis 4 x 1 Kapsel Perenterol® (150 mg) pro Tag bzw. Plazebo.

Als Kriterien für die Beurteilung des Behandlungserfolgs dienten die folgenden Parameter:
– Rückgang der Stuhlentleerungshäufigkeit zu normalen Werten

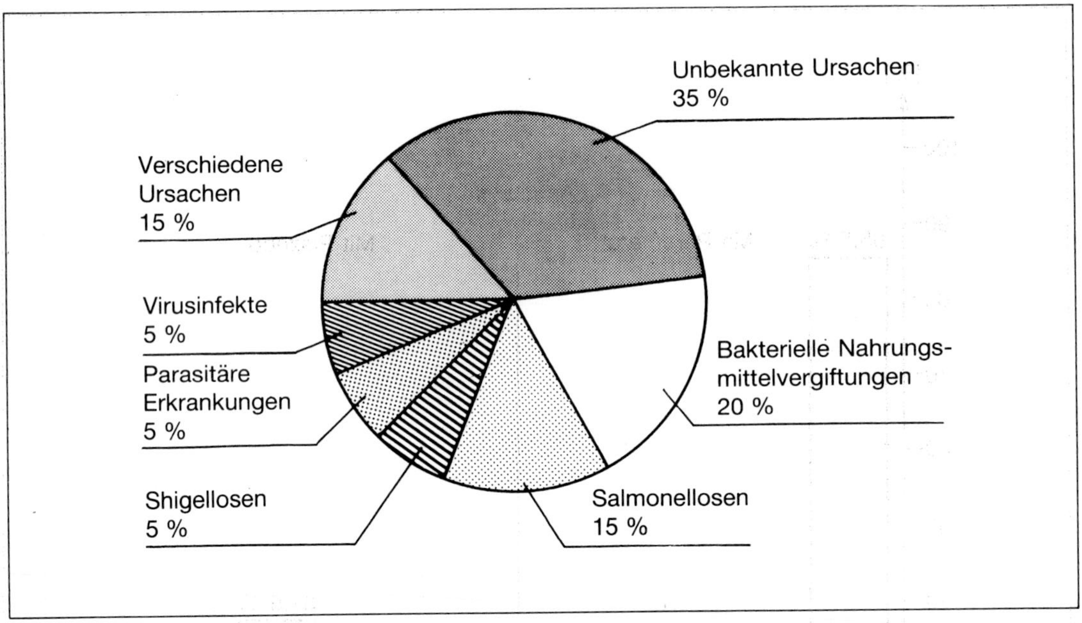

Abb. 3 Auslösende Ursachen bei Durchfallerkrankungen in warmen Ländern. Unter Verwendung statistischer Angaben des Center of Disease Control (Hoeprich Infectious Disease, Hagerstown) und der WHO (Foodborne Disease Outbreaks) (nach 72).

- Wiedererscheinen eines normal geformten Stuhls
- Physiologische Stuhlfarbe
- Verschwinden abdominaler Schmerzen.

Die mit dem χ^2-Test berechneten Ergebnisse erbrachten eine hochsignifikante Überlegenheit ($p < 0{,}01$) von Perenterol® gegenüber Plazebo. Perenterol® erzielte im Durchschnitt 70% positive Resultate, d. h. völlige Wiederherstellung der normalen Stuhlfunktionen und Sistieren der abdominalen Schmerzen, Plazebo dagegen nur 10%.

Der offene Versuch umfaßte 72 Patienten mit chronischer antibiotikainduzierter Diarrhöe (41 Männer, 31 Frauen, Durchschnittsalter 49 Jahre). Auch diesmal wurde eine einwöchige Diätphase vorgeschaltet. Gegen abdominale Schmerzen konnte von den Patienten das Spasmolytikum Papaverin (1 bis 4 x 100 mg pro Tag) eingenommen werden. Patienten mit Kolikeimen im Urin wurde ein Harnwegsdesinfizienz verordnet. Ab der 2. Behandlungswoche nahmen alle Patienten 2 Monate lang 3 bis 4 x täglich 1 Perenterol®-Kapsel ein. Während des zweiten Monats konnte der Diätplan je nach Verträglichkeit von jedem Patienten individuell erweitert werden.

An Beurteilungskriterien wurden erfaßt:
- Normalisierung der Stuhlentleerungshäufigkeit
- Abnahme des individuellen Papaverinverbrauchs.

Die Medikation mit Perenterol® erbrachte im Durchschnitt 68% positive Ergebnisse ($p < 0{,}05$). Diese Rate liegt damit ungefähr in der Größenordnung der Verbesserung unter Perenterol® im Doppelblindversuch. Die Verträglichkeit des Präparates war in allen Fällen gut.

Klinische Wirksamkeit bei Reisediarrhöe

Durchfallerkrankungen sind bei Reisen von Europäern in warme Länder sehr häufig. Man nimmt an, daß etwa die Hälfte aller Urlauber und fast jeder, der sich längere Zeit in den Tropen aufhält, von Diarrhöen erfaßt wird (Abb. 3).

Auch jene Reisediarrhöen, die nicht von selbst abklingen, sprechen auf Perenterol® sehr gut an. Dies konnte sogar unter extremen Bedingungen im Rahmen einer Himalayaexpedition nachgewiesen werden. 8 Expeditionsteilnehmer nahmen Perenterol® in einer Dosierung von 3 x 1 Kapsel täglich als Prophylaktikum, wobei bereits 1 Tag vor Reiseantritt mit der Einnahme begonnen wurde. Bei keinem aus dieser Gruppe war während der gesamten Expeditionsdauer eine Darmstörung zu verzeichnen. Die 2. Gruppe verzichtete auf die allgemeine Perenterol®-Einnahme als Prophylaktikum. 3 Personen aus dieser Gruppe erlitten bereits am 1. und 2. Tag stark schwächende Durchfälle, wobei sich jedoch dank einer sofortigen Perenterol®-Therapie die Verdauung innerhalb von 3 bis 5 Tagen weiter normalisierte. Nur bei 1 Expeditionsteilnehmer war neben Perenterol® die zusätzliche Gabe von Opiumpillen erforderlich (32).

Auch die deutschen Teilnehmer der Judo-Weltmeisterschaft 1969 in Mexico City konnten sich von der Wirksamkeit einer Perenterol®-Prophylaxe überzeugen. Dank dieses Medikamentes wurden keinerlei Ausfälle beobachtet, was nicht zuletzt dazu beigetragen hat, daß die deutsche Judo-Mannschaft mit 2 Silbermedaillen die erfolgreichste Nation Europas wurde (4).

In allen oben dargestellten Untersuchungen wurde die Atoxizität von Perenterol® hervorgehoben, wodurch eine gefahrlose Therapie in allen Lebensabschnitten, also auch in der Gravidität und im Säuglings- und Kindesalter, gewährleistet bleibt.

Zu den guten Erfahrungen mit Perenterol® in tropischen Ländern nahm Dr. *Siering* (65) anläßlich einer Westafrikareise der deutschen Olympiamannschaft des DFB in einem interessanten Referat Stellung. Unter seiner fachlichen Betreuung führten die Sportler um die Jahreswende 1970/71 eine 3wöchige Reise durch 7 westafrikanische Länder durch. Unter den ungünstigen klimatischen und z. T. auch sanitären Bedingungen hatten Sportler, Schlachtenbummler und Betreuer gleichermaßen zu leiden, wobei natürlich die sportlichen Anstrengungen für die Aktiven dieser Reisegruppe eine außerordentliche Belastung darstellten.

Aufgrund der ausgezeichneten Erfolge, die andere Autoren in Mexiko 1969, Ankara 1970 und wieder Mexiko 1970 mit Perenterol® gemacht hatten, setzte *Siering* als Mannschaftsarzt der DFB-Olympianationalmannschaft dieses Medikament ebenfalls als Prophylaktikum gegen Darmstörungen während dieser Reise ein. 24 Sportler (18 bis 30 Jahre) und 12 Offizielle und Schlachtenbummler (32 bis 67 Jahre) nahmen Perenterol® über 4 Wochen in einer Dosis von 3 x 1 Kapsel täglich kontrolliert ein, d. h., Perenterol® wurde jedem Reiseteilnehmer während der Mahlzeiten aktiv verabreicht.

Eine Typhoral- und Choleraimpfung war bereits vor der Abreise durchgeführt worden. An nicht darmspezifischen Medikamenten kamen während der Tournee Chloroquin und Primaquin zur Malariaprophylaxe sowie Kochsalztabletten gegen den Salzverlust beim Schwitzen zur Anwendung. Die allgemeinen hygienischen Vorsichtsmaßnahmen mußten selbstverständlich so gut wie möglich beachtet werden.

Die Schutzwirkung von Perenterol® auf die sonst so zahlreich auftretenden und auch hier bestimmt zu erwartenden Reisedurchfälle beurteilte *Siering* als „außerordentlich gut". Während es auf früheren Reisen trotz umfangreicher Vorkehrungen (Hygiene, Medikamente) zu oft schweren Durchfällen kam, waren Darmstörungen auf dieser Reise erstmalig geringfügig und harmlos, vor allem ohne den sonst typischen Kräfteverlust. Sportliche Aktivitäten wurden nicht behindert, und durch Perenterol® stellten sich keine Nebenwirkungen ein, was mit den bisherigen klinischen Erfahrungen voll in Einklang steht. Mit Perenterol® steht ein Präparat zur Verfügung, das bei völligem Fehlen von Nebenwirkungen durch seine hervorragende prophylaktische und kurative Wirksamkeit gegenüber Reisediarrhöen den besonderen Anforderungen gerecht wird, die beim Leistungssport – namentlich in den Tropen – an ein derartiges Medikament zu stellen sind.

Klinische Wirksamkeit bei Dyspepsien

Gerade bei Säuglingen und Kindern ist die Diarrhöe eines der am häufigsten beobachteten Krankheitsbilder. Nicht nur in Entwicklungsländern führen enteritische Symptome in diesem Alter häufig zum Tode. Ursache für diese relative Häufung ist die Tatsache, daß das Gleichgewicht der physiologischen Mikroflora des Darms bei Kindern noch sehr labil ist und durch die verschiedensten Einflüsse leicht gestört werden kann. Auslösende Ursachen sind orale Infektionen mit pathogenen Viren bzw. Bakterien, Fehl- oder Mangelernährung, länger andauernde parenterale Infektionen und Krankheiten, die mit einer Minderung der lokalen und allgemeinen Widerstandskraft des Kindes einhergehen, und nicht zuletzt eine Antibiotikatherapie.
Insbesondere nach oraler Gabe von Breitband-Antibiotika kommt es zu einer Störung der Eubiose mit einem Überwuchern von resistenten Mikroorganismen und einer Verschiebung der Pilz-Bakterien-Relation mit einer sekundären Vermehrung von Pilzen. Wie bereits ausgeführt, kann durch die Gabe von lebenden Hefezellen, die eine antagonistische Wirkung entfalten, die Vermehrung der für die Superinfektion verantwortlichen Keime unterdrückt und somit eine Stabilisierung der körpereigenen Darmflora erreicht werden. Daraus ergibt sich der besondere Stellenwert von Perenterol® bei der Prophylaxe und Therapie von kindlichen Darmstörungen. Den Nachweis dafür erbrachte eine doppelblind durchgeführte Studie an 180 Kindern im Alter von 1 Monat bis zu 3 Jahren (6). Hier konnten durch die Verabreichung von 500 mg Perenterol® täglich eine signifikante Senkung der Dauer von Diarrhöen sowie eine Abnahme der durchschnittlich erforderlichen Krankenhausverweildauer von 7,7 auf 6,5 Tage erreicht werden, ohne daß Nebenwirkungen oder Unverträglichkeiten auftraten.
In einer vergleichenden Studie bei mit Ampicillin behandelten Kindern erwies sich das Hefepräparat einem anderen biologischen Präparat, das Lactobacillus acidophilus enthielt, als eindeutig überlegen, was die Autoren zu der Empfehlung veranlaßte, Perenterol® bei der Prophylaxe von im Rahmen einer Ampicillintherapie zu befürchtenden Diarrhöen gegenüber anderen Präparaten den Vorzug zu geben (34).
In einer anderen Studie (57) erhielten 50 Patienten, bei denen eine Antibiotikatherapie erforderlich war, prophylaktisch Perenterol®. Hierbei trat nur in einem einzigen Fall eine Diarrhöe auf, und zwar bei einem Patienten, der nach einem antibiotikafreien Intervall eine erneute antibiotische Therapie benötigte, da zwischenzeitlich eine akute bakterielle Komplikation (Otitis) aufgetreten war.
Auch andere Autoren (5) konnten bei einem Kollektiv von 14 pädiatrischen Patienten, die wegen akuter enteritischer Symptome ambulant behandelt werden mußten, die rasch einsetzende und sichere Wirksamkeit von Perenterol® nachweisen. Bei 45,2% der Patienten hatten die Durchfälle bereits nach 24stündiger Behandlung mit 2 x 4 Kapseln Perenterol® konsistiert. Nach 4 Tagen zeigten 83,9% ein normales Stuhlverhalten, und nach 7 Tagen war die Erkrankung sogar bei 90,3% vollkommen abgeklungen. Nur 3 Patienten verhielten sich therapierefraktär; bei ihnen lag jeweils eine schwere Infektion vor. In einem Fall konnte sogar Entamoeba hi-

stolytica nachgewiesen werden. Bei keinem der behandelten Patienten wurde eine Verschlechterung des Krankheitsbildes beobachtet. Die initiale Symptomatik mit Fieber, Übelkeit, Erbrechen und abdominellen Koliken klang unter der Perenterol®-Medikation schnell ab. Nur 3 Patienten benötigten am 1. Tag zusätzlich ein Antiemetikum. Bei Patienten mit Otitiden, Tonsillitiden bzw. Harnwegsinfektionen wurde zusätzlich eine antibiotische Therapie verordnet. In allen Fällen, sogar von Neugeborenen, wurde Perenterol® ausgezeichnet vertragen. Nebenwirkungen traten nicht auf.

Nicht zuletzt als Folge der großzügigen Antibiotikaanwendungen in manchen Kliniken kommt pathogenen Staphylokokken bei der Entstehung nosokomialer Infektionen, insbesondere kindlicher Gastroenteritiden, eine besondere Bedeutung zu. In einer klinischen Studie, die 65 wegen akuter Diarrhöen hospitalisierte Kinder umfaßte, konnten bei Aufnahme in 53,9% Koagulase-positive Staphylokokken im Stuhl nachgewiesen werden. In 6,2% fanden sich Staphylokokken und E. coli, in 10,8% ausschließlich E. coli und in 4,6% Salmonellen. Bei 20 Patienten (30,7%) gelang initial kein Keimnachweis. Bei 32 dieser Patienten war im Rahmen eines früheren Klinikaufenthaltes eine länger dauernde Therapie mit einem Breitspektrum-Antibiotikum durchgeführt worden. Bei allen 65 Patienten erfolgte die Behandlung der akuten Diarrhöen mit einem entsprechend der Resistenzprüfung ausgewählten Antibiotikum. Bei den keimnegativen Patienten wurde Neomycin bzw. Colistin gegeben. Unter dieser Therapie entwickelten 85% der Kinder, die bei der Erstuntersuchung zum Zeitpunkt der Aufnahme keine pathogenen Stuhlkeime hatten, nach einem 7tägigen Krankenhausaufenthalt einen Staphylokokken-positiven Stuhlbefund. Trotz intensiver therapeutischer Bemühungen verstarben im weiteren Verlauf 9 Patienten (13,8%). In allen Fällen fanden sich Koagulase-positive Staphylokokken im Stuhl. Es handelte sich hierbei meist um dystrophische, mangelernährte Kinder. 53 Patienten wurden als geheilt entlassen; bei 3 Patienten erfolgte die Entlassung in die weitere häusliche Pflege.
Ein vergleichbares Patientenkollektiv erhielt einige Zeit später außer dem Antibiotikum noch das Hefepräparat Perenterol®. Unter dieser Kombinationstherapie wurden bei primär negativem Stuhlbefund lediglich in 14,3% der Patienten nach 7tägigem Krankenhausaufenthalt Staphylokokken im Stuhl gefunden; das sind 6mal weniger als in der Kontrollgruppe. Während die durchschnittliche Krankenhausverweildauer in der 1. Gruppe bei 15 Tagen lag, konnte letztere im Durchschnitt bereits nach 11 Tagen das Krankenhaus wieder verlassen. Auch die Mortalitätsrate lag eindeutig niedriger: Es starben nur 4 Patienten, das sind 5,7%, die ebenfalls alle Staphylokokken-positiv waren. Die Zahl der als gesund Entlassenen betrug 94,3% im Vergleich zu 81,6%.
Mit Hilfe dieser Studie konnte somit gezeigt werden, daß Perenterol® in der Lage ist, die Häufigkeit der bei vielen Patienten im Rahmen eines klinischen Aufenthaltes entstehende Staphylokokkenbesiedelung des Darmes zu vermindern und den Verlauf schon bestehender enteritischer Krankheitsbilder günstig zu beeinflussen. Es stellt somit einen wirksamen Schutz vor nosokomialen, insbesondere durch Staphylokokken verursachten Gastroenteritiden dar (42).

Beispielhaft für die Wirkung von Perenterol® in der Behandlung kindlicher Dyspepsien ist die Studie von *Ortlieb* (48) mit 160 Säuglingen und Kleinkindern, die wegen eines bronchopulmonalen Infektes oder einer unspezifischen Enteritis stationär behandelt wurden. Die Kinder waren in einem Alter zwischen 8 Tagen und 1,5 Jahren. Die Patientengruppe mit den bronchopulmonalen Infekten wurde in 3 Versuchseinheiten unterteilt, in denen je ein bestimmtes Breitband-Antibiotikum (Ampicillin/Dicloxacillin, Chloramphenicol oder Trimethoprim/

Untergruppe	Experimentalgruppe (n = 80) zusätzlich Perenterol®	Kontrollgruppe (n = 80) ohne Perenterol®
	Gruppe I: Infektionen der Luftwege	
1	Antibiotikum: Ampicillin/Dicloxacillin	
(n = 40)	(n = 20)	(n = 20)
2	Antibiotikum: Chloramphenicol	
(n = 40)	(n = 20)	(n = 20)
3	Antibiotikum: Trimethoprim/Sulfamethoxazol	
(n = 40)	(n = 20)	(n = 20)
	Gruppe II: Banale Durchfälle	
	Standarddiät + Perenterol®	Standarddiät
(n = 40)	(n = 20)	(n = 20)

Tab. 3 Krankengut und Versuchsplan (48).

Sulfamethoxazol) appliziert wurde (Tab. 3). Bei der 2. Gruppe mit enteralen Infekten handelte es sich vornehmlich um unspezifische Enteritiden, hauptsächlich durch Entero- oder Adenoviren hervorgerufen. Zusätzlich wurden Patienten mit antibiotikainduzierter Diarrhöe in diese Gruppe aufgenommen.

Die Patienten der beiden Gruppen wurden 2 Behandlungsverfahren zugeteilt. Die Kontrollgruppe erhielt bei bronchopulmonalen Infekten nach Vorlage eines Resistogramms eines der o. g. Antibiotika, bei banalen Durchfällen Teepause und Diät. Der Versuchsgruppe wurde zusätzlich zu diesen Maßnahmen Perenterol® verabreicht. Die Zuteilung der Patienten zu der Versuchs- bzw. Kontrollgruppe erfolgte nach einem Randomisierungsplan. Jede Gruppe bestand aus 20 Patienten, die in Alter und Geschlecht kaum Unterschiede aufwies. Die Versuchsdauer erstreckte sich über einen Zeitraum von 6 Monaten. Aus therapeutischen Gründen wurde auf die Durchführung eines Doppelblindversuches verzichtet, da ohnehin subjektive Faktoren seitens der Patienten ausgeschlossen werden konnten. Genau definierte Kriterien unterbanden entsprechende Einflüsse durch die klinischen Prüfer.

Die Dosierung von Perenterol® betrug 4 x 1 Kapsel täglich. Die Behandlung erfolgte direkt im Anschluß an die Krankenhausaufnahme. Die orale Antibiotikatherapie wurde über 6 Tage verabfolgt, das zu prüfende Präparat Perenterol® über einen Zeitraum von insgesamt 8 Tagen.

Die Prüfung von Perenterol erfolgte auf dessen *Verträglichkeit, prophylaktische Wirksamkeit* gegenüber intestinalen Störungen nach oralen *Antibiotikagaben* und seine *antidiarrhoische Wirkung.*

Die Verträglichkeit wurde unter den 2 Gesichtspunkten Erbrechen und Erscheinen allergischer Hauteffloreszenzen geprüft.

Die Prüfung auf die prophylaktische Wirksamkeit gegen Diarrhöen bei Antibiotikatherapie wurde nach Punkten skaliert und beurteilt:

- Konsistenz der Stühle
- Auftreten von Wundsein
- Auftreten einer Soordermatitis im Anogenitalbereich. Die Diagnosestellung erfolgte ausschließlich aufgrund des klinischen Bildes. Eine mykologische Untersuchung wurde nicht durchgeführt.

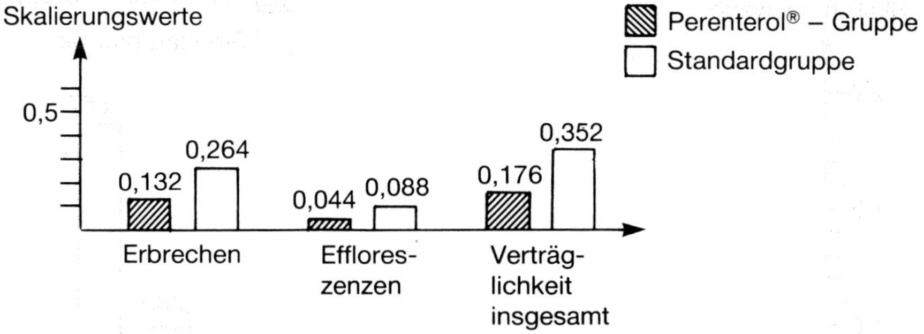

	Experimentalgruppe mit Perenterol®	Standardgruppe ohne Perenterol®	Differenz	[%]
Erbrechen	9/68 = 0,132	18/68 = 0,264	+ 0,132	100
Effloreszenzen	3/68 = 0,044	6/68 = 0,088	+ 0,044	100
Verträglichkeit	12/68 = 0,176	24/68 = 0,352	+ 0,176	100

Abb. 4 Verträglichkeit der Behandlung (48).

Der Nachweis der antidiarrhoischen Wirkung von Perenterol® erfolgte aufgrund der Konsistenz der Stühle; die Bewertung erfolgte nach den o. g. skalierten Kriterien. Zur numerischen Auswertung der klinischen Wirksamkeit von Perenterol® wurden am Prüfungsende alle zusammengehörigen Minuspunkte der Antibiotikagruppen und der Diarrhöegruppen sowohl untereinander als auch nach Tagen addiert und die Ergebnisse von Behandlungs- und Kontrollgruppen verglichen.

Ergebnisse: Bei 136 (d. h. je 68 in der Experimental- und Kontrollgruppe) der 160 Patienten konnte die Prüfung zu Ende geführt werden. 24 Patienten (15%) fielen aus der Bewertung heraus, da die vorgeschriebenen Kriterien aus unterschiedlichen Gründen nicht eingehalten werden konnten.

Die Verträglichkeit erwies sich in der Perenterol®-Gruppe als doppelt so gut wie in der Kontrollgruppe (Abb. 4).
Bezüglich der prophylaktischen Wirksamkeit von Perenterol® gegenüber antibiotikabedingten Nebenwirkungen zeigten sich in den 3 Parametern (Stuhlbeschaffenheit, Wundsein, Soormykose) zwar sehr unterschiedliche Prozentwerte (Abb. 5), die Differenz der aufgetretenen Häufigkeiten ist jedoch mit über 85% – bezogen auf die Gesamtheit der Nebenwirkungen – deutlich ausgeprägt.
Auch die banalen Durchfälle (36 Patienten, 4 davon mit Diarrhöe nach Antibiotikatherapie und 32 mit unspezifischer Enteritis) wurden durch Perenterol® zu über 70% mehr gebessert als durch die Standardtherapie (Abb. 6). Ferner zeigten beide Gruppen einen unterschiedlichen Verlauf der Durch-

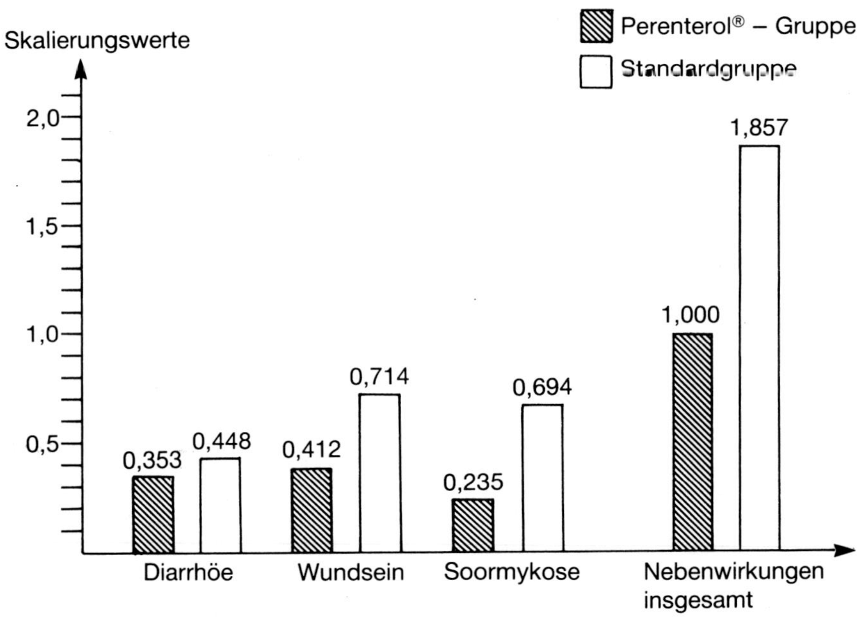

	Experimentalgruppe mit Perenterol®	Standardgruppe ohne Perenterol®	Differenz	[%]
Stühle	18/51 = 0,353	22/49 = 0,448	+ 0,095	26,9
Wundsein	21/51 = 0,412	35/49 = 0,714	+ 0,302	73,3
Soormykose	12/51 = 0,235	34/49 = 0,694	+ 0,459	195,3
Nebenwirkungen insgesamt	51/51 = 1,000	91/49 = 1,857	+ 0,857	85,7

Abb. 5 Häufigkeit und Schwere von Antibiotikanebenwirkungen (48).

fallerkrankungen: Unter der Standardbehandlung gingen die Durchfälle nicht so gleichmäßig und einheitlich zurück wie unter der Behandlung mit Perenterol®.

Diskussion: Die soeben besprochene Studie bestätigt die bereits von anderen Autoren beschriebene gute Verträglichkeit von Perenterol®. Nebenwirkungen und Unverträglichkeiten wurden in keinem Fall beobachtet. Die Applikation des Medikamentes bereitet keine Schwierigkeiten, auch nicht bei Kleinkindern und Säuglingen. Toxische Wirkungen wurden nicht festgestellt, was bei der Apathogenität von Askosporenhefen auch nicht zu erwarten ist.

Die überzeugende prophylaktische Wirksamkeit von Perenterol® bei antibiotikabedingten Diarrhöen entsprach den bereits früher gemachten Erfahrungen. Die unter der Behandlung mit Perenterol® aufgetretenen Darmstörungen waren wesentlich selte-

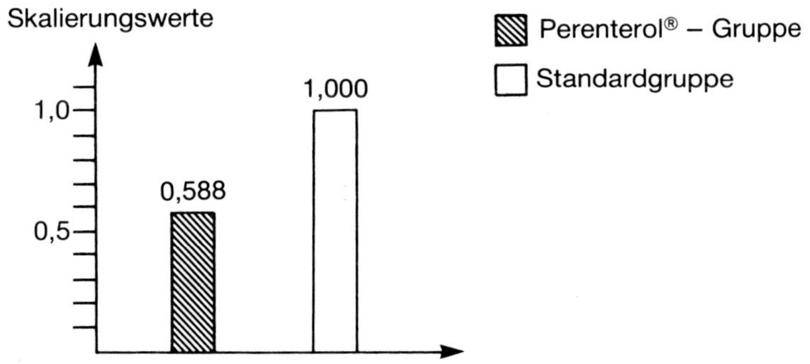

	Experimentalgruppe mit Perenterol®	Standardgruppe ohne Perenterol®	Differenz	[%]
Antidiarrhoische Wirkung	10/17 = 0,588	19/19 = 1,000	+ 0,412	70,2

Abb. 6 Dauer und Schwere der Diarrhöe (48).

ner als die in der Kontrollgruppe, von geringerem Schweregrad und kürzerer Dauer. Entsprechend des bereits in vitro nachgewiesenen Antagonismus von Perenterol® gegen Candida albicans konnten bei gleichzeitiger Stabilisierung der körpereigenen Darmflora Intensität und Dauer von Soormykosen auf ein Drittel im Vergleich zur Kontrollgruppe gesenkt werden. Die Perenterol®-Hefe besaß eine durchschnittliche Verweildauer von 10 Tagen im Darm. Zur endgültigen Sicherstellung des mikroökologischen intestinalen Gleichgewichtes ist es empfehlenswert, Perenterol® 2 bis 4 Tage länger zu verabreichen als das Antibiotikum.

In der Studie konnte nachgewiesen werden, daß sich Perenterol® zur Prophylaxe bei antibiotikainduzierten Diarrhöen gut eignet. Es steht außer Zweifel, daß die Intensität der Superinfektion, die Virulenz der Erreger, der Zustand des Magen-Darm-Kanals und der individuelle immunologische Zustand des Kindes dabei eine wichtige Rolle spielen.

Neben der Prophylaxe hat sich Perenterol® in der Therapie banaler Diarrhöen bewährt. Durch die rasche Wiederherstellung der intestinalen Mikroökologie konnten die Durchfälle rascher geheilt werden als durch alleinige Diät. Bei schweren Enteritiden reicht dieses Therapiekonzept jedoch allein nicht aus und ist dabei eher als adjuvante Therapie bei primären Intensivmaßnahmen zu betrachten.

Zusammenfassende Beurteilung von Perenterol®

Perenterol® ist ein völlig atoxisches, die mikrobielle Dynamik des Intestinums physiologisch beeinflussendes Präparat (Abb. 7). Synergistische und antagonistische Effekte

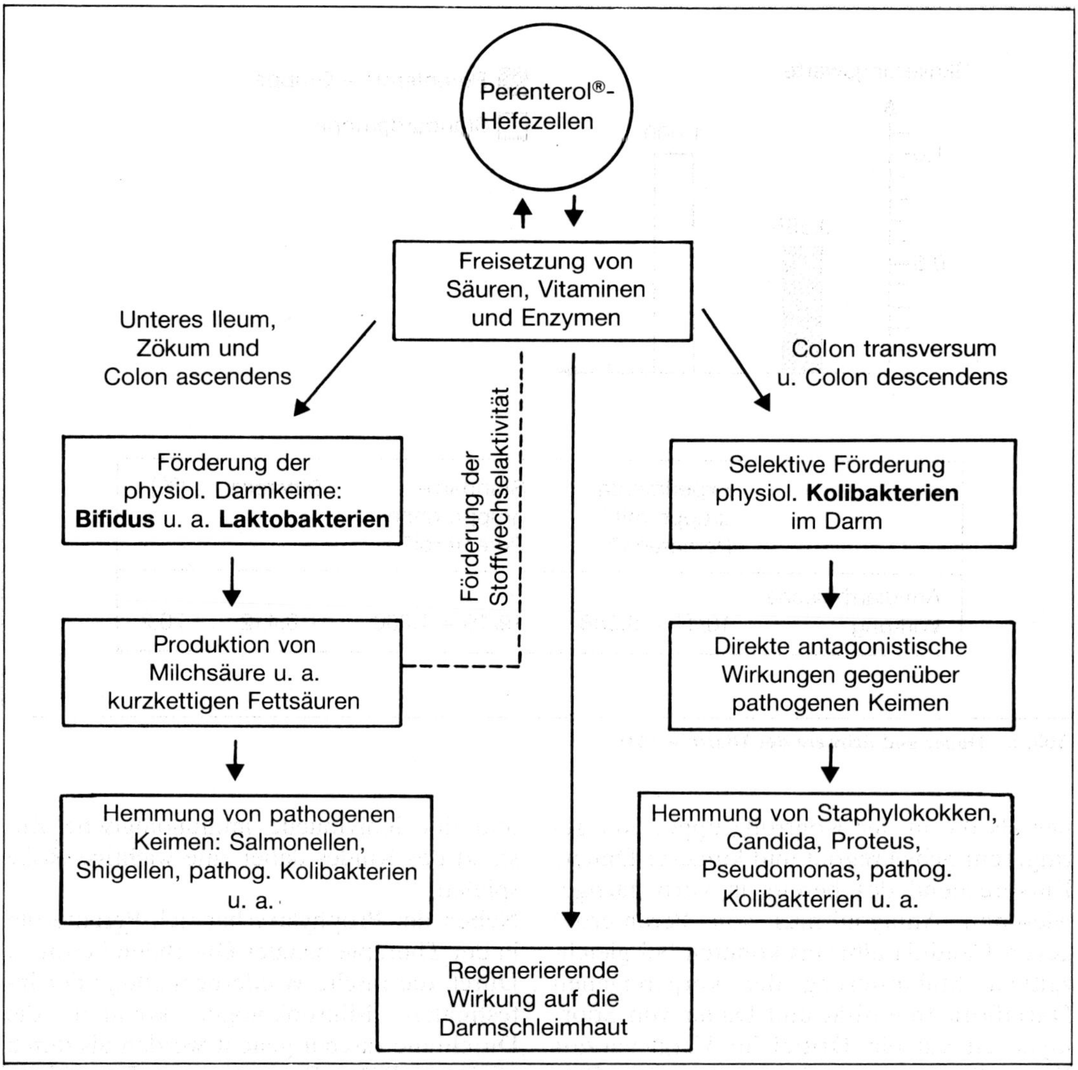

Abb. 7 Mikrobiologische Interaktionen von Perenterol®.

dieses Medikamentes sowie seine eutrophisierende Wirkung auf die Darmschleimhaut erlauben eine gefahrlose Applikation bei allen Patienten. Bemerkenswert sind Nebenwirkungsfreiheit und gute Verträglichkeit. All dies macht das Medikament zu einem wirkungssicheren, ohne Nebenwirkungen belasteten Therapeutikum bei allen Formen der Diarrhöe.

Literatur

1. *Abrams, G. D., J. E. Bishop:* Normal flora and leucocyte mobilisation. Arch. Path. 79 (1965), 213–217
2. *André, C., F. André:* L'immunité intestinale. Lyon Méd. 236–18 (1976), 585–592
3. *Aserhoff, B., J. V. Bennett:* Effect of antibiotic therapy in acute salmonellosis on the fecal excretion of salmonellae. New Engl. J. Med. 281 (1969), 636
4. *Baron, D.:* Erfahrungen mit Saccharomyces cerevisiae Hansen CBS 5926 (Perenterol) bei der Höhen-

anpassung in Pueblo (Mexiko) anläßlich der Judo-Weltmeisterschaft 1969 in Mexico City. Schriftliche Mitteilungen, 1970

5. *de Barros, D. S., J. F. M. de Almeida:* A new therapeutical approach to acute diarrhea. Caderno de clinica e thêrapeutica 11, 3 (1982), 90–94
6. *Bougrine, M., H. Hadj Khalifa, F.Z. Sebti:* Essai en double aveugle de Saccharomyces Boulardii dans le traitement des diarrhées infantiles. Maghreb med. 55 (1982), 45–47
7. *Brugier, S., F. Patte:* Antagonisme in vitro entre l'ultralevure et différents germes bactériens. Méd. Paris 45 (1975), 3–8
8. *Bull, D. M., T. B. Tomasi jr.:* Deficiency of immunglobulin A in intestinal disease. Gastroenterology 54 (1968), 313
9. *Burnet, M. C.:* Immunological surveillance. Pergamon Press, Oxford 1970
10. *Cebra, J. J., S. W. Craig, P. P. Jones:* Cell types contributing the biosynthesis of sIgA. In: The immunglobulin A system. *Mestecky, J., A. M. Lawton* (eds.). Plenum Press, New York – London 1974
11. *Cestari, A.:* Untersuchungen über die antimikrobiellen Eigenschaften von Perenterol. Gutachten, 1968
12. *Cotte, J.:* Expertise biologique concernant l'activité saccharasique de Saccharomyces boulardii 17 lyophilisé. Gutachten, 1967
13. *Crabbe, P. A., H. Bazin, H. Eyssen, J. F. Heremans:* The normal microbial flora as a major stimulus for proliferation of plasma cells synthesizing IgA in the gut. Int. Archs. Allergy appl. Immun. 34 (1968), 362–375
14. *Demonty, J.:* Pathogénie des diarrhées infectieuses. Revue Med. Liège 31 (1976), 203–207
15. *Dubois, R., R. W. Schaedler:* The digestive tract as an ecosystem. Am. J. med. Sci. 248 (1964), 267–271
16. *Ducluzeau, R., M. Bensaada:* Effet comparé de l'administration unique ou en continu de Saccharomyces Boulardii sur l'etablissement de diverses souches de candida dans le tractus digestif de souris gnotoxéniques. Ann. Microbiol. 133 B (1982), 491–501
17. *Ducluzeau, R., P. Raibaud:* Ecologie microbienne du tube digestif. Actualités scientifiques de l'INRA. Masson ed. 1979
18. *Ducluzeau, R.,* et al.: Rôle des bactéries anaerobes strictes dans les effets de barrière exercés par le flore du tube digestif. Symp. Intern. sur les anaérobies. Masson ed. 1980
19. *Fredericq, P.:* Bases microbiologiques des diarrhées infectieuses. Revue Med. Liège 31 (1976), 197–200
20. *Freter, R.:* Host defense mechanisms in the intestinal tract. Recent Adv. Microbiol. 10 (1970), 333–339
21. *Fubara, E. S., R. Freter:* Protection contre les infections enteriques bactériennes par les anticorps IgA secretoires. J. Immun. 111 (1973), 395
22. *Gedek, B.:* Zur Wirkung des Hefepräparates Perenterol. Münch. med. Wschr. 117 (1975), 97–98
23. *George, W. L., V. L. Sutter, S. M. Finegold:* Antimicrobial agent – induced diarrhea – a bacterial disease. J. infect. Dis. 136 (1977), 822
24. *Ghnassia, J. C.:* Etude quantitative de la flore bactérienne intestinale. Méd. Mal. infect. 9 (1979), 507–510
25. *Götz, G.:* Prophylaktische und therapeutische Möglichkeiten mit dem Hefepräparat „Perenterol" bei der Colitis ulcerosa. Z. Allgemeinmed. 46 (1970), 1312–1318
26. *Gniwotta, E., P. Neumann-Mangoldt, J. Schalm:* Therapie von Durchfallerkrankungen. Z. Allgemeinmed. 53 (1977), 2118–2121
27. *Goldberg, P. K., P. J. Kozinn, G. J. Wise, N. Nouri, R. B. Brooks:* Incidence and significance of candiduria. J. Am. med. Ass. 241 (1979), 582–584
28. *Haenel, H.:* Neuere Auffassungen zur Zusammensetzung, Wirkung und Bedeutung der intestinalen Mikroflora. Internist 10 (1969), 279–283
29. *Hafter, E.:* Störungen der Dünn- und Dickdarmfunktion und deren Behandlung. Therapiewoche 17 (1967), 1010–1014
30. *Hentges, D. J., R. Freter:* In vivo and in vitro antagonism of intestinal bacteria against shigella flexneri. J. infect. Dis. 110 (1969), 30–37
31. *Hervy, C.:* Essais cliniques de l'ultra-levure dans les diarrhées bénignes des sujets âgés. Revue fr. Géront. 6 (1975), 46–47
32. *v. Hobe, A.:* Darmstörungen bei Himalaya-Expeditionen. Der Bergsteiger 6 (1973)
33. *Hoc, S.:* An der Wiege des Immunsystems. Vorträge auf dem V. Weltkongreß für Gastroenterologie (13.–19. 10. 1974 in Mexico City). Selecta 27 (1975), 2429–2434
34. *Kabus, R., O. Tönz:* Klinischer Vergleich von Saccharomyces cerevisiae Hansen CBS 5926 und Bacillus acidophilus unter Behandlung mit Ampicillin. Kinderspital Luzern. Schriftliche Mitteilungen, 1972
35. *Knothe, H.:* Eigenschaften der Chemotherapeutika und deren Einfluß auf die körpereigene Flora. Mschr. Kinderheilk. 125 (1977), 262–267
36. *Knothe, H.:* Salmonelleninfektion. Der inf. Arzt 5 (1977), 100–107
37. *Lambert-Zechovsky, N.,* et al.: Risques infectieux et antibiothérapie en milieu pédiatriques. Appréciation par l'étude de l'écosystème bactérien intestinal. Méd. Mal. Infect. 9 (1979), 626–635
38. *Lavigne, H.:* Interner Forschungsbericht, 1967
39. *Lavigne, H., M. Bruneel:* Résistance de Saccharomyces Boulardii 17 aux antibiotiques, aux sulfamides et aux produits chimiothérapiques. Interner Forschungsbericht, 1974

40. *Ligny, G.:* Le traitement par l'ultra-levure de troubles intestinaux secondaires à l'antibiothérapie. Étude en double aveugle et étude clinique simple. Rev. Gastroent. 114 (1975), 45–50
41. *Lode, H.:* Diarrhoe bei Antibiotikatherapie. Dt. med. Wschr. 35 (1983), 1333–1334
42. *Lopes dos Santos, J. A., M. Queiros, L. Ribeiro, A. de Aguiar:* Aspectos do tratamento das gastrenterites infantis em meio hospitalar. Jornal do Médico 78 (1972), 368–369
43. *McGraw, J.-Y.:* Klinische Doppelblindprüfung mit Perenterol. Hôpital du Sacré-Cœur, Montreal. Gutachten, 1971
44. *Meslin, J. C., E. Sacquet, P. Raibaud:* Action d'une flore microbienne qui ne déconjugue pas les sels biliaires sur la morphologie et le renouvellement cellulaire de la muqueuse de l'intestin grêle du rat. Annls Biol. anim. Biochim. Biophys. 14, 4A (1974), 709–720
45. *Meynell, G. G.:* Antibacterial mechanism of the mouse gut II. The role of pH and volatile fatty acids in the normal gut. Br. J. exp. Path. 44 (1963), 209–219
46. *Newton, W. L., L. V. Reardon, A. De Leva:* Comparative study of subcutaneous inoculation of germ-free and conventional guinea pigs with two strains of trichomonas vaginalis. Am. J. trop. Med. Hyg. 9 (1960), 56
47. *Newton, W. L., P. P. Weinstein, M. F. Jones:* Comparison of development of some rat and mouse helminths in germ-free and conventional guinea pigs. Ann. N.Y. Acad. Sci. 78 (1959), 290
48. *Ortlieb, R.:* Randomisierte Vergleichsprüfung eines neuen Medikamentes bei kindlichen Darmstörungen. Therapie Gegenw. 113 (1974), 76–92
49. *Patte, F.:* Protection expérimentale vis à vis l'abscès staphylococcique. Data on file, 1974
50. *Patte, F.,* et al.: Premières étapes de la colonisation bactérienne du tube digestif du nouveau-né. Ann. Microbiol. 130 A (1979), 69–81
51. *Raibaud, P., R. Ducluzeau, C. Tancrede:* L'effet de barrière microbien dans le tube digestif: Moyen de défense de l'hôte contre les bactéries exogènes. Méd. Mal. infect. 7–2 (1977), 130–134
52. *Raibaud, P.,* et al.: Données récentes sur la flore microbienne du tube digestif chez l'homme et les animaux monogastriques. Revue fr. Gynéc. Obstét. 70 (1975), 541–547
53. *Reichlin, B., K. Gyr:* Antibiotika und Darmbakterien. Ther. Umsch. 37 (1980), 194–197
54. *Riecken, E. O.:* Klinik und Therapie der Infektionen des Gastrointestinaltraktes. Internist 23 (1982), 13–18
55. *Roediger, W. E. W.:* Role of anaerobic bacteria in the metabolic welfare of the colonic mucosa in man. Gut 21 (1980), 793–798
56. *Ruchti, C., H. A. Gerber, M. W. Hess, H. Keller, H. Cottier:* Zur Barrierefunktion des menschlichen Darms: Mechanismen des Antigeneintritts und der antimikrobiellen Schutzfunktionen. Therap. Umsch. 37 (1980), 161–167
57. *Salet, J.:* Klinische Prüfung von Perenterol in der Pädiatrie. Univ. Kinderklinik „Trousseau", Paris. Gutachten 1967
58. *Savage, D. C.:* Microbial ecology of the gastrointestinal tract. Ann. Rev. Microbiol. 31 (1977), 107–133
59. *Savage, D. C.:* Colonization by and survival of pathogenic bacteria on intestinal mucosal surfaces. In: Adsorption of microorganisms to surface. *Britton, G., K. C. Marshall* (eds.). John Wiley, New York 1980
60. *Schaedler, R.W., R. Dubois, M. Castello:* The development in the bacterial flora in the gastrointestinal tract of mice. J. exp. Med. 122 (1969), 59
61. *Schaffer, J.,* et al.: Response of germ-free animals to experimental virus monocontamination I: Observation on Coxsackie B Virus. Proc. Soc. exp. Biol. Med. 112 (1963), 561
62. *Schneeweiß, U.:* Spezielle Mikrobiologie. de Gruyter, Berlin 1968
63. *Seguela, J. P., J. Massot, J. Nessou, F. Patte:* Action d'un saccharomyces lors d'une infestation expérimentale à Candida albicans chez le rat normal et le rat traité par antibiotiques. Bull. Soc. Myc. Méd. 7 (1978), 199–202
64. *Shedlofsky, S., R. Freter:* Synergism between ecologic and immunologic control mechanisms of intestinal flora. J. infect. Dis. 129 (1974), 296–303
65. *Siering, H.:* Erfahrungen mit Perenterol in tropischen Ländern anläßlich der Westafrika-Reise der deutschen Olympia-Mannschaft des DFB. Schriftliche Mitteilungen, 1971
66. *Tancrede, C., P. Azizi, P. Raibaud, R. Ducluzeau:* Conséquences de la destruction des barrières écologiques de la flore du tube digestif par les antibiotiques. Perturbations entre l'hôte et les bactéries potentiellement pathogènes. Méd. Mal. infect. 7–2 (1977), 145–149
67. *Tancrede, C., P. Raibaud:* Abord écologique de la flore digestive I: Un écosystème qui fait partie des moyens de défense antiinfectieux. Concours méd. 100–23 (1978), 3889–3894
68. *Tancrede, C., P. Raibaud:* Abord écologique de la flore digestive II: Études des effets secondaires des antibiotiques. Concours méd. 100–23 (1978), 4101–4106
69. *Taylor, M. J., J. R. Rooney, G. P. Blundell:* Experimental anthrax in rat II: Relative lack of natural resistance in germ-free hosts. Am. J. Path. 38 (1961), 625
70. *Tomasi, T. B., jr.:* Die sekretorischen Immunglobuline. Die gelben Hefte 14 (1974), 65–76
71. *Vorberg, G.:* Therapie von Durchfallerkrankungen. Ärztl. Prax. 26 (1974), 109–110
72. *Werner, G. T., H. Stickl:* Reisediarrhöen – Eine Crux in warmen Ländern. Dt. Ärzteblatt 40 (1977), 2377–2380

Autoren

N. Beißel
Chirurgische Klinik
Buscheystraße 15
5800 Hagen 1

Dr. med. O. E. Daiderich
Thiemann Arzneimittel GmbH
Im Wirrigen 25
4355 Waltrop

Prof. Dr. med. G. E. Feurle
Medizinische Poliklinik der Ruprecht-Karls-Universität
Hospitalstraße 3
6900 Heidelberg

Dr. med. K. Gmelin
Medizinische Klinik der Ruprecht-Karls-Universität
Bergheimer Straße 58
6900 Heidelberg

I. Karapanagiotou-Schenkel
Medizinische Klinik der Ruprecht-Karls-Universität
Bergheimer Straße 58
6900 Heidelberg

Prof. Dr. med. B. Kommerell
Medizinische Klinik der Ruprecht-Karls-Universität
Bergheimer Straße 58
6900 Heidelberg

Prof. Dr. med. P. Lesch
Medizinische Klinik II
Krankenhaus Bad Oeynhausen
Wielandstraße 28
4970 Bad Oeynhausen

Prof. Dr. med. W. Nützenadel
Kinderklinik der Ruprecht-Karls-Universität
Im Neuenheimer Feld
6900 Heidelberg

Dr. med. K.-D. Palitzsch
II. Medizinische Klinik
Klinikum Mannheim der Universität Heidelberg
Theodor-Kutzer-Ufer
6800 Mannheim

Priv.-Doz. Dr. med. R. Raedsch
Medizinische Klinik der Ruprecht-Karls-Universität
Bergheimer Straße 58
6900 Heidelberg

B. Rieckhof
Eupener Weg 17
4400 Münster

Dr. med. G. Rohr
II. Medizinische Klinik
Klinikum Mannheim der Universität Heidelberg
Theodor-Kutzer-Ufer
6800 Mannheim

Priv.-Doz. Dr. med. H.-K. Seitz
Abteilung für Gastroenterologie
Medizinische Klinik der Ruprecht-Karls-Universität
Bergheimer Straße 58
6900 Heidelberg

Dr. med. U. A. Simanowski
Medizinische Klinik der Ruprecht-Karls-Universität
Bergheimer Straße 58
6900 Heidelberg

Priv.-Doz. Dr. med. B. Stegemann
Chirurgische Klinik
Buscheystraße 15
5800 Hagen 1

Prof. Dr. med. H. A. Stickl
Abteilung für Umwelthygiene und Impfwesen an der Techn. Universität München
Lazarettstraße 62
8000 München 19

Dr. med. L. Theilmann
Medizinische Klinik der Ruprecht-Karls-Universität
Bergheimer Straße 58
6900 Heidelberg

Prof. Dr. med. K.-H. Usadel
II. Medizinische Klinik
Klinikum Mannheim der Universität Heidelberg
Theodor-Kutzer-Ufer
6800 Mannheim

Dr. med. S. Walker
Abteilung Innere Medizin I
Robert-Bosch-Krankenhaus
Auerbachstraße 110
7000 Stuttgart 50

Priv.-Doz. Dr. med. I. Walter-Sack
Medizinische Klinik der Ruprecht-Karls-Universität
Bergheimer Straße 58
6900 Heidelberg

Prof. Dr. med. E. Weber
Medizinische Klinik der Ruprecht-Karls-Universität
Bergheimer Straße 58
6900 Heidelberg

Prof. Dr. med. A. Weizel
Innere Abteilung
Heinrich-Lanz-Krankenhaus
Feldbergstraße 68–70
6800 Mannheim 1

Sachregister